IT 혁신과 e비즈니스

e비즈니스 I

조준서 지음

* 이 저서는 2022학년도 한국외국어대학교 교원연구지원사업 지원에 의하여 이루어진 것임.

IT 혁신과 e비즈니스

e비즈니스 Ⅰ

조준서 지음

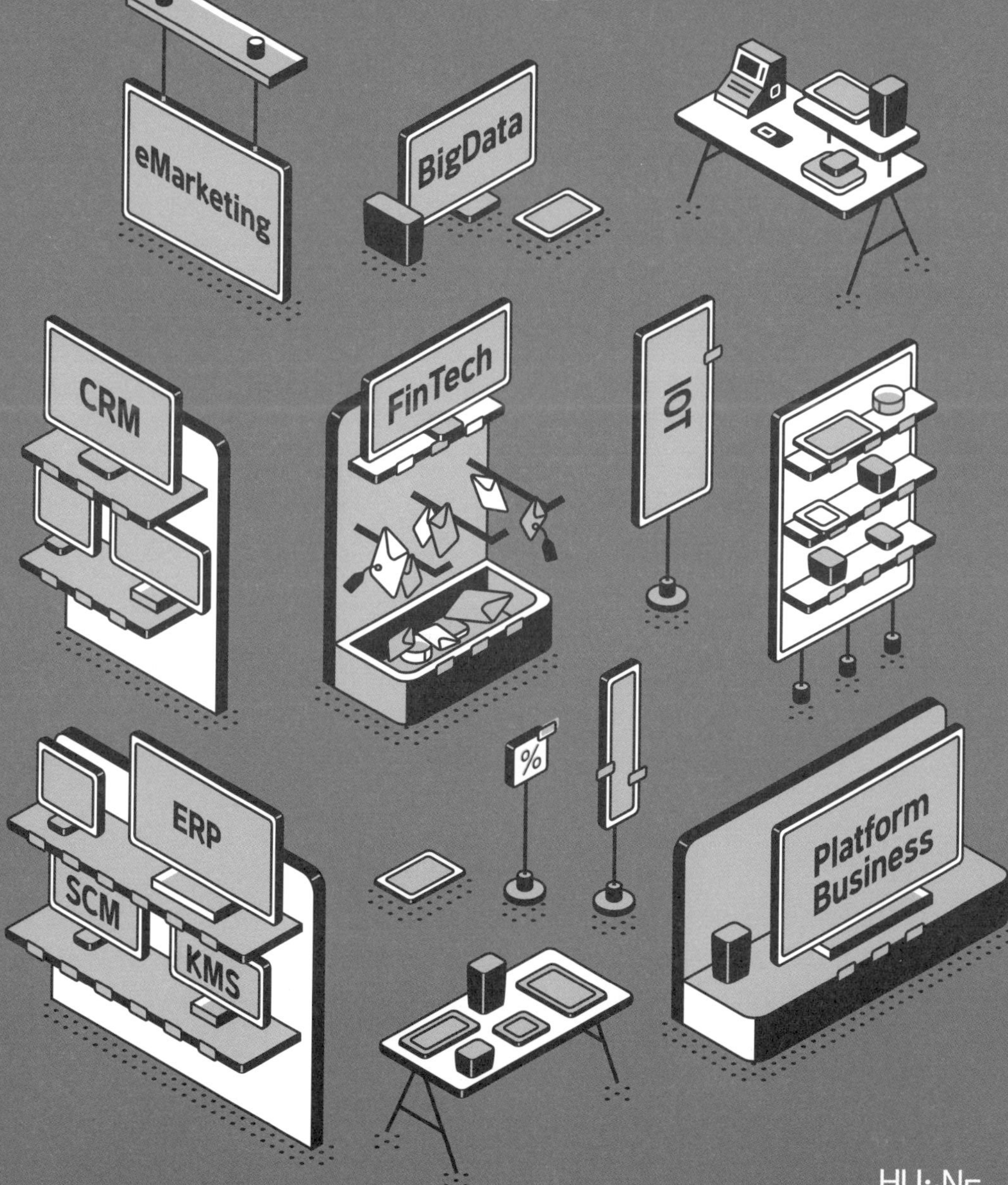

HU:iNE

책머리에

e비즈니스(electronic business)는 인터넷의 등장으로 시작되었고, 온라인 시장의 확대로 크게 성장해온 분야이다. e비즈니스는 시스템, 전자상거래 등을 포함하며, ICT(Information Communication Technology)의 발전과 모바일 시장의 급속한 성장, 그리고 4차산업혁명 등 IT 혁신으로 성장을 지속해 왔으며, 앞으로도 더욱 성장하리라 기대한다.

IT 혁신은 사회적·기술적 성장변화를 이끄는 가장 큰 성장요인이며, 온라인 환경하에 성장해오던 e비즈니스에 IT 혁신이라는 4차산업혁명 기술과 함께 미래 e비즈니스 시장의 변화를 만들어가고 있다.

인터넷과 함께 시작된 e비즈니스는 온라인이라는 개념에서 PC 기반의 비즈니스를 시작으로, 모바일 기반, 그리고 4차산업혁명 기술들과 융합 등 e비즈니스에 IT 혁신 기술들이 적용되어 새롭게 진화하고 있다.

이 책에서는 기본적인 e비즈니스의 소개와 더불어 IT 혁신과 함께 급변하는 e비즈니스 변화와 이에 대한 이해를 돕고자 한다.

차례

표 · 그림 차례

1장
e비즈니스 서론

1. e비즈니스의 시작

e비즈니스는 IT의 새로운 기술들과 함께 현대사회의 모든 분야에서 e비즈니스는 활용되고 있다. 4차산업혁명 기술과 같은 새로운 IT 혁신 기술들은 e비즈니스의 지속적인 성장과 새로운 비즈니스 모델의 등장을 이끌어가고 있다.

1990대 인터넷의 발전과 함께 e비즈니스의 성장이 시작되었고, 현재까지 지속적으로 성장해 오고 있다. 인터넷의 등장은 비즈니스의 시간적, 공간적 제약이 사라지고 업무 효율성 향상을 가져왔으며, 모든 정보가 디지털 형태로 존재하며, 이용자들 간에 공유 및 빠르게 전달되게 되었다.

전통적인 경제는 디지털경제로 변화를 시작하였으며, 이러한 변화는 산업뿐만 아니라 사회전반에 영향을 미쳤고, e비즈니스가 나타나서 발전하여 왔으며 이제는 일상이 되어버린 엄연한 디지털경제 시대라고 할 수 있게 되었다.

디지털경제는 언제 어디서나 인터넷 등 통신망에 접속하여 온라인화되었으며, 이를 기반으로 개인 간, 기업 간 전자상거래가 확대되어 구매 비용 감소, 재고 감소, 제품 생산 기간 단축, 고객에 대한 서비스의 효율성 증대, 판매 및 마케팅 비용 감소, 판매 기회의 확대 등의 효과를 가져오게 되었다. 또한, 제품과 서비스의 디지털 운송 증대되면서 인터넷을 통한 콘텐츠 운송 증대, 비행기 표 또는 금융증권 등의 온라인 거래 확대, 인터넷·모바일 서비스 확대가 이루어졌다. 더불어 물리적 제품의 전자 소매 확산도 이루어졌는데 이는 인터넷을 통한 물리적 제품의 소매 거래를 증가시키고 온라인상의 거래를 활성화 시키고 온라인 서비스를 확대하게 되었다.

특히 디지털경제하에서는 데이터와 정보가 가치를 가지게 되었으며, 디지털경제가 나타내는 특징들은 다음과 같다.

[표 1.1] 디지털경제의 특징

특징	내용
지식(Knowledge)	지식창출능력이 기업의 경쟁력의 원천
디지털화(Digitization)	모든 콘텐츠가 디지털 형태로 변환
가상화(Virtualization)	실제적 사물을 가상세계에서 체험
분자화(Molecularization)	조직의 구성원들이 팀으로 재구성
통합화(Integration)	네트워크에 의해 상호 연결, 통합
비중개화(Disintermediation)	중개자의 역할이 사라짐
융합화(Convergence)	디지털 기기들 및 서비스 융합화
혁신(Innovation)	지속적인 변화와 개선을 추구
고객중심생산(Prosumption)	소비자들이 생산 과정에 참여
즉시성(Immediacy)	실시간의 신속한 대응
글로벌화(Globalization)	글로벌 고객들의 니즈 충족

e비즈니스는 일반적으로 인터넷, 이동통신, ICT 및 이와 관련된 정보 기술을 활용하여 이루어지는 전자적인 기업 활동을 말한다. e비즈니스의 범위에는 기업 외부와의 전자적인 거래 활동뿐만 아니라 기업의 거래 활동을 원활히 하기 위해 기업 내부 활동에 정보 기술을 적용하는 것도 포함한다. 일반적으로 e비즈니스는 수행 주체에 따라 C2C, B2C, B2B, G2B, G2G 등으로 구분하고 있으며, e비즈니스는 오프라인 비즈니스와 마찬가지로 유·무형의 상품 및 서비스 모두를 비즈니스 대상으로 하고 있다. 특히, e비즈니스는 전자상거래의 폭발적인 성장과 함께 사회 전영역에서 적용되었다. [그림 1.1]은 기업을 중심으로 e비즈니스 관계를 나타내고 있다.

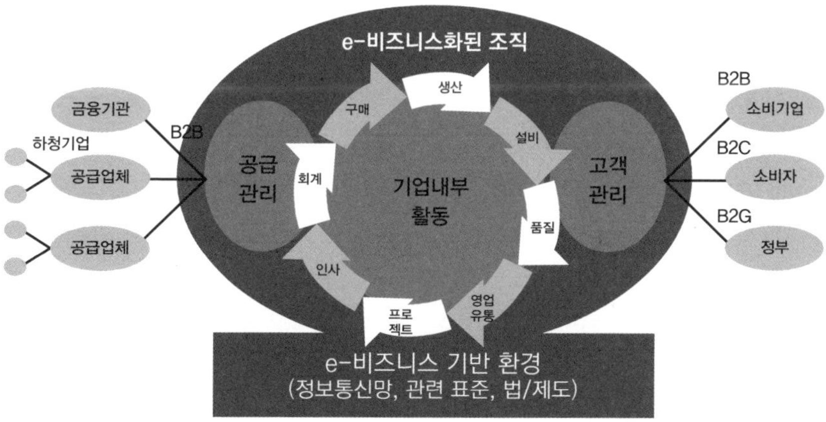

[그림 1.1] 기업을 중심으로 표현한 e비즈니스 관계도

1.1 e비즈니스의 개념

e비즈니스라는 말은 '전자적'이라는 의미의 'electronic'과 '사업'이라는 의미를 가진 'business'의 합성어다. 따라서, 단어 자체의 본원적인 의미에서 봤을 때 e비즈니스는 전자적으로 수행되는 사업을 의미한다. 즉, 아날로그 방식으로 수행하던 기존의 제조사업 방식을 전자화된 사업 방식으로 혁신하여 제조업을 수행한다면, 이것은 e비즈니스의 일종인 것이다. 전자경매(E-auction)는 사업 방식을 전자화된 방식으로 혁신하여 비즈니스를 수행하는 대표적인 e비즈니스의 예라고 할 수 있다. 전자경매에서는 누구나 자신이 원하는 시간에 디지털화된 사이버 공간에서 경매에 직접 참가할 수 있으며, 경매의 거의 모든 과정이 전자화되어 있기 때문에 고도의 효율적인 방법으로 경매에 참여할 수 있다. 결론적으로 e비즈니스는 이와 같이 전자적으로 수행되는 제조업과 금융업 그리고 기타의 모든 사업을 의미하는 것이며, 상거래가 전자적으로 수행되는 전자상거래는 이러한 e비즈니스의 중요한 범주 가운데 하나인 것이다.

e비즈니스의 대표적인 특성은 IT를 전략적으로 활용하여 기존 비즈니스 모델을 재정의 하거나, 새로운 비즈니스 모델의 창출을 통해 고객의 가치를 극대화하는 것이다. 최근의 비즈니스 환경은 치열한 초 경쟁(Hyper Competition) 구도로 치닫고 있으며, 변화 속도 또한 어느 때보다 빠르다. 따라서, 세 가지 기본적인 경영 활동(계획, 실행, 평가) 가운데 변화의 시대에 절실히 필요한 훌륭한 계획 즉, 전략의 중요성을 증폭시키고 있으며, 결과적으로 e비즈니스를 전략 지향적인 비즈니스로 이끌어 가고 있다. 이상의 논의를 바탕으로 e비즈니스의 개념을 정의하면 다음과 같다.

e비즈니스란 디지털 기술과 네트워크 기술을 기반으로 한 IT를 전략적으로

활용함으로써, 기존의 비즈니스 모델을 재정의하거나 새로운 비즈니스 모델의 창출을 통해 고객의 가치를 극대화하는 비즈니스를 총칭하는 개념으로서, 이는 고객의 가치 창출을 위하여 첨단 기술의 전략적 활용뿐 아니라 기업의 조직 및 경영 방식이 급변하는 시장 환경의 변화에 따라 유연하게 전략적으로 변화해야 되는 전략 지향적(Strategy-Oriented) 비즈니스를 의미한다.

1.2 e비즈니스의 장점

기업이 추구하고 있는 공통적인 e비즈니스의 목적은 크게 시장 확대, 고객 유지, 효율성 향상 3가지로 볼 수 있다. 기업은 e비즈니스 시스템 도입이 기업 이익 증대 및 비용 절감 효과를 성취하고 있으며, e비즈니스는 기업의 모든 부분에 영향을 미쳐 기업 이익을 향상시키는 데 기여하고 있다. e비즈니스를 통해 기업이 얻을 수 있는 효과는 다음과 같다.

가) 고객 서비스의 향상

기업은 e비즈니스로 각각의 고객에게 우수한 서비스를 제공할 수 있다. 고객은 온라인상의 셀프서비스 애플리케이션을 사용하여 손쉽게 1년 365일, 하루 24시간 언제나 기업과 상호 교류할 수 있다. 고객은 기업의 웹 사이트등을 방문할 때마다 개인화된 제품 및 서비스를 제공받게 된다. 보유하고 있는 모든 시스템이 통합·관리되기 때문에, 기업은 고객 요구 및 질의에 신속하게 응답하기 위해 필수적인 정확하고 적절한 정보를 항상 갖추고 있어야 한다.

나) 고객 만족도 증가

e비즈니스로 향상된 고객 서비스를 제공할 수 있고 그로 인해 고객 만족도도 증가하게 될 것이다. 기업은 고객이 누구인지, 그들이 원하는 것이 무엇인지, 어떻게 대응해야 하는지를 파악하고 그들의 요구를 예측할 수도 있다. 그리고 이전보다 훨씬 신속하고 저렴하게 제품 및 서비스를 제공할 수 있다. 고객 만족도 증가와 e비즈니스는 서로 불가분의 관계라고 할 수 있다.

다) 고객 유지도 증대

고객 서비스를 개선해 고객 만족도를 증가시키기 위해서는 이전과는 다른 방식으로 고객을 확보 및 유지해야 하는데 e비즈니스는 고객의 높은 기대치를 충족시키고 고객이 요구할 때마다 서비스를 제공할 수 있도록 해줄 것이다.

라) 운영 비용 절감

e비즈니스로 더욱 효율적으로 업무를 수행할 수 있을 뿐 아니라 엄청난 수준의 운영 비용 절감을 실현하게 될 것이다. 고객, 직원, 비즈니스 협력업체 등을 위한 셀프서비스를 활성화시키는 등 인터넷을 적극 활용함으로써 정보 관리, 고객 서비스, 인적 자원, 비즈니스 관리, 회계 관리, 조달, B2B 교류, 영업, 마케팅 등 비즈니스의 모든 영역에서 상당한 비용을 절감하게 될 것이다.

마) 제품/서비스 품질 개선

e비즈니스로 운영 비용을 낮출 수 있을 뿐만 아니라, 제품 및 서비스 품질을 크게 향상 시킬 수 있게 된다. 고객 인텔리전스를 향상시킴으로써 고객이 원하는 바

를 파악할 수 있을 뿐 아니라 입찰을 원하는 전 세계 공급업체들에게 엑세스 할 수 있게 된다. 이에 따라 품질, 가격, 운송 일자 등을 기준으로 적합한 공급업체를 선정할 수 있게 된다. 그리고 가치사슬(Value Chain)이 완벽하게 연결되기 때문에(고객이 공급업체로, 공급업체가 고객으로), 서비스의 품질이 개선된다. 즉, 정확하게 필요로 하는 제품을 필요로 하는 시간 내에 제공할 수 있게 되는 것이다. 공급업체와 온라인으로 협력함으로써 공급업체 재고 관리를 효율화 시키고 이전보다 훨씬 신속하고 저렴하게 제품 및 서비스를 공급할 수 있게 된다.

바) 비즈니스 효율성 제고

e비즈니스로 전체 조직은 보다 효율적으로 업무를 수행할 수 있다. 시스템들이 통합되고 업무 프로세스가 간편해지며, 모든 사람이 정확하고 신속하게 동일한 정보를 공유할 수 있다. 또한 인터넷이나 모바일 기술구현을 통해 보유하고 있는 모든 시스템을 통합해 포괄적으로 연결된 단일 가치사슬 구축, 데이터 및 데이터 센터의 통합, 셀프서비스 애플리케이션을 사용한 관리 프로세스 합리화를 통해 비즈니스 효율성을 향상시킬 수 있게 된다.

사) 경쟁력 강화

글로벌 경제 체제하에서 e비즈니스는 고객이 원하는 것을 신속하게 제공하고 있으며, 개인화된 제품 및 서비스를 저렴한 가격으로 제공하고 있다. e비즈니스는 스스로에 대한 다각도의 시각과 고객에 대한 포괄적인 시각을 가지고 있다. e비즈니스는 비즈니스 인텔리전스를 보유하고 있기 때문에 정확하고 신속한 의사결정을 내릴 수 있으며 그 영향을 전사적으로 모니터링 할 수 있다. e비즈니스의 구성원들은 관계 구축, 서비스 향상, 기업 이익 창출 등에 주력할 수 있다. 따라서 e비즈니스로 이전보다 훨씬 강력한 경쟁력을 확보하게 되는 것이다.

아) e비즈니스 인텔리전스 개선

e비즈니스로 공급사슬, 운영, 대 고객 시스템 등은 전자적으로 연결되어 있어 인터넷 지원 통합 애플리케이션을 지원한다. e비즈니스로 이들 시스템에서 생성된 정보를 사용해 보다 효율적으로 조직을 운영하고, 보다 효과적으로 고객을 확보 및 유지한다. 조직 전반에 대한 통찰력을 제공하고, 신속하게 기회를 발견하며, 비즈니스 위험 요소를 보다 완벽하게 파악할 뿐 아니라 기업 목표를 중심으로 각 사업부가 더욱 긴밀히 연계되도록 해준다.

자) 시장 범위 확대

전통적인 사장에서의 가장 어려운 점은 시간적, 지역적인 한계를 가지고 있다는 것이었다. e비즈니스는 시간적, 지역적인 한계를 넘어서 기업의 글로벌 고객을 확보를 가능하게 한다. 즉, 본사가 어디에 있는지 관계없이 고객은 전 세계를 걸쳐 검색할 수 있게 되는 것이다.

차) 관리상의 실수 감소

e비즈니스로 직원, 고객, 공급업체 모두는 웹 등 온라인 기반 셀프서비스 애플리케이션을 사용해 자체적으로 트랜잭션을 수행한다. 셀프서비스는 중간 단계와 실시 지연을 제거하기 때문에 관리상의 실수를 크게 줄일 수 있다. 더 이상 데이터 입력 담당 직원을 필요로 하지 않으며 서류 유실에 관한 문제도 발생

하지 않을 것이다. 또한 각종 거래는 더욱 신속하면서도 저렴한 비용으로 매우 정확하게 처리된다.

2. e비즈니스 모델

2.1 e비즈니스 모델의 개념

가) e비즈니스 시대의 경영환경의 변화

1960년부터 비약적으로 발전한 정보 기술과 네트워크 기술이 기업경영에 도입됨으로 인해 새로운 정보를 습득하고 보급, 활용이 용이해짐에 따라 기업의 경영환경에도 많은 변화가 생겼다. 그중에서도 두드러지는 변화는 기업의 마켓플레이스가 오프라인에서 온라인으로 변화해 가고 있다는 것이다. 이로 인해 기존의 기업에서는 크게 부각되지 않았던 새로운 비즈니스 모델의 개념이 부각되게 되었다.

특히, 디지털 시대의 시작으로 전통 기업은 경영환경적인 위협을 받게 되었고, 디지털 시대는 전통 기업의 경쟁환경에 지각변동을 초래하며 산업 지도의 재편을 일으키고 있으며, 신생 디지털 기업은 저비용으로 기존 산업을 공략하고 새로운 산업을 일으켜 전통 기업의 입지를 위협하고 있다. 디지털 기술의 활용으로 글로벌화, 시장개방, 규제완화 등이 더욱 신속·용이해지면서 국가 간·산업 간 경계를 넘어서는 경쟁이 심화되고 있어 전통기업 역시 기존 제품 및 서비스의 판매에만 치중할 경우 경쟁력 약화는 물론이고, 결국엔 기업 수익원의 고갈을 초래하므로 신규 수익 원천을 발굴하기 위한 비즈니스 모델이 필요하게 되었다.

전통적 기업에서 e비즈니스로의 경영환경변화는 크게 5가지로 나누어서 살펴볼 수 있다.

① 고객중심(Customer Centric)

모든 정보와 거래가 투명해지고 개개인이 네트워크로 연결되어 고객의 파워가 증대하고 있으며, 거래의 중심이 생산자에서 고객으로 이동함에 따라 전통기업의 패러다임과 비전의 변화가 필요하게 되었다. 고객·기업 간 직거래 확대는 전통기업에게 기회와 위협요인을 동시에 제공하고 있는데 기존의 강점이었던 전통기업의 판매망, 대리점 등이 오히려 위협요소로 작용하고 있지만 온라인상의 상거래 성장과 함께 고성장 중인 물류산업에는 전통기업의 자본력과 기존 인프라가 유리하게 작용한다.

② 산업구도의 변화(Industry Transformation)

고객에게 총체적 서비스를 제공하기 위한 디지털 융합(Digital Convergence)이 일반화되었다. 디지털 환경에서는 정보공유와 서비스 거래를 저비용으로 처리할 수 있어 산업 내는 물론 산업간 제품·서비스를 융합하여 고객에게 원스톱 토털 솔루션(One-stop Total Solution)을 제공하는 것이 용이해졌다. 산업간 장벽의 붕괴로 타산 업의 전통기업이 새로운 경쟁자로 등장하거나 디지털 기술과 고객 기반을 무기로 한 인터넷 신생 기업이 전통기업을 위협하고 있다. 전통기업과 디지털 기업의 강점을 융합할 경우 시너지 효과의 발휘가 가능하게 되었다. 따라서 전통기업은 기존 사업영역의 전면적 재검토가 필요해졌다.

③ 가치사슬(Value Chain)의 역류

고객의 파워 증가로 수익의 원천이 고객 접점으로 이동하였으며, 토털 솔루션 제공에 필요한 상품과 서비스의 구성력, 고부가가치를 창출할 수 있는 지식과 콘텐츠의 중요성이 증대되었다. 규모의 경제를 바탕으로 한 대량생산 중심의 수익 구조 탈피가 관건이 되었다. 기존의 기술력, 브랜드파워, 인적자원의 전문성 등을 바탕으로 비즈니스 모델의 재구축이 이뤄지고 있다.

④ e-Sourcing의 확대

기업 간 거래의 핵심인 e마켓플레이스의 성장은 내부적으로 구매 효율화를 달성하고 외부적으로 새로운 수익원천을 찾기 위한 B2B 시장이 지속적으로 활성화되고 있다. 전통 주력기업의 e비즈니스로의 전환으로 e마켓플레이스의 강자로 등장하고 있다. 주력기업 외 전통기업들은 일개 부품 역할을 하는 벤더로 전락할 가능성이 상존한다. 단순한 중개 서비스에 의존하는 디지털 기업보다 기존의 거래 회원사를 확보하고 있는 전통기업이 유리하다.

⑤ 네트워크(Network)화

고객에 대한 토털 솔루션 제공과 기회선점을 위한 합종연횡이 활발하다. 핵심부문을 유지한 채 기타 부문은 아웃소싱(Outsourcing)하거나 전략적 제휴, M&A 등을 통해 위험을 분산시키고 시장진입에 소요되는 기간을 최소화하는 전략이 효과적인 환경이 되었다. 전통기업의 자력주의형 전략과 경영모델은 디지털 환경에 부적합하다. 모든 것을 자체 해결하는 방식으로는 디지털 기업의 스피드와 비용 구조를 따라잡는 것이 불가능하다.

소비자의 입장에서 본 환경의 변화는 온라인을 활용하여 여러 제품·서비스를 한곳에 집결시켜 소비자의 욕구를 통합적으로 해결하는 것이 하이퍼링크로 용이해졌다는 것이다. 또한, 온라인상에서는 고객이 자신의 취향에 맞는 제품·서비스의 선택이 수월해지는 패키지 맞춤형이 가능하고, 인터넷의 활용으로 인해 소비자들은 관심 있는 모든 기업의 제품과 서비스 등에 대한 방대한 양의 정보를 직접 신속하게, 그리고 무료로 습득, 교환함으로써 최고의 품질을 제공하는 기업을 선택할 수 있게 되었다. 결국, 이러한 사실은 인터넷의 등장으로 인해 기업 운영 방식을 포함한 지금까지의 사업 모델이 근본적으로 변하게 됨을 의미한다.

나) e비즈니스 모델이란?

일반적으로 비즈니스 모델이란 사업을 하는 방식 또는 사업 아이디어를 말하는 것이다. 다시 말해서 이윤추구를 목적으로 상품이나 서비스를 누구에게 판매할 것인가를 결정하는 것을 의미한다.

e비즈니스 모델이란 온라인을 기반으로 하는 사업유형을 말한다. 비즈니스 모델이란 기업이 이윤을 목적으로 하는 사업을 말하는데 쉽게 생각하면 사업을 하기 위한 방법이다. 따라서 e비즈니스 모델이란 e비즈니스라는 사업을 통해서 수익을 얻기 위한 방법이라고 볼 수 있다. 또, 직접적으로 수익을 발생시키지는 못하지만, 수익을 발생시키는 사업을 간접적으로 지원해 주는 경우도 e비즈니스 모델로 볼 수 있다. 즉, e비즈니스는 새로운 온라인 환경 속에서 진행되는 다양한 가치 창출 활동으로서 온라인에서 이루어지는 모든 사업 활동을 의미한다.

e비즈니스 모델은 기존 오프라인의 전통적인 거래 방식에서 새로운 거래 방식으로의 전환이라 말할 수 있다. 기존 거래 방식에서는 유통 채널, 거래 대상 지역, 거래 시간, 고객 정보, 마케팅 활동, 고객대응 등 여러 가지 제약이 있었던 것이 문제시되어 왔다. 유통채널의 경우 기업, 도매상, 소매상, 소비자까지의 복잡하고 다단계식 유통 채널을 가지고 있으며 거래대상 지역도 오프라인이다 보니 일부 지역에 대해서만 유통할 수 있고 글로벌 마케팅에 대한 제약 사항이 많았다. 또한, 최근에 주요 이슈로 등장한 고객 정보 및 고객 대응에 대해 많은 시간과 투자가 필요하며 고객의 요구사항 포착이 어렵고 대응이 지연되는 문제점들이 있다. 이러한 문제점들을 e비즈니스 모델을 통하여 정보의 수시 획득, 고객 요구에 신속히 대응하며 기업의 이미지 제고, 비용 절감, 수요, 공급자 간에 온라인을 활용한 시장의 전자화와 투명성을 증대할 것이다.

e비즈니스 모델은 기업 간, 기업–소비자 간, 기업–정부 간, 소비자–소비자 간 경쟁과 협력 촉진을 통하여 기업의 경영 합리화와 기업 간 분산화 및 전문화를 촉진하지만, 법제도, 통신 기술, 전자화폐 등에 대한 새로운 여러 가지 이슈들이 있다. 특허법, 전자상거래법, 이체법 등의 각국 법제도 적용의 문제와 특허권 실시상의 문제점들과 통신 기술의 복잡 다양화 및 표준화 미흡 문제점이 발생하고 있으며 전자지불결제의 인증 및 보안 기술의 인터페이스 방법과 장치 등에 대한 문제점도 발생하고 있다. 이러한 문제점들은 계속적인 개선 및 보안이 진행되고 있으며, 새로운 비즈니스, 기술, 시장 등을 창출하고 있다.

2.2 e비즈니스 모델의 분류

e비즈니스의 핵심은 가치 창출, 즉, 수익을 만들 수 있는가에 초점이 맞추어

져 있다. 다시 말해, 가치를 창출하기 위해서 무엇을 어떻게 제공할 것인가가 e비즈니스 모델의 근간이라고 하겠다.

e비즈니스 모델을 구분하는 데는 일반적으로 비즈니스 참여자의 구분에 따라 기업과 소비자 간의 B2C 전자상거래, 기업 간 전자상거래인 B2B 전자상거래, 그리고 소비자간 상거래인 C2C 전자상거래로 구분되고, 사업모델의 주 수익원에 따라 광고형, 수수료형, 이용료형, 멤버십형으로 구분되며, 거래에 참여하는 당사자들의 상호작용 형태에 따라 1 대 1(1 to 1), 1 대 다수(1 to N), 다수 대 다수(N to N)로 구분할 수 있다. 비즈니스 방식에 따라 소매형, 경매형, 역경매형, 포탈형, 카탈로그 판매형, 주문 판매형 등으로 구분할 수 있고, 디지털 방식의 순수성에 따라 순수한 인터넷에서만 가능한 새로운 비즈니스 모델과 전통의 사업모델이 인터넷에 결합한 모델로 구분할 수 있다.

여기서는 e비즈니스의 핵심적 분류기준을 비즈니스 참여자, 목적, 수익 원천, 고객에 대한 제공가치로 정하고 각각의 모델에 대해 설명하도록 하겠다. 그런데 e비즈니스 모델에 대한 유형화를 통하여 e비즈니스 모델을 분류한다고 하더라도 모든 e비즈니스 모델에 대한 유형화는 불가능하다. e비즈니스 모델은 매우 다양할 뿐만 아니라 계속 변화하기 때문이다. 사람들의 니즈가 다양해지면서 계속해서 새로운 비즈니스 모델이 만들어지며, 기존의 비즈니스 모델도 변화하게 된다. 또한, e비즈니스 모델에 관해 설명하기 전에 분명히 해야 할 것은 하나의 사이트가 같은 분류기준 내에서 복수의 모델에 해당되는 경우가 많다는 점이다. 예를 들어 고객에 대한 제공 가치를 기준으로 정보 제공 모델, 커뮤니티 모델 등으로 구분할 수 있다. 이때 미디어의 온라인 사이트는 대표적인 정보 제공 모델이지만, 동시에 커뮤니티 모델의 기능이 포함되어 있는 경우도 있다. 또 상거래 모델이면서 동시에 서비스 모델의 기능을 가지고 있는 경우도 많다. 이처럼 하나의 e비즈니스 기업이 복수의 모델에 해당하는 것은 e비즈니스 모델 기업들이 경쟁력을 높이기 위하여 자사의 인터넷 사이트나 모바일 앱 등이 다양한 역할을 수행할 수 있도록 확장시키고 있기 때문이다.

가) 참여자에 의한 e비즈니스 모델의 분류

e비즈니스를 분류하는 가장 일반적인 기준 중 하나가 참여자이다. B2B, B2C와 같이 불리는 e비즈니스 모델이 바로 참여자에 의한 분류이다. e비즈니스 초기에는 B2B와 B2C만이 논의되었으나 추후에는 B2G, C2G, C2C, P2P 등 다양한 모델들이 등장하였다. (그림 1.2)

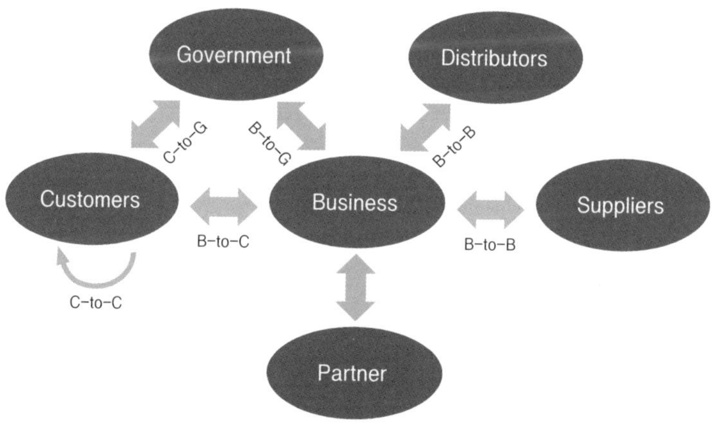

[그림 1.2] e비즈니스 모델 분류

① B2B 모델

B2B는 Business to Business의 약자로 기업 간의 거래를 중개하는 등 사업의 주체와 객체가 모두 기업이 되는 e비즈니스 모델이다. 기업과 기업 사이에 일어날 수 있는 다양한 거래들, 예를 들면 부품의 상호 조달, 운송망 공유 등을 온라인을 통하여 처리하는 것을 말한다.

B2B는 기업의 사설망이나 부가가치통신망(VAN) 등의 네트워크상에서 주로 EDI[1], CALS[2]를 사용하여 기업 간에 주문을 하거나 송장, 문서 등의 자료를 처리하는 시스템으로 무역, 제조 등의 분야에서 활용이 시작되었다. 인터넷의 도입 이후 인터넷상에서의 B2B로 확대되고 있으며, 이동통신과 모바일 비즈니스의 발전으로 타업종으로의 확산이 강화되고 있다. Staples와 같은 MRO(Maintenance Repair and Operation: 소모성 자재) e비즈니스나 Alibaba와 같은 장터 모델의 e비즈니스가 대표적인 B2B 모델이다. B2B 모델은 상거래 모델이 주류를 이루지만, ASP와 같이 서비스 모델인 경우도 많으며 B2B 커뮤니티도 있다. 기업과 기업이

1 EDI는 기업 간의 거래 데이터를 교환하기 위한 표준 포맷이다. EDI 메시지에는 데이터 요소들의 문자열이 포함되는데, 그 각각은 가격이나 제품 모델번호 등과 같이 개별적 사실들을 표현하며, 구획문자에 의해 분리되어 있다.

2 CALS는 군사 관련 문서들과 정보들을 전자적으로 관리하고 보관하려는 시도에서 시작되었다. CALS는 처음 미 국방부의 담당자가 창고에 쌓여있는 방대한 서류더미의 처리를 위해 시작된다. 미국이 연간 조달하는 병기나 후방지원시스템은 방대한 양에 달하는데, 이에 첨부되는 매뉴얼들은 기술이 고도화될수록 두께와 양이 점점 늘어나고 있다. 예를 들어, F16 전투기의 매뉴얼은 책 3,500권에 달하며, 항공모함의 경우에는 관련 문서의 무게가 23톤에 이른다고 한다. 당시 미 국방부는 동서 냉전의 종식에 따라 군사예산 삭감을 강요받고 있었는데, 이런 이유로 후방지원을 효율화하는 것이 국방부의 큰 테마로 부각되었다. 그래서 미 국방부는 문서를 전자화하여 공간절약과 정보검색의 신속화를 지향하였는데, 이것이 페이퍼리스(Paperless) 운동의 시작이다. CALS는 이러한 미 국방부의 후방지원효율화에서 시작되어 점차 장대한 CALS 프로젝트로 발전하게 되었다. CALS의 궁극적인 목표는 정보시스템을 활용하여 기업 내 또는 기업 간의 업무 프로세스를 철저히 합리화하고, 부가가치를 높이는 데 있다.

전략적으로 제휴하여 거대한 온라인 마켓플레이스를 만든 후 소비자들에게 재화를 공급하는 경우는 B2B 또는 B2C로 표현할 수 있다. 최종소비자를 대상으로 하는 B2C시장보다 기업을 대상으로 하는 B2B 시장의 규모는 훨씬 크다.

현재 기업 간 전자상거래가 일반화되어 있는 것은 기업 간 전자상거래로 얻을 수 있는 효과가 지금까지 기업 내부의 활동 개선보다 훨씬 큰 효과를 얻을 수 있기 때문이다. 기업 간 전자상거래의 효과로는 구매 절감, 적정 재고 관리, 사이클 타임 단축, 고객 서비스 개선, 판매 및 마케팅 비용의 감소, 신규판매의 기회증대 등을 들 수 있다.

기업이 재화나 서비스를 구매하기 위해서는 매우 복잡한 다단계 과정을 거친다. 공급자 선정, 공급자 평가, 제품 정보 교환, 제품 견본 승인, 주문서 발송, 주문 확인, 송장전달, 대금지불 등의 복잡한 절차를 거치는데 이러한 절차는 많은 비용을 발생시킨다. 그런데 기업들이 인터넷을 활용하게 되면 정용 통신망을 이용하는 경우보다 전송 비용을 절감할 수 있으며 새로운 업체와도 거래를 할 수 있다. 또한 기업 간 전자상거래는 주문–선적–결제 처리 기간을 단축시킨다. 전자적으로 연결되어 있는 업체와 팩스, 메일 등으로 전송된 정보는 즉시 처리되고, 회사는 문서를 제대로 받았는지 추적할 수 있기 때문에 관리기능을 향상시킬 수 있다. 또한, 재고 변화를 쉽게 파악할 수 있으므로 재고처리, 보관, 관리 비용을 절감할 수 있다.

인터넷 등 네트워크를 활용하여 전자적 방식으로 연결된 기업 간 네트워크는 지역적으로 멀리 떨어진 서로 다른 작업팀들이 협력해서 프로젝트를 진행할 수 있게 해준다. 따라서 전체 사이클 타임의 단축을 유도할 수 있다. 그리고 제품 정보, 제품 사양, 제품 특징, 제품 주문 처리 현황 정보 등의 온라인 게시를 통하여 정보 전달 비용을 감소시킬 수 있어 고객 만족도 향상에도 기여할 수 있고, 카탈로그 판매 및 광고의 효율을 높일 수 있고 주문의 전자적 처리를 통하여 영업사원들이 시간 소모를 줄일 수 있다.

② B2C 모델

B2C는 Business to Consumer의 약자로, 기업이 일반 소비자를 대상으로 사업을 하는 e비즈니스 모델이다. 가장 흔히 접하게 되는 Amazon, 네이버 등과 같은 인터넷 쇼핑몰, 검색사이트 등이 여기에 속한다.

다시 말하면, B2C란 기업과 소비자 간의 모든 상호작용을 포괄한다. 여기에는 제품 주문, 제품 정보 획득, 전시 공간 제공, 고객 정보의 정의, 제품의 공동개발, 대 고객 서비스 등이 포함된다. 개인 소비자들은 매우 다양한 구매동기와 욕구를 가지고 접속하기 때문에 대상 고객을 정확하게 규명하는 데 신경을 써야 하며, 기업 구매자에 비해서 일반소비자는 충동구매를 하기 때문에, 다양한 상품을 보여주고 상품에 대한 설명 등 세밀한 부분까지 준비해야 한다.

③ B2G 모델

B2G는 Business to Government의 약자로, 기업이 정부를 상대로 거래하는 e비즈니스 모델이다. B2G 모델에는 정부 주도의 직접 구매형 모델이 많지만, 기업과 정부를 연결시켜 주는 구매 중개형 모델도 있다. 현재까지의 움직임은 별로 나타나지 않고 있는 실정이나 우리나라의 경우 정부가 강력히 추진하고 있는 전자정부 정책과 국가 조달업무의 전자상거래 구도는 B2G의 좋은 모델이 되고 있다. 전자정부 구현이 확산되면서 정보 제공, 세금 징수, 면허 교부, 규제

관리, 보조금 혜택의 제공, 통계자료, 물품과 서비스의 조달 등 각종 정보 및 서비스 분야가 제공되고 있다. 예로써 나라장터, 전자통관시스템 등이 있다.

④ G2C 모델

G2C는 Government to Consumer의 약자로, 분류는 복지지불과 세금 반환과 같은 분야에서 정부와 시민들 사이의 전자적 처리를 포함한다.

G2C(Government-to-Citizen)는 정부와 민간 개인 또는 주민 사이의 전자 상거래 방식이다. 이러한 G2C 통신은 정보 통신 기술(ICT)을 통해 이루어지는 것을 가장 많이 언급하지만, 전보와 매체 캠페인을 포함할 수도 있다. G2C는 연방 정부, 중앙 정부, 지방 정부 수준에서 진행된다. G2C는 정부와 기업 네트워크 간의 전자 상거래 방식인 G2B와는 대조적이다. 예로써 민원24, 국민신문고 등 다양한 전자정부 서비스가 있다.

⑤ G2G 모델

G2G는 Government to Government의 약자로, 정부와 정부 간의 e비즈니스 모델이다. 정부 부처 간, 중앙과 지방정부 간에 정보를 공동 활용하여 행정업무의 정확성과 효율성이 증대되고 거래 비용이 감소한다.

정부 간 거래(Government to Government trade, 정부간 거래)란 본래 전자상거래에서 거래 주체에 의한 거래 형태의 한 종류를 일컬었으나, 현실의 국제교역에서는 상대국 정부와의 거래에 있어 계약서상의 책임과 주체는 정부가 담당하고, 실질적인 계약 의무와 이행은 민간업자가 부담하는 거래 형태를 총칭한다.

정부 간 거래는 기업 차원에서 계약의 원 당사자가 되어 추진하기 어려운 모든 형태의 거래행위를 포괄할 뿐만 아니라 거래의 신뢰성과 투명성까지 보장받을 수 있는 장점이 있기 때문에, 최근 그 범위와 대상이 매우 폭넓고 다양하게 정부 간 거래 형태의 교역이 진행되고 있다. 일반적으로 방산물자나 원유 교역 등과 같은 대규모의 장기적 거래 속성을 갖는 물품을 대상으로 정부 간 거래 방식의 교역이 주를 이루어 왔으나, 최근에는 공공보안물자나 공공재 거래뿐만 아니라 정부 조달시스템이나 관세 통관시스템과 같은 소프트웨어, 시스템 및 서비스 분야에 이르기까지도 광범위하게 정부 간 거래 방식의 교역 대상이 늘어나고 있다. 예로써 온나라 시스템 등이 있다.

⑥ C2C 모델

C2C는 Consumer to Consumer의 약자로, 소비자 대 소비자 간의 온라인 비즈니스를 지칭하는 말로 이러한 경우 소비자는 상품을 구매하는 주체이면서 동시에 공급의 주체가 되기도 한다. 인터넷이 소비자들을 직접 연결시켜주는 시장의 역할을 하게 됨으로써 발생한 거래 형태로 현재는 경매나 벼룩시장처럼 중고품을 중심으로 거래가 이루어지고 있다. 소비자 간에 직접 거래하는 전자상거래를 말한다.

개인 간의 거래 형태는 전자부품 직거래, 부동산 직거래, 생필품 상호 매매 교환 등 다양한 형태로 발전하고 있다.

장점은 3가지 정도로 분류할 수 있다. 첫번째로 가용성이다. 소비자가 주문형 쇼핑을 할 수 있다. 두 번째로 수익성이다. 소비자에게 직접 제품을 판매하는 소비자는 더 높은 수익을 주는 소비자를 선택하여 판매 할 수 있어 더 높은 수익을 달성할 수 있다. 세 번째는 낮은 거래 비용이다. 온라인 플랫폼을 통한 판매는 고정비(인건비, 판매공간, 등)가 없어 훨씬 저렴하게 물건을 판매할 수 있다.

단점은 안전성을 보장할 수 없다는 것이다. 대금 지불 후 상품을 받지 못하거나, 품질에 대한 보장 받을 수 없다. 또한 판매 제품이 도난 제품인지 확인할 수 없다.

안전성을 보장받을 수 없다는 단점을 보완하기 위해 C2C 거래는 C2B2C (Consumer to Business to Consumer) 형태로 변화하고 있다. 모든 거래의 책임을 소비자에게 맡기는 것이 아니라 플랫폼이 검수 등 중간 과정을 맡아 신뢰도를 높인다.

⑦ P2P : Peer-to-Peer

개인과 개인 간(Peer-to-Peer) 거래는 인터넷상의 정보를 검색엔진을 거쳐 찾아야 하는 기존 방식과는 달리 인터넷에 연결된 모든 개인 컴퓨터로부터 직접 정보를 제공받고, 검색은 물론 다운로드 할 수 있는 형태이다.

P2P는 서버를 거치지 않고 정보를 찾는 사람과 정보를 갖고 있는 사람의 컴퓨터를 인터넷으로 직접 연결, 서로의 데이터를 공유할 수 있게 해주는 것으로 방대한 정보를 손쉽게 이용할 수 있다는 장점이 있다. 인터넷에서 서버와 클라이언트 개념에서 벗어나 개인 컴퓨터들이 네트워크로 연결되어 정보와 자료를 공유하는 것으로 P2P는 3가지 방식이 있다.

(1) Hybrid P2P

중앙서버가 존재해 중개 및 검색을 제공하고 데이터 전송은 개인 PC들 간에(peer) 주고받는 방식이다. 그동안 사용하고 접하는 냅스터(Napster), 소리바다 같은 파일 공유 프로그램, NateOn 등과 같은 메신저를 통한 파일 전송 등이 있다. 중앙 서버가 존재해 검색이 빠르다는 장점이 있다. 단점으로는 중앙서버가 죽으면 전체 네트워크가 죽어버린다.

(2) Pure P2P 방식

Pure P2P 방식에는 시스템을 제어하는 중앙 서버가 없다. 이 방식은 네트워크에 참여하는 모든 컴퓨터는 똑같은 서버/클라이언트 역할을 하고, 검색, 데이터 전송도 같은 책임을 진다. 장점은 중앙 서버가 없어 전체 네트워크가 죽는 일은 없다. 따라서 네트워크 확장성이 매우 높고, 네트워크 증가에 따른 비용도 없다. 단점으로는 중앙 서버가 없어 네트워크를 제어할 수단이 없다. 파일 목록을 검색할 때마다 네트워크상의 모든 컴퓨터를 검색해야 하므로 검색 속도가 크게 떨어지고, 과도한 부하, 해킹의 위험이 있다.

(3) Super Peer P2P 방식

Hybrid P2P 방식과 Pure P2P 방식의 장점을 결합해 놓은 방식이다. P2P네트워크에 중앙서버 역할을 하는 Super Peer들을 여러 개 둬서 네트워크를 구성하는 방법이다. 장점은 중앙서버가 존재하므로 검색의 속도가 빠르며, 또한 중앙서버가 여러 개 존재하므로 인해 하나의 중앙서버가 죽더라도 다른 중앙서버를 이용할 수 있는 방식이다.

단점으로는 Super Peer를 구현하기는 쉽지 않으며 게다가 아직 Super Peer에 대한 최적화된 이론이 정립되지 않는다.

나) 시장 창출 방식에 의한 e비즈니스 모델의 분류

① 카탈로그형

카탈로그형은 판매자가 그들의 상품의 가격, 특징 등의 정보를 웹상에 올려놓고 이를 본 구매자가 웹상에서 바로 구매하는 방식이다. 이 유형은 상품의 종류가 매우 다양하고 판매자와 구매자가 많아서 종이 카탈로그로는 원하는 상품을 발견하기가 힘든 경우, 그리고 소규모 거래로 인해 각각의 거래를 협상하기에 많은 비용이 발행하고 제품가격이 비교적 안정적인 경우에 가능하다. 일반적으로 온라인 쇼핑에서 많이 사용되는 유형이다.

② 경매형

경매형은 경매라는 메커니즘을 통한 최적의 매칭을 통해 상거래를 이루는 유형이다. 이것은 기업이 판매하고자 하는 물품을 공고하면 다수의 구매자가 가격을 입찰하고, 최적의 가격을 제시한 구매자에게 이를 판매하는 방식이다. 이러한 유형은 기업이 보유하고 있는 잉여 재고의 처리, 중고품, 희소품에 적합하다. 예로써, eBay, Auction 등이 있다.

③ 역경매형

역경매형은 경매형의 상반된 개념으로 구매자가 자신이 사고자 하는 물품에 대한 명세와 거래 조건 등을 제시한 후, 다수의 공급자 중 최적의 가격과 거래조건을 제시한 공급자로부터 이를 구매하는 방식이다. 이 유형은 강력한 구매력을 가진 소수의 구매자와 복수의 공급자가 존재하는 시장에서, 구매자가 저렴한 가격에 대량으로 구매할 경우에 적합하다. 대표적인 예로써, priceline.

com이 있다.

④ 익스체인지형

익스체인지형은 제3의 중개자에 의해 매우 중립적인 시장의 형태로 이루어진다. 이 경우는 상품의 수급관계와 가격이 매우 유동적인 시장에서 상품의 명세가 정해진 원부자재나, 범용성이 높고 표준화된 상품의 거래에 적합하다. 구매자의 입장에서는 필요한 부품, 상품 등을 신속히 조달할 수 있고, 판매자는 최적의 시장가격으로 상품을 구매할 수 있다는 장점이 있다. 이러한 모델은 e마켓플레이스라는 개념으로 다양하게 활용되고 있다.

다) 목적에 의한 e비즈니스 모델의 분류

e비즈니스를 전개하는 데에는 여러 가지 목적이 있을 수 있는데 먼저 직접적으로 돈을 벌어들이는 것이 목적이 될 수도 있고, 또 기존의 오프라인 사업을 강화하기 위한 정보 제공이나 고객 로열티 확보, 브랜드 이미지 제고 등의 목적도 있을 수 있다. e비즈니스 모델을 목적에 따라 수익 모델과 지원 모델로 나누어 본다.

① 수익 모델

순수 인터넷 e비즈니스 기업들의 경우 대부분 인터넷 사업을 통해서 직접적으로 돈을 버는 것을 목적으로 한다. 또 오프라인 기업들도 기존의 지원 모델 이외에 수익 창출을 위한 e비즈니스를 추가적으로 전개하려는 움직임을 보이고 있다. 수익 모델은 세부적으로 상거래 모델, 이용료 모델, 제휴 수수료 모델,

광고 모델, 멤버십 모델, 가격 지향 모델, 편의/신속성 지향형 모델, 맞춤 상품/서비스 지향형 모델로 나눌 수 있다.

② 지원 모델

기존 오프라인 대기업들의 경우 처음에는 인터넷을 오프라인 사업을 지원하기 위해 고객과 효과적으로 접촉할 수 있는 수단으로 생각해 왔다. 예를 들어 자사 상품을 소개하는 Sony사의 사이트, GE사의 사이트가 이러한 경우이다. 지원 모델은 다시 홍보 모델(상품이나 서비스를 소개), 정보 지원 모델(자사 제품을 다운 받거나 사용법을 읽을 수 있음), 서비스 모델(고객 불만 등을 접수), 커뮤니티 모델(자사의 고객들을 조직화하여 충성도를 확보)로 나눈다.

라) 수익 원천에 의한 e비즈니스 모델의 분류

e비즈니스 모델의 핵심이라고 할 수 있는 수익 모델은 수익의 원천에 따라 분류할 수 있다. 수익의 원천은 크게 2가지로 나누어 생각해 볼 수 있다.

첫째, e비즈니스 기업이 '직접적으로' 수익을 창출할 수 있다. 여기에는 상거래 모델과 이용료 모델, 회비 모델이 포함된다.

둘째, 제3자의 사업이 잘되도록 도와줌으로써 수수료를 받을 수 있다. 여기에는 제휴 수수료 모델과 광고모델이 포함된다.

① 상거래 모델 (Commerce Model)

인터넷을 이용해서 상품 또는 서비스를 유통시키고 이를 바탕으로 수익을 얻는 모델이다. 상거래 모델에는 인터넷 기업이 판매 또는 구매라는 상행위를 직접 하는 경우와 중개(Brokerage)하는 경우가 포함된다. 수익의 원천이 가장 단순/명확하나, 아직까지는 마케팅 비용이 과다하여 이익을 내는 데 어려움이 있다.

상거래 모델은 e비즈니스의 주종을 이루고 있고, 상대적으로 수익 창출 메커니즘이 명료하다고 할 수 있다. 상거래 모델은 가치사슬에 따라 가치 창출 과정의 어느 단계에서 상거래가 이루어지느냐에 따라서 판매모델[3], 구매모델[4], 장터모델[5], 정보중개모델[6] 등으로 나누어 볼 수 있다.

② 이용료 모델(Usage Fee Model)

유용한 정보(Contents)를 제공하는 인터넷 사이트를 운영하면서 이용자들의 이용료로 비용을 충당하고 이익을 내는 모델이다. 이용료는 회비와 순수 정보 이용료로 나누어진다. 신문사와 같이 오프라인 사업의 부산물로 디지털 콘텐츠를 저렴한 비용에 확보할 수 있는 오프라인과 e비즈니스의 혼합형(Click & Mortar) 기업은 무료 또는 염가의 콘텐츠 제공에 있어 순수 e비즈니스 기업보다 유리한 위치에 설 수 있다.

③ 멤버십 모델(Membership Fee Model)

커뮤니티 사이트 등을 유료 회원제로 운영하는 비즈니스 모델이다. 다시 말해 멤버십 모델은 인터넷 사이트에 접속할 수 있는 권한을 제공하는 대가로 회

---

3 현실시장의 점포를 그대로 인터넷상에 올려놓거나 무형의 상품을 판매하는 형태로 상거래 모델의 주종을 이루고 있다.

4 인터넷을 통해 구매를 효율화하기 위한 것으로 B2B를 주종으로 하나 B2C형태도 있다.

5 다수의 판매자와 구매자가 자유롭게 모여서 많은 거래를 형성해 가는 유형의 비즈니스 모델

6 보유한 고객 정보를 바탕으로 제3자의 마케팅 활동을 대행해주고 수익을 얻는 e비즈니스 모델

비를 받는 e비즈니스 모델이다. 현재 대부분의 커뮤니티 사이트들은 무료로 서비스되고 있거나, 무료에 경품까지 제공하는 실정이므로 회비 수입으로 많은 이익을 남기는 것을 기대하는 것은 어렵다. 유료화의 시도가 있었으나 실패로 끝난 사례가 있다.

④ 제휴 수수료 모델(Affiliation Fee Model)

많은 인터넷 이용자의 방문을 유도한 다음, 이들을 제3의 인터넷 상거래 업체로 연결해서 그 수수료를 얻는 모델이다. 예를 들어 Yahoo는 자사 사이트를 통해 검색하는 이용자들을 Amazon으로 연결시키고 제휴 수수료를 받았다. 그러나 Amazon 같은 소수의 사례를 제외하면, 아직까지 제휴 수수료 모델의 효율성은 검증되지 않았다고 보는 것이 옳다. 특히 사업 초기의 상거래 사이트는 인지도가 높은 포털 사이트 등과의 제휴를 통해 자사 사이트로의 고객 방문을 유도하지만, 실상 별 효과가 없거나 제휴 수수료가 상당히 부담스러운 경우도 많아 제휴 간계가 기대만큼의 효과가 없다는 의견이 지배적이 될 경우, 제휴 수수료를 바탕으로 하는 e비즈니스 모델은 더 이상 존재하기 어려울 수도 있다.

⑤ 광고 모델(Advertisement Model)

이용 모델과 마찬가지로 유용한 정보를 제공하되, 그 비용과 이익을 광고료에서 충당하는 모델이다. 현재 수익성을 놓고 가장 논란이 많은 인터넷 비즈니스 모델이다.

인터넷 광고는 TV, 라디오, 신문 등 기존 매체의 광고와 비교해 볼 때 광고 효과 측면에서 긍정적인 측면과 부정적인 측면을 동시에 가진다.

먼저 인터넷광고의 긍정적인 측면은 즉각적인 양방향(Interactive) 커뮤니케이션이 가능하다는 것이다. 인터넷 광고를 본 잠재 고객이 관심을 갖게 되면, 클릭해서 보다 더 자세한 정보를 볼 수 있고, 인터넷 쇼핑몰과 바로 연결되어 구매로 이어질 수도 있다.

그러나, 인터넷 광고가 고객에게 적절히 전달되지 않았을 때 문제가 된다. 인터넷 환경 속에서 고객은 선택적으로 광고로부터 눈을 돌릴 수 있기 때문에 많은 경우 인터넷 광고는 고객에게 지각되지 않는다. 하나의 페이지에 다수의 광고가 있거나, 하나의 위치에 다수의 배너 광고가 돌아가면서 나오는 경우 광고의 노출도는 더욱 낮아진다. 노출도를 높이기 위해 지나치게 광고창을 띄우거나 화면 전환 시 별도의 광고를 보게 하는 등의 방법이 구사되기도 하지만 이런 것들은 이용자의 불편과 짜증을 유발할 수 있다.

2.3 성공적인 e비즈니스 모델

비즈니스 모델이 성공적으로 수익을 창출하기 위해서는 매력적이고 고객 지향적인 콘텐츠, 이를 바탕으로 한 양질의 회원 확보, 신속성 등이 뒷받침되어야 한다.

① 콘텐츠의 매력도

멀티미디어가 가능한 동영상 사이트와 같이 창의적인 아이디어가 반영된 콘텐츠를 개발해야 하며, 그 한 가지 방법으로 AOL(American Online Inc.)의 Time Warner 인수와 같이 제휴나 인수를 통한 Contents 개발을 고려해볼 수 있다. 이와 함께 거래 방식과 품목을 다양화하여 제품과 서비스 정보의 폭과 깊이를 확보해야 한다.

구매자 지향적인 기업 활동 또한 중요하다. 인터넷 기업의 경쟁은 유사 제품이 아닌 유사 고객 간의 경쟁 성격이 강하다. 따라서 고객이 찾고 만족하는 사이트를 구축하고, 이들에게 핵심 가치를 제공하는 것이 무엇보다 중요하다. 예컨대, Dell은 제품 사양 결정 도구인 Configurator를 활용, 컴퓨터 구매를 원하는 고객과 많은 인터페이스를 추구하고 있으며, 우량 기업 고객을 위한 1,500여 개의 개별 홈페이지도 운영하고 있다. Whirlpool 또한 고객의 가족 구성, 세탁 빈도, 주거 공간 등을 파악하여 최적의 사양을 지닌 제품을 고객에게 제시하고 있다.

② 회원의 양과 질

회원의 양과 질에 대한 관심은 e비즈니스의 성공을 위해 필수적이다. 비즈니스 모델의 참여자 중 특히 회원과 관련해서는 구매율과 재구매율이 높은 양질의 고객을 확보하는 것이 중요하다. 이를 위해서는 CRM 활동이 반드시 필요한데, 고객 세분화와 같은 고객관계관리 활동을 통해 목표 고객을 선정하고 이들을 유인할 수 있는 마케팅 활동을 전개하여 구매력 있는 고객 커뮤니티를 형성해야 한다. 사용자 및 전문가 평가 의견을 제시하는 등 고객 커뮤니티 형성을 위해서 여러 수단을 구사하고 있는 Amazon의 경우 재구매율이 75%에 달한다고 한다.

③ 신속성

e비즈니스는 수확체증의 법칙과 네트워크 효과 등이 작용하는 사업이기 때문에 선점할 경우 고객 수의 폭발적 증가가 가능하며, 따라서 완벽한 모델보다는 남보다 빠른 모델로 승부하는 것이 필요하다. 이는 선점의 효과를 기대할 수 있기 때문이다. 예컨대, 야후는 무료 웹 검색(Contents) 및 포털 사업을 선점하여 세계 최고의 인터넷 포털로 자리 잡았으며, Amazon도 온라인 서점을 오픈한 전자상거래의 선구자로서 막강한 브랜드 인지도를 보유하고 있다. 그러나 무엇보다 중요한 것은 제품력(Product Leadership)과 같은 핵심 역량이 뒷받침되어야 한다는 점이며, 이는 기존 업체의 경우 특히 그러하다. 디지털 기술의 발달로 정보의 도달성과 충실성의 동시 추구가 가능해짐에 따라 제품·서비스에 대한 고객의 비교평가가 용이해져, 특히 일상 용품의 경우에는 마진 창출이 불가능하다. 따라서 기존 기업은 자사의 제품·서비스가 상품화되지 않도록 차별성을 부각시키는 등 Product Leadership 확보에 각별히 노력해야 한다.

2.4 e비즈니스 모델의 도입 방법

e비즈니스 모델의 도입 방안은 크게 기존 비즈니스의 전환, 새로운 비즈니스 시작, 그리고 전략적 제휴 등 세 가지 차원에서 검토할 수 있다.

① 기존 비즈니스 모델의 보완 또는 강화 차원

온라인을 기존 비즈니스 모델을 위한 하나의 채널로써 간주하고, 기존 비즈니스 모델을 보완 또는 대체하는 방식이다. 기존에 보유하고 있는 브랜드나 독특한 운영체계, 축적된 정보, 고객과의 네트워크 등을 충분히 활용하고 고객 확보에 드는 비용의 절감 방법이나 신시장 개척 등에 있어 상대적으로 부족한 부분을 온라인을 통해 찾아내기 위해 노력하는 것이다. 예로 온라인 판촉 수단으로 활용하는 것이다. 온라인은 텔레마케팅(Tele-Marketing)이나 DM(Direct Mail: 광고·선전 등을 위하여 예상 구매자에게 직접 우송하는 인쇄물) 등과 같은 다른 판촉 수단에 비해 비용이 저렴하다는 장점이 있다. 고객이 판촉 행사에 참가를 원하는 경우에만 홈페이지나 앱에 등록을 함으로써 참가가 이루어지기 때문에 고객이 자발적으로 참여한다는 점에서 판촉의 효과 또한 크다. 온라인을 기존사업과 연계할 경우 기업 리엔지니어링(Reengineering)의 도구로써 비용 절감과 생산을 제고할 수도 있다.

② 새로운 사업으로써 비즈니스 모델을 도입

온라인을 새로운 비즈니스로 규정하고 경영 활동 전반에 걸쳐 활용하는 것이다. 온라인상에서 새로운 제품이나 서비스를 개발하기 위해서는 온라인이 시작하려는 사업에 제공하는 다양한 가치를 체계적으로 분석하여 이를 적절하게 활용하는 것이 필요하다. 온라인이 사업 분야에 미치는 영향, 사업에의 활용 가능성, 사업 분야의 강화 가능성, 새로운 사업 기회의 제고 여부 등을 분석하여야 한다.

③ 전략적 제휴 또는 M&A

e비즈니스 모델을 찾아 전략적인 제휴를 하거나 해당 기업을 M&A 함으로써 e비즈니스에 참여하는 방안이다. 많은 기업들 사이에서 활발히 진행되어 오고 있다. 출발 단계에 있는 유망 벤처기업에 출자하여 교두보를 마련하고, 가능

성이 있으면 M&A 나 제휴를 추진함으로써 불확실성이 큰 초기 단계의 인터넷 비즈니스의 리스크(Risk)를 타 기업과 공유함과 아울러 인터넷 비즈니스의 성공 기회를 얻는 것이다.

④ e비즈니스 모델 성공 사례

오래전부터 인용된 사례로 대표적으로 구매모델, 판매모델, 중개모델이 있다.

(1) 구매모델 - 시스코(Cisco)

네트워크 장비의 선두 주자로서 기존 사업 전반을 e비즈니스화한 시스코는 고객의 복잡한 구매 결정 과정을 지원하는 홈페이지를 구축함으로써 큰 성과를 내고 있다. 시스코 웹사이트의 특징은 제품 사양 결정의 편리성, 고객사의 구매 정보 시스템과의 연동, 온라인상의 고객 커뮤니티 활성화로 요약될 수 있다. 구매자가 원하는 제품이나 서비스를 사전적으로 설계된 웹상의 프로세스를 통해 손쉽게 결정, 주문하도록 유도하고, 제품 가격, 납기, 선적 형태 등을 확인 가능하도록 함으로써 제품 사양 결정의 편리성을 강화하고 있다. 또 온라인상의 고객 커뮤니티를 활성화함으로써 고객이 게시한 문제점에 대해 시스코 기술자와 다른 고객들이 함께 문제 해결을 모색하도록 유도한다. 시스코의 비즈니스 모델은 e비즈니스 시스템인 CCO(Cisco Connection Online)로 대표되는데, CCO는 최초에는 고객에 대한 기술 지원을 목표로 구축되었으나, 현재는 온라인 판매, 협력업체와의 정보 공유 등 그 활용 범위가 매우 포괄적이다. 시스코는 제품상의 우위에 더하여 인터넷 기반의 End-to-End Process 통합(eSCM, eCRM 등 활용)을 통해 대부분의 생산을 아웃소싱하고 있다. 고객이 시스코의 홈페이지 접속 후 주문 사항을 입력하면 그 내용이 즉시 부품 메이커에 리얼타임으로 전송됨과 동시에 부품의 보충 여부를 자동적으로 확인할 수 있다.

완성된 제품이 시스코를 거쳐 고객에게 인도되는 비율은 약 50% 정도이며, 나머지 50%는 협력업체에서 바로 고객에게 전달된다. 시스코의 인터넷 상거래 비중은 도입 후 급격히 증가하고 있으며, 매출 증대, 비용 절감, 고객 만족이라는 일석삼조의 효과를 거두고 있다.

시스코의 e비즈니스 성공 요인은 고객의 편의성 제고, 고객 커뮤니티 활성화, 협력업체와의 관계 증진으로 요약될 수 있다. 시스코는 표준 원가를 제공하고, 간단한 구매 사양 결정을 지원하며, 조달 기간 등을 제시하여 주문의 편리성을 제고하였고, 주문 처리 상황을 제시함으로써 주 평균 고객 전화 문의 건수가 7,000건에서 2,100건으로 감소되었다. 고객의 조달 시스템을 시스코의 주문 관리 및 회계 시스템과 직접 연동시킴으로써 대형 고객을 효과적으로 지원할 수 있었고, S/W, H/W, 매뉴얼 등을 업그레이드하거나 최신 정보를 업데이트하여 고객의 편리성을 제고하였다. 또한, 시스코에서 일정한 교육 훈련을 이수하고 자격을 인정 받은 고객들을 활용하여 이들이 서로 문제 해결 방안을 모색하고 제시하도록 함으로써 고객 커뮤니티를 활성화시켰으며, eSCM을 구축하여 대리점, 부품 생산자, 조립업자 등과 함께 재고 확인, 주문 확인, 정보 검색 등의 업무를 처리하였다.

(2) 판매모델 - 델(Dell)

델 컴퓨터는 고객 중심의 인터넷 사이트를 운영하여, 총 매출의 50% 이상을 인터넷을 통해 실현하고 있다. 델 컴퓨터 홈페이지의 가장 큰 특징은 고객별로 세분화된 창구를 운영하고 있다는 것인데, 고객을 개인 고객과 기업 고객으로 분류하여 관리하고 있으며 기업 고객은 다시 중소기업, 대기업, 정부 기관, 교육 기관 등으로 분류하고 있다. 대형 고객을 위한 Premier Page도 운영하고 있는데 이것은 제품과 서비스에 관한 고객 맞춤형 정보를 제공하는 일종의 엑스트라 넷이라 할 수 있다.

고객의 특성에 맞게 구성된 개별 사이트(총 200여 개)에서 고객들은 자신들에 적합한 옵션을 선택하고, 가격을 조정하며, 주문을 낼 수 있다. 고객사의 구매 비용 절감 및 재고 관리를 지원하고 있는데, Support.Dell.com에서는 고객들이 스스로 문제를 해결할 수 있도록 쌍방향 대화형 정보를 제공한다. 델의 인터넷 비즈니스 모델은 고객과의 네트워크 구축을 통한 직접 판매 모델이라 할 수 있다. 고객이 주문하면 이 주문 정보는 공급업체에 즉시 온라인으로 전송 처리되며, 델은 공급업체에서 조달된 부품을 조립한 후 중간 유통 단계 없이 고객에게 직접 배송한다. 델의 비즈니스 프로세스상의 가장 큰 특징은 중간 유통 단계가 생략된 직접 판매, JIT에 의한 무재고 시스템이라 할 수 있다.

델 컴퓨터는 고객의 주문에 의한 생산(Build-to-Order), 고객 스스로에 의한 제품 사양 구성, 고객 요구에 대한 신속한 대응, 무재고 경영 등을 통하여 직접 판매 방식의 사업 모델을 실현하였다. 특히 무재고 경영으로 인해 물류 창고나 대리점이 필요 없고, 부품 가격 인하 시 바로 PC 가격에 반영할 수 있으며, 재고 비용 절감으로 가격 경쟁력을 유지할 수 있었다.

고객이 선택한 컴퓨터의 가격, 제품 설명, 배달 가능 시간, 주문 처리 상황 등을 즉시 제시하고 고객의 문제점을 해결하기 위한 커뮤니케이션 기능을 강화하였고, 고객을 관계 고객군(Relationship Customers)과 거래 고객군(Transaction

Customers)으로 구분하여 관리하였는데, 관계 고객군은 포춘(Fortune)[7] 200에 포함된 대기업들, 정부, 교육 기관들로서 반복적인 구매의 특징을 지닌 고객군을 포함하며, 거래 고객군은 중소기업, 영세 창업 회사들로서 가격 대비 성능을 중요시하는 고객군을 가리킨다. 대형 고객을 위해서는 따로 Premier Page를 마련하여 고객사의 인트라넷과 네트워크로 연결하여 관리하였다.

이처럼 델은 Flexible Manufacturing System, JIT, 수주에서 판매에 이르기까지 인터넷을 통한 일괄 생산, 유통 체계 등을 확립하고, 부품업체 및 개발업체와 정보시스템을 통합함으로써 생산 프로세스를 효율화 하였다.

(3) 정보중개 모델 - AOL(America Online, Inc.)

1985년 컴퓨터 통신업체로 출발한 AOL은 현재 다수의 고정 가입자와 풍부한 콘텐츠를 무기로 세계 최대의 포털, 콘텐츠 서비스를 제공하는 기업으로 성장했다. AOL이 제공하는 서비스는 인터넷 접속, 통신·포털·콘텐츠, 전자상거래, 기술 지원 및 컨설팅 등 크게 4가지로 파악할 수 있다. 인터넷 접속 서비스는 AOL 온라인, CompuServe에 의해서 제공되며, 1개월 단위로 수수료를 받는다. 포털 및 콘텐츠 서비스는 AOL.com, CompuServe.com, Netcenter.com(이상 종합 포털), Digitalcity.com(지역 포털), ICQ.com(커뮤니케이션 전문 사이트), MovieFone.com(영화 정보 및 예매 전문 사이트), Spinner.com(음악 전문 사이트) 등에 의해 제공된다. 한편, 이러한 포털 사이트들은 인터넷 검색 서비스 외에 뉴스,

---

7 미국 경제지(經濟誌). 1930년 타임사가 창간하였다. 경제 관계 뉴스를 넓은 시각으로 분석, 객관적이고 온건·보수적인 경향을 관철하고 있다. 또 경제·경영 관계뿐만 아니라 세계정세·정치문제·신제품·새로운 사업 등에 대한 기사가 많아 학생·비즈니스맨·경영자들이 많이 읽는다. 1978년 월간에서 격주간으로 바뀌었고 판매 부수는 약 75만 부이다. 특히 이 잡지가 매년 발표하는 세계대기업순위표는 유명하다.

금융, 레저, 스포츠 등 거의 전 분야의 정보를 제공하고 있으며, 해당 정보는 전문업체로부터 아웃소싱하여 제공한다.

전자상거래는 소비자를 대상으로 의류, 자동차, 도서 등 총 17개 상품 분야별로 홈쇼핑 업체를 소개하는 방식으로 수행하며, 위에서 언급한 대부분의 포털 및 콘텐츠 사이트에서 제공됨. AOL은 이러한 전자상거래 기능을 강화해 가고 있는 추세이다. 인터넷 접속, 전자상거래 등의 솔루션 제공 및 관련 컨설팅 사업을 수행하며, 선 마이크로시스템(Sun Microsystems)과의 협력 관계를 바탕으로 서비스 영역을 확대하고 있다.

AOL은 기본적으로 인터넷 서비스를 제공하고 가입자로부터 수수료를 받는 ISP의 사업 모델을 가지고 있지만, 거대한 AOL 커뮤니티를 바탕으로 광고료 수입과 함께 쇼핑몰 업체에 대한 고객 소개 수수료 및 기술 지원에 대한 수입도 함께 얻고 있다. 거대한 커뮤니티 형성이 수입의 근본적 원천이 되고 있다. AOL은 수많은 회원사(Affiliate)로부터 고객을 소개받고 있으며, 콘텐츠를 제공하는 전문업체 및 전자상거래를 위한 쇼핑업체와 네트워크를 형성하고 있다.

AOL의 주요 성공 요인으로는 우선 차별화된 서비스를 들 수 있다. 초보자도 손쉽게 사용할 수 있는 온라인 서비스를 제공한다는 것이다. 또한, 1995년 업계 최초로 PC통신 접속 프로그램과 인터넷 브라우저를 통합 제공하여 당시 선두 업체인 CompuServe를 추월할 수 있었다. 포털 서비스 및 뉴스, 금융, 레저, 스포츠, 상품 정보 등 고객이 원하는 모든 정보를 제공하고, 전문업체를 통한 아웃소싱을 활용하여 수준 높은 콘텐츠를 확보하였다. 특히 타임워너와의 합병으로 콘텐츠 분야에서의 위상을 더욱 제고하였는데 이러한 M&A를 통해 강력한 브랜드 구축할 수 있었다. 인터넷 서비스는 브랜드가 좌우한다는 판단 아래 M&A(CompuServe, NetScape, ICQ 인수 및 타임워너와의 합병 등)를 통한 강력한 브랜드 구축 전략을 사용했다.

3. e마케팅

3.1 e마케팅 개요

e마케팅이란 e비즈니스를 위한 온라인상의 마케팅으로써, 기업 등 비즈니스 주체가 자신의 e비즈니스를 성공적으로 이끌기 위해 수행하는 모든 마케팅 활동이다. 좀 더 구체적으로 정의하면 e마케팅이란, 고객의 필요, 욕구, 꿈을 찾아내어, 그것들을 채워줄 수 있는 가치 상품이나 서비스를, 경쟁자보다 더 효과적 및 효율적으로 전달하되, 전체 또는 부분적으로 온라인을 중심으로 하는 전자적 수단을 사용하는 것을 말한다. 새로운 환경변화가 펼칠 현재 및 미래 기회를 파악하여, 핵심 역량 및 협력 네트워크를 구축하면서 준비해 가는 것이 e마케팅인 것이다. 그러므로 고객이란 현재의 고객은 물론 미래의 잠재고객을 포함한다.

e비즈니스 시대라고 요약되는 세계화, 정보 통신 기술의 혁신, 개성의 중시 등의 경영 환경의 변화 속에 기업이 생존하기 위해서는 고객가치지향, 개인가치지향, 공생가치지향, 학습가치지향으로 기업의 경영 패러다임이 변화해야 한다. 이러한 시대에 고객가치 지향적 사고는 새로운 마케팅 활동을 수용하고 있다.

개별 고객의 다양한 욕구를 충족시키기 위한 노력이 정보 기술, 데이터베이스, 공정 기술의 발달로 상당히 가능하게 되었으며 일회성 거래를 탈피하여 고객과의 관계를 중시하는 관계마케팅이 중시되고 있다. 기업의 사회적 책임 및 환경에 관한 사회적 요구를 수용하여 마케팅에 반영하는 사회적 마케팅, 마케팅 자원을 공동으로 이용하여 관계 기업의 공동의 이익 극대화를 추구하는 협업 마케팅 등도 새로운 패러다임에 근거한 것이다. 온라인을 이용하여 마케팅 활동을 펼치는 e마케팅도 개개 고객의 다양한 욕구를 충족시키는 강력한 수단으로 행해지고 있다.

가) 개별 고객 욕구의 충족

마케팅 지향의 기본은 고객의 욕구를 충족시켜주는 것이다. 고객의 필요와 욕구는 상이하기 때문에 고객의 요구에 맞추어 마케팅 활동을 수행해야 한다. 그렇지만 이렇게 하기 위해서는 많은 비용이 수반된다. 따라서 고객을 특성에 따라 몇 개의 시장으로 세분화하여 각 세분화된 시장의 특성에 맞는 마케팅 활동을 하게 된다. 이러한 방식을 세분화 마케팅이라고 한다. 세분화를 많이 할수록 고객 만족은 커지나 비용이 많이 들게 되고 적게 하면 비용은 적게 드나 고객 만족의 정도가 낮아지게 된다. 이러한 딜레마가 공정 기술, 정보 통신 기술의 발달로 상당 부분 해결되고 있다.

공정 기술의 발달, 공장 설비 변경의 신속화 등으로 주문한 제품이 대량생산되는 경우와 대등한 수준의 낮은 원가로 생산되는 것이 가능해졌다. 개개 고객의 요구에 맞는 제품을 만들어 판매하는 방식을 맞춤 마케팅(Customized Marketing) 혹은 일대일 마케팅(One-to-one Marketing)이라고 한다.

맞춤 마케팅이 가장 활발히 이루어지고 있는 기업 중의 하나는 PC 제조 회사인 DELL이다. 인터넷을 통해 고객이 원하는 사양을 주문받고 주문은 즉시 공장에 전달되고 바로 생산이 시작된다. 고객이 주문할 수 있는 사양은 수천 가지에 이르며 주문한 지 일주일이면 배달이 된다고 한다. 개별 고객의 욕구를 제품에 반영하는 것에는 아직 많은 비용이 수반되어 맞춤 마케팅이 적용되기 어려운 산업이 많지만 목표로 하는 세분 시장들의 규모가 작아지고 있다는 것은 분명하다.

나) 관계 마케팅

많은 기업이 제품을 사고파는 것을 거래라는 개념으로 파악하고 있다. 거래(Transaction)란 교환이 한 번 일어나고 끝나버린다는 뜻을 내포하고 있는 용어이다.

이러한 개념으로 고객을 파악하면 고객이 자사의 제품을 구매하기까지 최선을 다하지만 일단 구매하게 되면 그것으로 끝나버린다. 구매 후 고객을 관리할 필요도 할 수도 없다. 이러한 문제를 해결하기 위해서는 기업과 소비자 간의 교환을 관계(Relationship)라는 개념으로 파악해야 한다. 한 번 구매한 고객은 영원한 고객으로 유지되도록 장기적인 관계를 맺는다는 생각을 가지고 관리해 나가야 한다. 고객을 유지하는 데에는 고객을 획득하는 데 드는 비용의 몇 분의 일이면 가능하기 때문에 장기적인 이익을 최대로 할 수 있다.

관계마케팅에서 중시하는 개념은 고객의 평생 가치(Lifetime Value)이다. 고객이 한번 제품을 구매하여 고객으로서 계속 유지된다면 기업은 그 고객으로부터 계속적으로 이익을 얻게 된다. 어떤 고객으로부터 얻게 되는 이익의 흐름의 현재가치를 평생 가치라고 한다. 고객의 생애 가치는 고객에 따라 다르다. 흔히 이야기하는 80대 20의 법칙이 적용되는 경우가 많은데 평생 가치의 상위 20%에 드는 고객이 전체 이익의 80%를 창출하게 된다. 따라서 생애 가치가 높은 고객을 획득·유지하는 데 최선을 다해야 한다.

관계 마케팅 활동을 수행하기 위해서는 데이터베이스의 구축이 필수적이다. 데이터베이스에 있는 고객의 신상 정보, 구매 경험에 관한 정보 등을 활용하여 개별 고객의 욕구를 파악하고 적절한 마케팅 활동을 위한 계획을 세우게 된다. 데이터베이스를 활용하여 마케팅 활동을 펼치는 것을 별도로 데이터베이스 마케팅이라고 부르기도 한다. 최근에는 데이터베이스 마케팅보다 한 단계 발전한 CRM(Customer Relationship Management)이 개발되어 관계 마케팅의 구축에 활용되고 있다.

다) 인터넷 마케팅

인터넷의 등장으로 기업과 기업 간뿐만 아니라 기업과 소비자, 소비자와 소비자 간 정보의 전달과 공유가 가능해지게 되었다. 정보의 전달과 공유는 기업의 경영, 특히 마케팅 부문에 엄청난 변화를 가져왔다. 온라인상의 상거래의 발전을 아무리 부정적인 눈으로 바라본다고 하더라도 인터넷이 기업경영에 미친 영향은 가히 혁명적인 것이라는 것을 부정하기 어려울 것이다. 인터넷을 이용하여 사이버공간에서 일어나는 마케팅 활동을 인터넷 마케팅이라고 한다.

매체로서의 인터넷의 특징을 두 가지로 요약하면, 쌍방향성과 개인화된 상호작용이라고 할 수 있다. 인터넷은 마케팅이 대중마케팅에서 세분화 마케팅, 세분화 마케팅이 다시 일대일 마케팅으로 발전하는 데 반드시 필요한 매체의 특징을 고스란히 가지고 있다. 이렇게 볼 때 인터넷 마케팅은 일대일 마케팅을 구현하는 이상적인 수단이 된다고 할 수 있다.

인터넷 마케팅은 비용이 절감되고 시간이 절약되며 새로운 사업 기회를 제공해주는 등 여러 가지 이점이 있으나 가장 중요한 것은 소비자의 참여를 높여주는 것이다. 전통적으로 기업이 생산 및 마케팅 활동을 하고 소비자는 구매 이외에는 아무런 역할을 하지 못했다. 인터넷은 고객이 마케팅 활동에 깊이 관여하는 것이 가능하게 하였고 나아가 제품의 디자인에 개별 고객의 욕구가 반영되어 부분적으로 생산 활동까지 참여하는 것을 가능하게 하였다. 생산에 참여한다는 의미로 소비자를 지칭하는 단어로 'Consumer' 대신 'Prosumer'라는 용어를 사용하기도 한다.

소비자의 마케팅에의 참여는 전통적인 거래인 기업의 소비자와의 거래(B2C)를 벗어나 경매(Auction)와 같은 소비자 간 거래(C2C), 공동구매와 같은 소비자와 기업 간 거래(C2B)를 통하여 이루어지고 있다. 인터넷마케팅의 활성화는 마케팅변수에도 많은 영향을 미치고 있다. 가격이 하락하고 새로운 형태의 광고가 등장하고 디지털 제품이라는 새로운 형태의 제품이 탄생하고 기존의 유통망을 심각하게 위협하며 새로운 형태의 마케팅이 발전하게 되었다.

3.2 e마케팅과 4P

기존의 전통적 마케팅 방식과 온라인 마케팅의 주요한 차이점은 온라인 마케팅이 IT의 기술적 발전에 종속적이라는 것이다. 인터넷 망과 이동통신 기술, 광 메모리 저장 기술 등의 발전은 경쟁력을 강화하고 있으며, 마케팅에 도 새로운 영향을 미치게 되었다.

우선 e비즈니스에서 목표 시장은 주로 인터넷이나 이동통신 등 사용자가 대상이 된다. 실제로 회사에서 개인적으로 인터넷을 이용하기는 어렵고 주로 가정에서 인터넷에 접속하고 있다는 점을 고려해야 한다. 인터넷 소비자 인구를 통계학적으로 보면 제품확산이론에서의 혁신자나 조기 채택자에 가까운 계층으로서 평균적인 교육과 수입을 가진 사람들로 비교적 젊은 층으로 나타난다. 이들은 정보탐색자 그룹 군과 쇼핑을 하는 그룹 군 등으로 나누어질 수 있다. 따라서 이에 맞는 목표 시장의 선정이 필요하다. 인터넷 고객 형태는 최초 구매자(Initiator), 타인에게 영향을 미치는 구매자(Influencer), 일반적 구매 결정자(Decider), 구매자(Buyer), 사용자(User) 등으로 나눠질 수 있다. 그러면 인터넷 마케팅에서 4P는 어떠한 형태로 나타나는지 알아보도록 하자.

가) 제품(Product)

시장이 진화하고 소비자가 진화해 감에 따라 상품의 진화도 가속화되고 검색 서비스에 의해 소비자가 온라인에서 상품가격을 즉시 비교할 수 있게 됨에 따라 시장은 동일한 상품에 대해서 동일한 가격으로 판매되는 현상이 나타나고 있다. 그리고 가격뿐만 아니라 기능, 성능, 서비스 내용, 부가가치에 대해서도 급속히 동질화됨에 따라 상품이 '단독상품'으로서 차별화할 수 있는 영역이 급속히 협소해져 가고 있으며 이것은 메타상품(상품 자신이 단독으로 가진 가치 이외의 주변 가치를 포함하는 광의의 상품)으로의 진화를 의미한다고 볼 수 있다.

소비자 상품은 전문상품, 쇼핑상품, 편의상품(적은 노력으로 빈번히 구매) 등으로 나누어진다. 인터넷상에서 구매력이 높은 품목의 특징들을 살펴보면 인지도가 높은 브랜드 제품, 책, 음악, 비디오처럼 디지털화가 가능한 제품, 신뢰도가 높고 유명 업체가 보안을 보증하는 제품, 가격이 저렴하고 반복 구매가 가능한 소비재, 표준사양의 생필품 등이다. 인터넷 거래 동향을 살펴보면. 현재는 크기가 작으면서 전송이 용이한 것이 주로 인터넷에서 거래되고 있지만, 점차 크기가 커지면서 VOD(Video On Demand) 형태로 발전하고 있다. 더불어 기존의 마케팅 이론에서 제시되어 온 핵심제품, 유형제품, 확장제품 등의 기존 제품의 유형이 보다 통합되고, 온라인·오프라인의 연계가 더욱 강화될 뿐만 아니라, 브랜드 네임과 도메인 네임에 의해 보다 강렬하고 탄력 있게 통합될 것이다.

나) 가격(Price)

초기 e비즈니스의 가장 큰 특징 중의 하나는 저가화 또는 무료화 현상이다. 하지만 수익모델의 어려움으로 인해 유료화되어 가는 경향이 많으며, 유료화 전략이 성공하기 위해서는 제품과 서비스가 차별화되어야 하며, 고부가가치화와 고급화 전략을 추구할 필요가 있고, 사회적 수요는 많지만 접근이 힘든 분야를 선택하여 차별화를 하여야 하고, 상품의 메타화를 지향하고, 강력한 지원 커뮤니티를 구성하는 것이 필요하다. 온라인상에서는 웹사이트나 앱을 유지하는 간접비가 적어서 판매가격을 저렴하게 할 수 있다. 또한 고객들은 비교적 용이하게 가격 비교를 할 수 있고 고객군에 따라 가격에 매우 민감하다. 온라인 업체들은 대부분 소매점과 온라인을 동시에 유지하고 있다.

① 저가화

직거래를 통한 중간상 배제는 유통마진이 최소화하는 형태로 소비자들은 상대적으로 싼 가격으로 구입 가능한데 중간상에 의해 공급되는 제품의 가격은 PC통신 혹은 인터넷상에서 가격의 비교가 가능하게 되어 동일 제품에 대해 가장 싸게 파는 곳을 손쉽게 발견할 수 있게 되며, 중간상들 간의 가격 경쟁으로 소비자들은 더욱 싼 가격을 제안 받을 수 있다. 실제로 인터넷을 통해 온라인에서 물건을 구매할 때 고객이 받을 수 있는 가장 기본적인 이익은 오프라인을 통해 구매할 때보다 더 싸고 편리하게 살 수 있다는 것이다. 최근 온라인상에서 자동차 판매가 크게 늘어나고 있는 가장 큰 이유도 찻값 할인 혜택 때문이다.

할인판매를 통한 경제적 이익은 다른 부문에도 확산되고 있다. 병원과 의약품제조업체, 의료장비 공급업체, 유통업체 등이 복잡하게 얽혀 있는 미국 의료시장에도 인터넷 기업들이 속속 진입하고 있다. 미국의 병원들이 매년 의약품과 의료장비 구입에 지출하고 있는 금액은 830억 달러에 달하는데 인터넷을 통해 수요자와 공급자 사이에 최적의 거래가 이뤄지면 무려 110억 달러까지 절약할 수 있다는 분석이 제기되고 있는 가운데 메디바이(medibuy), 메드사이트(medsite), 메드풀(medpool), 매드채널(medchannel) 등 수십 개에 이르는 온라인 업체가 생겨나고 있다.

② 무료화

인터넷상에서 상당수의 서비스가 무료로 제공되기도 하며 소액 결제 수단이 아직 제대로 갖추어지지 않은 상황에서 유료화가 순탄하게 진행되고 있지 않다. 기업 간 소비자의 양적 확보를 위한 경쟁이 가속화됨에 따라 유료화보다는 아직까지도 광고 수익에 관심을 가지는 경향이 높다. 회원들에게 무료로 이메일 서비스를 이용할 수 있도록 하는 웹 메일 서비스는 일반화되었다.

특히 B to C 비즈니스 모델에서 기업들은 무료로 다양한 서비스를 제공하기 위해 노력하고 있으며 소비자들의 전환장벽을 높이기 위해 동종 분야 간에서도 보다 향상된 기능과 서비스를 제공하기 위한 경쟁을 가속화하고 있다.(무료 홈페이지, 웹하드 공간, 무료 E-mail 서비스)

하지만 기업의 수익성을 높이기 위해서 점차적으로 유료화를 확대해 나가고 있다.

③ 역가화

소비자 중심의 경제모델이 활성화되면서 이에 따라 역시장이 가능(소비자들이 원하는 가격에 제품의 제안 받을 수 있는 경우)하다. 전통적 마케팅에서 가격의 설정은 기업의 고유권한에 가까웠지만 e마케팅에서는 이러한 수요자 중심의 가격설정 모델이 늘어날 것이며 B2B 비즈니스 모델에서도 역가화 가능성이 높다.

④ 무가화

가격의 무가화 현상은 무료화와 구분, 가격의 무료화 현상이 가속되면 이에 따라 소비자의 입장에서는 아예 가격이 사라질 뿐만 아니라 제품을 이용하는 만큼 부가적 보너스나 포인트를 제공하는 극단적인 형태의 가격전략을 구사하는 기업들이 늘어날 가능성이 있다. 예를 들어 프리PC컴(www.free-pc.com)의 경우 소비자들이 광고를 일정 시간 보는 조건으로 고가의 PC를 무료로 제공하고 있다. 이러한 무료화 전략으로 또 다른 경쟁자들이 진입하면 경쟁 우위의 확보를 위해 소비자들을 위한 유인 요소로서 경품이나 적립금 등을 쌓을 수 있도록 하는 '무료화+알파'의 제안들이 등장하고 있다.

유사한 예로 보상형 광고 방식을 들 수 있는데 일부 기업들은 광고를 보면 돈을 준다거나 리서치에 응하면 돈을 적립시켜주는 것 이외에도 이에 대한 참여를 증대시키기 위해 고가의 경품 수령 기회를 추가로 제공하기도 한다. 실제로 이러한 공격적인 가격 정책은 인터넷 사업자에겐 매우 고통스러운 일이다. 사업 초기에는 회원이 많지 않고 거래가 많이 일어나지 않기 때문에 수익이 매우 적은데 회원을 모으기 위해 침투 가격 정책을 지속한다는 것은 매우 고통스러운 일이 되는 것이다. 그러나 이러한 시기를 잘 견뎌나가서 비용과 수익의 분기점을 넘어서는 순간에는 폭발적인 수익을 발생시킬 수도 있는 것이 e비즈니스이고, 이것이 e비즈니스의 매력이기도 하다.

⑤ 유료화, 고급화, 고가화 전략

경쟁우위를 얻기 위해서 저가화만을 추구할 필요는 없다. 자사의 제품이 경쟁사와 확연히 차별화되거나 최고의 독특성 지향적인 요소를 지니고 있다면 가격의 경쟁력을 '고가 전략차원'에서 확보할 수 있다.

유료화를 반드시 고가격화–고부가가치화라고 할 수는 없지만 e마케팅에서의 가격 전략이 대부분 저가(또는 무료)화를 지향하고 있다는 점에서 유료화는 다른 군으로 분류할 필요가 있다고 볼 수 있다. 인터넷상에서 유료화의 성공사례로는 인터넷 성인방송국을 들 수 있다.

기업은 경쟁사와의 차별화된 독특한 콘텐츠나 서비스를 제공함으로써 유료화 전략을 구사 가능하며 일대일 마케팅으로 고객 한 사람 한 사람의 니즈에 부합하는 맞춤형 서비스의 제공, 경쟁사가 따라갈 수 없는 방대한 양적 데이터의 확보, 경쟁사에서 제공할 수 없는 차별화된 콘텐츠 생산능력의 확보 등이 유료화의 관건이라고 볼 수 있다.

또한 단순히 유료화에 머물지 않고 독특한 부가가치를 제공함으로써 기업은 서비스에 대한 고급화, 고가화를 추구할 수 있다. 소비자들이 무조건 가격파괴 매장을 찾는 것이 아니라 동일 제품에 대해서 비용을 더 지불하더라도 백화점을 찾게 되는 이유와 같다고 할 수 있다.

법률 서비스 마케팅 서비스 등을 온라인상에서 이용하는 경우 막연히 싼가격을 찾기보다는 실력이 있다고 인정되고 가치가 있는 서비스를 찾기 위해서 고가격을 지불할 수도 있을 수 있다고 본다.

다) 유통(Place)

유통 시장에서는 전자상거래의 등장으로 할인점에 이은 제2의 유통혁명이 전개되었다. 기업과 소비자간 직거래가 가능한 전자상거래는 가격파괴와 더불어 소비자들의 쇼핑행태 및 생활 전반의 변혁을 동반함으로써 유통 시장에 할인점 등장에 따른 영향보다 더 큰 파장을 몰고 왔다.

온라인 유통 시장에 가장 먼저 뛰어든 세력은 소위 순수 인터넷 기업들이었으나 이후 오프라인 유통업체와 제조업체들도 기존 유통·물류망과 마케팅 노하우 등을 바탕으로 온라인 시장 진출에 적극 나서고 있어 B2C 전자상거래 시장 선점을 위한 유통산업 전반의 경쟁은 가속화되었다.

e마케팅의 유통전략은 온라인의 특성에 따라 가장 많은 영향을 받는다. 즉 내용적인 측면에서 디지털제품은 공급자와 소비자의 직거래가 가능하며, 기능적으로는 중간상이 소멸되는 동시에 새로운 정보중개상이 등장함에 따라 공급경로가 소멸 또는 단축되는 경향을 보이고, 기술적으로는 CRM, SCM 등과의 연계 문제가 복합적으로 존재하기 때문에 이들을 떠나서 논의할 수 없다. e비즈니스의 확장은 중간상의 소멸(Disintermediation)에 의한 유통경로의 간소화 및 조정작업이 가능해지고 있으며 장기적으로는 SCM이나 CRM을 기반으로 하는 새로운 형태의 변화를 가져오고 있다. 따라서 e비즈니스 마케팅 믹스에서

유통전략은 자사의 제품과 관계된 타사의 엑스트라넷과의 효율적인 연계 전략을 실현하는 것이 중요하다. 예를 들어서 인터넷쇼핑의 경우는 기존의 쇼핑몰과는 달리 교통이나 주차 문제 없이 24시간 영업이 가능하므로 매우 유리한 측면이 있으나 상품의 구매 결정과 배달 사이에는 시간적인 간격이 존재한다. 유통경로의 측면에서도 중간상의 존재가 필요 없으므로 유리하다.

라) 촉진(Promotion)

전통적인 마케팅에서 촉진(promotion) 전략은 광고(Advertising), PR(Public Relation), 판매촉진(Sales Promotion), 인적판매 등으로 구분된다. 이러한 방법들 중 인적판매라는 개념은 온라인상의 판매에서 적용하기 힘들 수 있다. 이것은 실제 종업원과 고객이 대면하는 방식으로 상품을 구매할 때 필요한 종업원의 촉진 능력을 의미하기 때문이다. 동영상, 가상현실(Vitual Reality) 등을 통해 제품 정보를 제공한다면 대면하는 효과에 좀 더 근접할 수 있다.

가장 중요한 차이는 전통적인 마케팅에서는 기획력이 중요한 성공 요인이었다면 e마케팅에서는 기술 요인이 기획요인만큼 중요한 변수로 등장했다는 점이다. 온라인의 장점은 예상 고객에게 적절한 정보를 제공함으로써 소비 욕구를 자극한다는 점이다.

또한 전통적 마케팅에서는 표본 추출 방식을 활용하여 마케팅 효과를 파악하는 데 비해, 온라인은 매우 정확하게 다양한 접속 및 구매 상황 등을 빠르게 파악할 수 있으며 심지어 개별적인 소비자들의 광고 접촉 현황까지도 다양한 프로그램을 통해 추출하고 분석할 수 있다.

① 온라인 광고전략

첫째는 의도적 노출이다. 온라인 광고의 대상자들은 우연한 기회에 온라인 광고에 접하기보다는 의도적으로 정보 및 오락 등의 욕구 충족을 위하여 특정 기대감을 갖고 스스로 온라인 광고에 접하게 된다. 뿐만 아니라 온라인 광고에서는 광고의 대상자들을 따로 세분화하려는 노력이 필요 없다. 왜냐하면 고객은 스스로 자신의 필요에 의해 원하는 광고를 찾아가기 때문이다. 그러므로 광고와 판매가 분리되었던 과거의 마케팅 믹스와는 달리, 온라인 광고는 상품이나 서비스에 대한 정보 제공 서비스와 상품구매와 관련된 판매 서비스를 동시에 충족시키는 매체로서 역할을 담당해야 한다.

두 번째는 정보 지향적 광고이다. 기존의 대중매체들은 상품이나 서비스에 관련된 정보전달에 있어서 시간과 공간의 제약이라는 한계를 지니고 있어서 한정된 인쇄공간이나 15초에서 30초 사이의 짧은 시간을 통한 상품광고는 본질적으로 이미지 지향적 광고의 형태를 취할 수밖에 없으나, 이와는 대조적으로 인터넷 광고는 시간과 공간의 제약을 탈피하여 고객들에게 상품이나 서비스에 대한 충실하고도 깊이 있는 정보의 무한한 제공을 보장해주고 있다.

세 번째는, 글로벌 마케팅이다. 온라인 광고의 높은 CPM(Cost Per Mile 또는 Cost Per Thousand Impressions : 천 명당 광고비)은 비록 구체적으로 측정할 수 없지만, 전 세계적으로 광범위하게 퍼져 있는 고객층을 감안할 때 그리 심각한 문제가 되지 않을 수도 있다. 온라인 광고의 이러한 특성으로 인하여 중소기업 입장에서 본다면 인터넷 광고는 다른 마케팅 도구보다 설치 비용 및 운영 비용이 상대적으로 저렴하고 광고 대상이 크기 때문에 전 세계적으로 시장을 확대하는 데 매우 경제적인 선택으로 활용된다.

넷째는 잠재적 광고의 효과이다. 온라인 광고는 비록 CPM은 높지만, 온라인 광고 사용자의 대부분이 거의 매일 온라인을 사용하고 있다는 점을 고려한다면, 광고 노출의 반복 효과라는 경제성을 가지고 있다. 그러나 온라인 사용자들의 반복 방문을 위해 상품에 대한 정보 제공과 함께 재미있는 오락이나 퀴즈를 통한 경품행사를 병행하여 광고 사이트의 오락성을 높이는 등의 다양한 방법론 등이 모색되고 있으며, 광고 내용의 수정 및 특정 대상에 따른 메시지 차별화가 어느 매체보다는 용이하다는 온라인 광고의 특성에 맞게 최소의 비용으로 최신의 정보를 신속하게 제공하여 온라인 사용자들의 반복 방문을 유도하고 있다.

② PR(Public Relation)

특정한 활동 및 프로그램을 지지하고, 광범위한 발행 부수를 가진 매체에 상업적으로 중요한 뉴스를 제공하거나, 제품을 판매하는 기업이 대가를 지불하지 않는 라디오, TV 및 무대에 우호적인 홍보를 확보함으로써 일반 대중의 마음속에 우호적인 제품 이미지를 창출하기 위해 통합된 시도이다. PR은 이를 포함하여 대중과 우호적 관계를 형성하기 위한 전체적인 방법론을 포함하는 활동이다. 이러한 경향은 PR을 촉진 활동의 중요한 부분으로 인식하고 있다는 것으로도 알 수 있다.

이러한 PR을 위한 커뮤니케이션 방법에는 특별 이벤트, 인쇄물 홍보, 공공서비스, 이벤트 스폰서, 뉴스레터 발행 및 소책자나 연례 보고 등이 있고 온라인을 통한 PR 중 가장 두드러지는 것이 자사의 홈페이지를 이용하여 회사의 소개, 기업의 설립 이념, 창업 정신, 회사 소식, 나아가 사원모집, 회사의 재무제표 공개 등 다양한 부분으로 나뉘어 PR이 이루어지고 있다.

3.3 e마케팅과 6C

e마케팅 전략 요소는 기존의 4P를 넘어서 6C(Contents, Community, Connection, Commerce, Customizing, Communication)라는 개념을 주요 분석대상으로 하고 있다. 이 6C는 포털의 기본적 구성요소인 4C(Contents, Community, Connection, Commerce)에 Customizing(맞춤화)과 Communication을 추가하여 6C라고 한다.

e비즈니스를 효율적으로 하려면 기업 내부적으로는 일대일 마케팅 현상이 강화되면서 고객들의 맞춤 고객화(Customization)가 필요해지고 다른 한편에서는 e비즈니스의 진행 과정에서 SCM, CRM 등의 인프라 구축과 더불어 타 기업과의 연계(Connection)가 중요해지는 것이다. 이제 그 구체적 내용을 Contents, Communication, Community, Commerce, Customization, Connection의 순서로 살펴보기로 한다.

가) 콘텐츠(Contents) 전략

e마케팅에서 콘텐츠 전략은 사실상 4P 가운데 제품 부분에 포함될 수 있는 부분이다. 콘텐츠는 내용적인 측면과 기술적 측면으로 나누어진다. 그런데 온라인에서는 홈페이지나 모바일 앱으로 승부를 하므로 웹사이트나 앱 디자인이 중요한 변수가 된다. 그런데 엄밀한 의미에서 이 디자인도 내용과 기술이 혼합된 상태로 존재한다. 콘텐츠의 영역은 크게 정보, 교육, 오락, 비즈니스 등으로 나뉠 수 있는데, 콘텐츠는 영역 구분보다는 영역의 조합을 통해 새로운 비즈니스 기회를 창출할 수 있다. 예를 들어, '교육(Education)+오락(Entertainment)'을 접목하면 에듀테인먼트(Edutainment), '정보(Information)+오락(Entertainment)'을 접목하면 인포테인먼트(Infortainment) 등의 콘텐츠를 구성할 수 있다. 콘텐츠의 중요

성은 아무리 강조해도 지나치지 않다. 왜냐하면 콘텐츠가 없는 기반 구조는 무의미한 것이기 때문이다.

나) 커뮤니케이션(Communication) 전략

특정한 분야에서 홈페이지나 앱의 콘텐츠가 구축이 되면 게시판을 중심으로 이 사이트에 관심을 가진 사람들이 모이게 되고 정보교환이 이루어진다. 커뮤니케이션의 목적은 정보의 전달 및 상대방의 태도나 행동에 영향을 주거나, 즐거움을 주거나, 광고의 목적 등으로 사용될 수 있다. 그러나 e마케팅 전략으로서의 커뮤니케이션은 보다 즐거움을 주는 오락적 기능이 중요시될 것이다. 커뮤니케이션의 기능은 보도적 기능, 지도적 기능, 오락적 기능, 광고적 기능 등으로 나눠진다. e마케팅에서 사용되는 커뮤니케이션은 그 매개로 온라인을 사용한다는 측면에서 매우 다른 특징을 보이게 된다. 왜냐하면, 온라인이라는 매체는 기존의 공중파 매체나 언론매체에 비하여 가격이 극히 저렴하고 기술적인 특성이나 인프라의 구조를 정확히 알면 매우 쉽게 그리고 효과적으로 원래의 목적을 달성할 수 있기 때문이다. e마케팅에서 커뮤니케이션 기법은 매우 다양하여 그동안 관념적으로만 존재하던 여러 가지의 비즈니스 커뮤니케이션이 가능해졌다. 즉 기존의 마케팅에서 사용되던 매개체들이 불특정 다수를 대상으로 1:N의 모형으로 접근하였기 때문에 비용이 많이 들었을 뿐만 아니라 광고 효과의 측정도 곤란한 경우가 많았지만, e마케팅의 경우에는 1:N, 1:1, N:N의 커뮤니케이션이 모두 가능하게 되었기 때문에 마케팅 방식의 혁명적인 변화와 순수한 의미에서 맞춤고객의 대중화가 가능해진 것이다. 즉 과거의 경우에는 타겟마케팅과 매스마케팅이 서로 상반되는 구조를 가지고 있었지만,

e마케팅에서는 커뮤니케이션 방식의 변화로 말미암아 매스마케팅·타겟마케팅·원투원마케팅이 동시에 가능한 현상이 나타나게 된 것이다. 따라서 e비즈니스에서의 커뮤니케이션 전략도 이 같은 특성에 맞추어 진행하여야 한다.

다) 커뮤니티(Virtual Community) 전략

커뮤니티란 종교, 스포츠, 오락, 주식 등 다양한 관심 분야에 대해 토론하고 공유하는 순수하고 비상업적인 공통체를 말한다. 이 같은 커뮤니티의 구성은 온라인 시대만의 특성이 아니다. 그러나 e마케팅에서 커뮤니티란 가상공동체(Virtual Community 또는 Cyber Community)의 특성을 가지고 있다는 점이 이전의 커뮤니티와는 매우 다른 특성을 가지게 된다. 가상공동체의 특성은 기술압박성(기술적 영향을 가장 많이 받는 공동체), 확장 무제한성(사회적인 인프라의 구축에 따라 시·공간적 한계를 극복할 수 있는 공동체), 강한 익명성의 모순(익명성이 강한 공동체로서 비대면성의 요소를 지니고 있지만, 오히려 보다 사회 심리적인 요소가 강해지므로 그 결합 강도는 매우 큰 양면성을 가지고 있음), 아메바적 적응성(고도로 유연성을 가진 공동체로 다양한 형태로 분화·통합될 수 있고 그 발전이나 진화의 방향이 다차원으로 열려 있음) 등으로 요약할 수 있다. e마케팅 시대에서는 네트워크의 가치가 매우 중요하므로 네트워크의 가치를 단기간에 키우기 위해서 가상공동체를 구성하는 것이 가장 좋은 방법이다. 예를 들면, 동창회를 구성하여 다양한 동창회 멤버들을 바탕으로 비즈니스를 목적으로 하는 가상공동체의 구성은 용이할 것이다. 이와 같이 경우에 따라 가상공동체가 상업적인 형태로 변질되는 경우가 있는데 이것이 비즈니스 가상공동체(혹은 사이버 비즈니스 커뮤니티)이다. 물론 공동체가 비즈니스 공동체로 바뀌는 것은 인터넷 시대만의 특징이라고 볼 수는 없다. 비즈니스 가상공동체의 운영 목적은 신규로 생성된 비즈니스 가상공동체와 기존의 비즈니스 가상공동체(즉, 생성 초기부터 상업적 목적으로 구성된 가상공동체)에 따라 다르다. 신규로 생성된 비즈니스 가상공동체는 상업적인 목적의 달성, 시장침투 효과 및 제품 다양화의 효과, 효과적인 촉진 전략 등이 운영 목적인 데 반하여 기존의 비즈니스 가상공동체의 경우에는 상업적인 목적의 달성, 효율적인 고객 관리 및 충성도 제고, CRM 기반 사업, 기존 시장의 유지 및 시장개척 효과, 서비스의 증진 효과 및 광고 홍보의 효율화 등의 목적을 달성할 수 있다.

라) 커머스(Commerce) 전략

온라인을 통한 수익 자원의 유형은 광고 수입, 콘텐츠 유료화, 직접적 상품 판매, 제휴(Affiliate)프로그램 상품을 직접 판매하지 않고 쇼핑사이트들과 제휴 관계를 맺어 상품 판매액에 대한 커미션(Commission)을 가지는 방식을 말한다. 예를 들면, 야후(Yahoo)는 방문자가 아마존을 통해 책을 구매하게 되면 야후는 일정한 비율의 커미션을 받게 된다. DB 응용 웹 사이트를 운영하는 사업자는 타기업의 의뢰를 통해 자사의 회원들을 대상으로 온라인 리서치를 수행함으로써 부가적인 수익을 기대할 수 있다. 오프라인이 인터넷비즈니스에 진출하는 경우나 일반 투자가들의 e비즈니스에 대한 투자는 반드시 현실적인 수익에 의해 이루어지는 것은 아니다.

마) 맞춤화(Customization) 전략

인터넷의 등장으로 고객 관리에 획기적인 변화가 일어나고 있는데 그 가운데서도 가장 특징적인 변화가 일대일 마케팅을 바탕으로 한 맞춤 고객화 현상이다. 맞춤 고객화는 기존 고객들의 가족관계, 수요 성향이나 흥미, 구체적인 구매 동향을 분석하여 이에 적절한 광고·홍보 메시지나 제품에 대한 소개를 함으로써 매출 증대에 기여할 수 있는 기법을 말한다. 맞춤 서비스라고 부를 수 있는 일대일 마케팅은 1990년대 중반 이후 인터넷의 광범위한 보급으로 활성화됐다. 인터넷으로 전보다 적은 비용으로 더 빨리 고객의 요구사항을 알 수 있게 되었기 때문이다. 상품을 생산하기 전에 디자인하는 것이 아니라, 디자인과 상품생산이 동시에 이루어진다. 여기에는 기존 고객의 충성도를 최대한 확보한다는 것도 포함하고 있다. 왜냐하면, 회사의 입장에서 보면 기존의 고객에 대한 소비나 구매 행태의 자료를 확보하기가 쉽고, 그들의 구매 행태를 분석함으로써 현재 매출액을 최대화할 수 있기 때문이다. 맞춤고객화를 통하여 기업은 자사의 경영 목표를 달성할 수 있고 고객의 입장에서는 자신의 평생 가치(LTV: Life-Time Value)를 극대화할 수 있기 때문이다.

바) 커넥션(Connection) 전략

커넥션 전략이란 공동전선을 구축하거나 연계를 통한 기업 협력을 증진시키는 것인데, e마케팅에서는 공동마케팅이나 제휴 전략을 의미한다. e마케팅에서 공동 마케팅을 적극적으로 추진하는 것은 매우 중요하다. 왜냐하면, 정보 장벽이 붕괴된 상태에서는 어떤 경로를 통해서 소비자들이 접근할 것인지 미지수일 뿐만 아니라 포털의 존재를 고려하지 않고는 마케팅을 성공할 수가 없기 때문이다. 구체적으로 기업의 입장에서 공동 마케팅을 추진하려는 이유는 시장 확대 및 공동 이익 추구 이러한 공동마케팅은 단순한 집합의 형태가 아니라 프로세스적인 성격을 지녀야 한다. 프로세스적인 접근을 위해서는 각 기업이 상호 간의 영역을 침범하지 않으면서 자발적으로 결집이 되는 연방제의 형태와 하나의 구심점 역할을 하는 기업을 중심으로 한 중앙 집중제 형태 등 두 가지의 대표적인 공동마케팅모델을 상정해 볼 수 있다. 자사의 부족한 역량을 강화, 노력 및 비용 절감으로 고객 확대, 공동 전선 구축으로 진입 장벽 강화, 신규 시장 진입의 리스크 감소, 표준화 가능 등을 지적할 수 있다.

3.4 e마케팅의 변화

현대사회가 정보화사회로 급진전함에 따라 산업 분야에서는 산업 소프트화가 진행되고 있다. 예를 들면, 통신, 영상, 음향 소프트웨어, 디자인, 광고 등이 유망 산업으로 등장하면서 무형 요소인 정보, 지식, 서비스에 의해서 창출되는 부가가치가 경제 전반에서 차지하는 비중이 더욱 높아지고 있다. 이러한 소프트화의 진행 과정을 살펴보면 다음과 같다.

이와 같이 산업 구조의 환경이 소프트화됨에 따라 소비자에 대해서도 과거의 대중적 접근 방법에서 소비자별 접근이 가능해졌고, 소비자들도 자연스럽게 새로운 구매 환경에 익숙해지고 있다. 즉 거래 구조도 소프트화되고 있다. 따라서 전통적 거래 공간인 장터라는 물리적 장소가 없어도 되고, 영업 시간이 별도로 필요하지 않아서 24시간 중 언제라도 쉽게 들를 수 있고, 판매자와 구매자가 일부러 만나야 할 이유가 없고, 물건을 집에까지 일부러 갖고 오는 수고도 필요 없고, 또한 돈을 직접 주고받으면서 도난을 우려할 필요가 없어졌다. 이러한 새로운 거래 환경은 컴퓨터를 이용한 마케팅을 통해서 더욱더 소프트화된 산업 사회를 실감하게 만들어서 이것은 현대 사회에서 필수적 생활 수단인 동시에 거래 수단이 되고 있다.

이와 같이 e마케팅은 기존의 전통적 마케팅 환경과는 구별되는 독특한 성격을 갖고 있기 때문에 인터넷을 기본으로 하는 전자사회(Electronic society)에서 전자거래를 조성할 수 있도록 재구성할 수 있는 마케팅 기능이 요구되고 있어서 이러한 변화가 마케팅 패러다임이 어떻게 변화되고 있는지 다음과 같다.

가) 소비자 역할의 변화

전통적 마케팅 환경과 가장 구별되는 획기적인 변화는 소비자들도 가상공간에 상업적 정보를 제공해서 판매자가 될 수 있다는 점이다. 즉 판매자와 소비자의 구별이 모호해진다. 인터넷이란 중재 모델(Mediated model)에서 주된 관계는 송신자(기업)와 수신(소비자)의 관계가 아니고, 오히려 이들이 상호작용하는 컴퓨터 중재 환경(Computer mediated environment)이다. 이러한 새로운 환경에서 정보나 내용은 단순히 기업으로부터 소비자에게 전달되는 것이라기보다는 기업과 소비자가 모두 참가자로 참여하게 된다. 따라서 성공적 e마케팅이 되기 위해서, 기업은 수익성을 추구하기 위해서 고객 욕구를 파악하고 만족시키려는 노력을 할 뿐만 아니라 새로운 매체 자체의 개발에 긍정적으로 공헌할 수 있는 마케팅 활동에 몰두하려고 한다.

예를 들면, 대부분의 웹사이트는 방문자들을 등록하도록 권유할 수 없다. 특히 정보 내용을 사용하는 데 요금을 부과할 수 없다. 이러한 상황에서 기업은 등록 과정을 일원화해서, 소비자가 정보를 검색하고 거래하는 행동이 마케팅 변수와 연계될 수 있는 웹사이트로부터 소비자들에 대한 인구 통계적 및 심리적 정보를 수집하는 것이다.

그러나 새로운 패러다임은 분권화된 등록 과정을 제안할 수 있다. 이러한 개념을 개발하게 되면, 등록을 용이하게 할 뿐만 아니라, 소비자는 자신의 개인 정보에 대한 소유권을 유지하면서, 상업적 웹사이트를 통해서 그것을 판매해서 수익을 얻을 수 있다. 이러한 개념을 개발하게 되면, 등록을 용이하게 할 뿐만 아니라, 소비자들이 그러한 과정에 참가해서 수익을 얻을 수 있다. 이러한 경우 마케팅의 역할은 단순히 고객의 욕구를 만족시키는 차원에서 소비자를 포함한 마케팅 자체의 개발을 조성하는 이타적이고 협동적인 목표까지 확장된다. 즉 e마케팅 환경에서는 경쟁보다 협동이 더 많은 보상을 보증하고 정보 통제보다는 정보공유가 더 많은 결실을 얻게 된다. 따라서 인터넷과 같은 정보 집중 환경에서는 판매자와 소비자가 구별되지 않기 때문에 경쟁 전략보다는 협동 전략이 더욱 필요하다.

나) 시장 역할의 변화

e마케팅은 사람과 컴퓨터가 서로 상호 작용을 할 수 있는 시장 하이퍼 미디어 환경이기 때문에, 인터넷은 실제 거래 상황에 대한 시뮬레이션이 아니고 또 다른 하나의 실제 거래환경을 구성하고 있다. 이러한 환경에서 소비자들은 가상 공간이라는 시장에서 단순히 즐거움을 찾아다니는 행동(예: Netsurfing)과 구매를 하기 위한 구체적 행동(예: 온라인 쇼핑)을 동시에 할 수 있기 때문에 기업의 입장에서 상당히 세심한 고려를 할 필요가 있다.

따라서 전통적 마케팅에서 매체는 자체가 메시지에 불과하지만, e마케팅에서 매체는 그 자체가 시장이다. 즉 매체가 과거에는 마케팅 채널과 커뮤니케이션으로서 역할을 하였으나 e마케팅은 시장 자체로서 역할을 한다. 인터넷은 시장을 보다 효율적으로 만드는 잠재력을 갖고 있다. 이것은 웹이 소비자에게 제품에 대한 정보를 충분히 제공할 수 있는 기회를 제공할 뿐만 아니라 전통적 매체에 비해서 그러한 정보에 대해서 매우 구체적이고 특이한 특성을 부여해 줄 수 있다. 그래서 완전한 정보를 갖춘 소비자가 될 수 있는 가능성도 높다. 왜냐하면 소비자들은 그러한 탐색 과정에 대해서 강한 통제력을 갖고 있기 때문이다. 예를 들면, 경쟁 제품의 가격 비교를 완벽하게 파악해서 가격에 대한 강한 통제력을 가질 수 있다. 결국 전통적 시장과 비교해서 정보에 대한 비용이 낮아질 수 있고 정보의 질은 높일 수 있으므로 시장의 효율성을 더 높일 수 있다.

다) 마케팅 믹스 역할의 변화

e마케팅은 마케팅 과정에 소비자가 참여할 수 있다는 중요한 의미를 갖는다. 예를 들면, 소비자들은 아이디어 창출과 제품설계에 함께 참여할 수 있을 뿐만 아니라 마케팅 커뮤니케이션 자체에도 참여할 수 있다. 이것은 가상 공간에서 기업이 고객과 상호작용을 통해서 신제품 개발, 제품 및 마케팅 전략의 개발, 그리고 내용의 혁신 등과 같은 기회를 활용할 수 있다. 일부러 시장 조사를 실시하지 않아도 웹사이트에서 고객과의 상호작용을 하는 과정에서 자연스럽게 정보를 얻을 수 있다. 따라서 가상 공간에서 접하게 되는 고객들의 의견이나 정보에 늘 귀를 기울이게 되면 매우 유용한 마케팅 자료를 수시로 이용할 수 있다. 원래 인터넷의 특성이 지리적으로 흩어져 있는 컴퓨터를 서로 연결해서 커뮤니케이션할 수 있어서 비싼 자원들은 경제적으로 공유할 수 있기 때문이다. 따라서 인터넷마케팅에서는 소비자에게 모든 정보가 개방되어 있어서 소비자들이 메시지에 대해서 더 강한 통제를 할 수 있다.

가상공간은 시장의 진입장벽과 철수장벽이 매우 낮기 때문에 중소기업도 좋은 제품을 갖고 있다면 판로를 개척하는 데 애로 사항이 없고 소비자에게 접근할 수 있는 유통경로가 언제나 개방되어 있다. 따라서 전통적 유통 채널에 비해서 소비자의 힘은 증가하고 기업의 힘은 감소하는 전형적인 구매자 시장이므로, 소비자와 기업은 균형적 파워를 유지하면서 서로 독자적인 것보다는 협동적인 마케팅 커뮤니케이션 노력이 필요하다.

전통적 마케팅의 커뮤니케이션 모형은 기업들이 대중 매체를 통해서 동일한 메시지를 많은 집단의 소비자들에게 일방적으로 전달하는 방식(One to Many 방식)이다. 따라서 전통적 대중매체를 이용한 커뮤니케이션은 기업과 소비자 간에 상호작용이 없다는 것을 가장 큰 특징으로 볼 수 있다.

반면 e마케팅의 커뮤니케이션 모델은 기업들이 다양한 메시지를 다양한 소비자들에게 풍부한 정보를 제공할 수 있는 방식(Many to Many 방식)이다. 따라서 과거와 같이 동일한 광고를 통해서 많은 사람들에게 똑같은 메시지를 전달할 필요가 없어지고, 필요한 사람에게만 광고가 노출되고 그것에 대해서 더 필요를 느끼면 더 구체적인 광고를 스스로 찾아볼 수 있도록 하는 것이 가능해졌다.

4. e비즈니스 적용 전략

e비즈니스는 기업 경영 환경 및 경쟁력 확보에 가장 중대한 영향을 미칠 핵심 요소이다. 하지만 e비즈니스 수행이 모든 기업들에 당장 경쟁력을 확보하고 기업의 성과를 향상시키는 최적의 방안이라 생각해서는 안 된다. 정확한 전략적 목표 없이, 단순히 시류에 휩싸여 이를 추진하면 기업 성과에 오히려 마이너

스로 작용할 가능성이 높다. 다시 말해, e비즈니스 수행 자체가 목적이 될 수는 없다. 기업이 추구하는 전략 목표를 명확히 하고, e비즈니스를 통해 이러한 목표를 효율적으로 달성할 수 있는가를 고려하는 것이 중요하다.

과거 정보전달 차원에서 이제는 정보 전달뿐만 아니라, 거래 처리와 업무 활용 등의 기업 전반에 걸친 경영 활동에 온라인을 통해 나갈 수 있다. 정보 전달만이 아니라 거래 처리와 업무 활용 각 방면에 온라인을 이용하여 적용시킬 수 있는 분야는 마케팅에서 ERP에 이르기까지 다양하다.

[표 1.2] 기업의 온라인 업무 적용 사항들

	정보 전달	거래 처리	업무 활동
주요 응용 분야	마케팅, 광고, PR, 정보 제공, 고객 제안, 영업보고서, 뉴스레터(내부), 주주(투자자) 정보, 기업정책, 고객 조사, 채용공고, 제안 요청	주문, 판매, EDI, 온라인 서비스, 대금결제, 고객 서비스, 보증서 등록, 가격 및 재고 정보	프로젝트/미팅 일정 조정, 가상 출판, 협력업체 지원, 뉴스그룹, BBS, 워크플로우 관리, 제품개발, 원격회의, 내부 의사 전달, 운영 정보, 전사적자원관리(ERP)
주사용자	고객, 일반 대중	고객, 판매 담당 직원	종업원, 직원
검토사항	홍보 효과(사이트 방문), 콘텐츠와 포맷, 갱신 주기, 유효성 측정치, 저작권과 상표권	거래 처리, 인증, 보안, 데이터베이스 통합, 전자지불결제	팀워크 지원, 조정 및 협력, 지역적 분권화

4.1 e비즈니스 전략

e비즈니스를 위한 전략인 eStrategy 프로세스를 개발하기 위해 전략적 의사결정과 관련한 모형들을 분석하고, 이러한 분석을 바탕으로 외부 환경, 온라인 환경, 내부환경에 대한 분석에 따라 eStrategy 프로세스를 개발할 필요가 있다.

가) 전략적 의사결정

기업이나 공공부문 등 조직이 e비즈니스를 수행하기 위한 전략을 수립하는 것이 eStrategy인데, 그 프로세스는 전략적인 의사결정 프로세스와 동일하다. 고전적인 의사결정 과정에 관한 Simon의 모형을 근간으로 Rubinstein과 Haberstroh의 의사결정 모형을 합한 모형을 바탕으로 eStrategy를 차별화하여 개발한다. Simon은 탐색(Intelligence), 디자인(Design), 선택(Choice) 등 세 단계로 의사결정 프로세스를 설명하였다. Rubinstein과 Haberstroh의 모형은 사이몬의 의사결정 프로세스를 발전시켜, 실행과 의사결정의 결과에 대한 피드백과 같은 두 단계를 추가하였다. 이 두 모형을 결합하면, 의사결정 프로세스는 문제상황 또는 의사결정의 필요성에 대한 인식, 대체안들에 대한 분석과 설명, 이상 대체안들 중에서 선택, 의사결정의 교환 및 실행, 의사결정 결과에 대한 피드백 등 다섯 단계로 설명될 수 있다.

전략적 의사결정은 환경분석을 중시한다. 첫 단계인 탐색에서 Davis와 Olson은 사회적 환경, 경쟁적 환경, 내부 환경 등 세 가지 환경을 고려할 필요가 있다고 하였다. 마지막 내부 환경을 조직의 내부환경이라고 한다면 사회적 환경과 경쟁적 환경은 외부환경에 해당되므로, 탐색은 외부환경에 대한 탐색과 외부환경에 대한 분석으로 양분할 수 있다. 중요한 것은 내부환경을 분석하는 목적은 조직이 외부환경에 잘 적응할 수 있도록 내부 구조를 변경하고자 하는 것이므로, 외부환경에 대한 탐색이 이루어진 연후에 내부환경에 대한 분석이 이루어져야 한다.

이상을 종합하면 의사결정 과정을 6단계로 세분할 수 있다. 즉, 외부환경 탐색, 내부환경 조사, 디자인, 선택, 실행, 피드백이 그것이다. 피드백은 마지막 단계에서만 이루어지는 것은 아니고 각 단계에서 앞의 어떠한 단계로든 필요에 따라 이루어진다. 이상과 같은 전략적 의사결정 프로세스에 인터넷 환경을 적용하면 eStrategy 프로세스가 된다.

나) eStrategy

온라인을 활용한 전략에서 먼저 본원적 전략을 설정하고, e비즈니스 사업 단계 즉 진입 단계, 운영 단계, 성장 단계 각각에 대한 eStrategy를 개발한다. 그런데 이러한 eStrategy도 비즈니스 특성, 상품 특성에 따라 영향을 받으므로 이러한 상황 변수들도 고려해야 한다.

① 본원적 전략

Porter에 의하면, 어떤 산업에서든 경쟁우위를 획득하기 위해서는 저가 우위, 제품차별화, 시장 집중화와 같은 세 가지 본원적 전략을 활용할 수 있다. 디지털 경제 시대에는 이러한 본원적 전략들을 성공적으로 수행하기 위하여 온라인을 활용할 수 있는데, 우선 저가 우위는 추가 비용을 야기시키지 않고도 원가를 절감하거나 생산성을 제고시키는 능력을 일컫는다. 제품차별화는 제품의 이미지, 품질, 서비스 등을 개선하기 위하여 온라인을 활용하여 독특한 가치나 특성을 가미하는 경우이다. 마지막으로 시장 집중화는 특정 시장이나 제품에 조직의 온라인 역량을 집중시킴으로써 달성할 수 있다. 제조회사는 온라인을 통하여 특정 시장에 대한 수익성을 파악하여, 특정 시장의 고객 니즈를 충족시킬 수 있는 제품이나 서비스를 디자인하고 물류업체는 이러한 제품이나 서비스를 판매할 수 있도록 지원하는 것이다.

② 단계별 성공전략

온라인을 활용하여 비즈니스를 수행할 때 진입 선점, 독특한 비즈니스 모델, 홍보 등 다양한 전략을 구사할 수 있다. 그런데 비즈니스의 단계에 따라 차이를 보일 수 있으므로 단계별로 eStrategy를 개발해야 한다.

먼저 온라인 비즈니스에 처음으로 진입하는 단계에서는 독창적인 아이디어, 조직 특성, 진입 방법, 고객 확보, 물류·유통 효율화, 타 업체와의 협력관계 구축 등과 같은 전략이 중요하다. 진입 방법에는 최초로 진입하는 First Mover 전략이 있는가 하면, 선발주자의 성공과 실패에 대한 간접 경험을 바탕으로 성공할 확률을 극대화하는 Follower 전략 즉, 비즈니스 진입 시 평판 활용 전략도 있다. 고객 확보 전략으로는 다양한 홍보 매체 활용, 무료·저가 공략, 이벤트 및 특혜, 다양한 콘텐츠 제공, 알기 쉬운 도메인 확보 등을 생각해 볼 수 있다. 물류·유통 효율화 방안으로는 유통업체와의 전략적 제휴, 자체 물류망 구축, 유통업체와의 전략적 제휴 및 자체 구축, 공급사슬의 통합적 관리 등과 같은 전략을 생각해 볼 수 있다. 타 업체와의 협력관계 구축 전략으로는 인수하는 전략적 M&A와 전략적 제휴 등이 있다.

운영 단계에서는 조직 특성, 고객 확보 및 유지, 물류·유통 효율화 항목은 진입 단계에서와 유사하고 신뢰성 확보만 차이를 보이고 있다. 고객으로부터 신뢰성을 확보하기 위해서는 안전한 지불체계 구축, 신속 정확한 배송체제 구축, 고객 정보의 보안유지 등과 같은 전략이 필요하다.

성장 단계에서는 사업 전개 방향, 타 업체와의 협력관계 구축, 주식상장, 비즈니스 모델의 특허 취득과 같은 항목들이 있다. 사업 전개 방향으로는 전문몰과 같이 상품의 전문성을 추구하는 전략이 있는가 하면, 종합몰처럼 상품의 다양성을 추구하는 전략도 있다.

4.2 성공적인 e비즈니스 전략

가) e비즈니스 실현을 위한 5단계

인터넷, 이동통신 등 ICT의 발전은 기존의 경제 질서를 창조적으로 파괴하고, 새로운 시장을 창출함으로써 넷(Net) 경제의 기반을 마련하였다. e비즈니스 기업들의 비즈니스 모델은 전통기업의 비즈니스 모델과는 상당히 다르지만, 전통기업 이상으로 높은 부가가치를 창출하고 있다. 지금은 e비즈니스 기업이나 전통기업 모두 디지털 경제에 대응하지 못하는 기업은 생존까지 위협받고 있는 실정이다. 따라서 전통기업이 e비즈니스화를 추진할 때 고려해야 할 부분들을 살펴보고 이를 전략적으로 활용할 필요가 있다.

나) 명확한 비전의 설정

e비즈니스화의 출발점은 기존사업과 e비즈니스 간의 조화를 위한 명확한 비전 설정이라 할 수 있다. 비전을 설정하기 위해 가장 먼저 고려해야 할 사항은 e비즈니스의 기반을 어디에 둘 것인가를 결정하는 것이다. 즉, 기존의 비즈니스 모델을 보다 확대하여 시작할 것인지 아니면 새로운 비즈니스 모델을 창출할 것인지를 결정해야 한다. 두 가지 방법 중 어떤 것을 선택하든 중요한 것은 기존사업과 e비즈니스가 상호 연관성을 갖도록 하는 것이다. 기존의 비즈니스 모델을 바탕으로 e비즈니스로 진출하는 이유는 비용 절감과 대 고객 서비스 강화라는 두 가지 장점이 있기 때문이다. 예로, 델 컴퓨터는 주문 생산 방식을 넷에 도입함으로써 컴팩, NEC, 소니, 도시바 등의 경쟁사에 비해 비용 측면에서

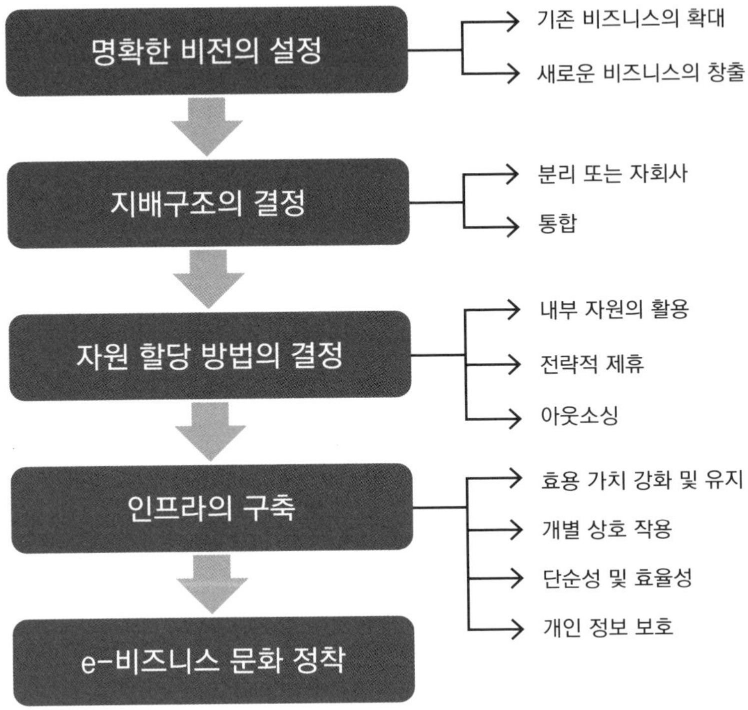

[그림 1.3] e비즈니스화의 실현을 위한 5단계

경쟁우위를 확보하였고, Fedex는 네트워크를 통해 고객의 제품이 어떤 상황에 있는지 상세하게 보여줌으로써 대 고객 서비스를 강화하였다.

나) 명확한 비전의 설정

e비즈니스화의 출발점은 기존사업과 e비즈니스 간의 조화를 위한 명확한 비전 설정이라 할 수 있다. 비전을 설정하기 위해 가장 먼저 고려해야 할 사항은 e비즈니스의 기반을 어디에 둘 것인가를 결정하는 것이다. 즉, 기존의 비즈니스

모델을 보다 확대하여 시작할 것인지 아니면 새로운 비즈니스 모델을 창출할 것인지를 결정해야 한다. 두 가지 방법 중 어떤 것을 선택하든 중요한 것은 기존사업과 e비즈니스가 상호 연관성을 갖도록 하는 것이다. 기존의 비즈니스 모델을 바탕으로 e비즈니스로 진출하는 이유는 비용 절감과 대 고객 서비스 강화라는 두 가지 장점이 있기 때문이다. 예로, 델 컴퓨터는 주문 생산 방식을 넷에 도입함으로써 컴팩, NEC, 소니, 도시바 등의 경쟁사에 비해 비용 측면에서 경쟁우위를 확보하였고, Fedex는 네트워크를 통해 고객의 제품이 어떤 상황에 있는지 상세하게 보여줌으로써 대 고객 서비스를 강화하였다.

그러나, 새로운 비즈니스 모델 창출은 고객에게 더욱 나은 가치를 지속해서 제공해 줄 수 있어야 하며, 기존 사업의 수익을 잠식할 수 있다는 것도 고려해야 한다.

다) 지배 구조(Governance)의 결정

지배 구조의 결정이란 기존 사업 및 e비즈니스의 운영적 요소와 재무적 요소 간의 관계를 어떻게 가져갈 것인가를 결정하는 단계이다. 즉, 생산, 조달, 물류, 마케팅, 인적자원 등 사업의 운영과 관련된 요소와 투자, 자금조달, 성과 등 재무와 관련된 요소를 분리할 것인지 통합할 것인지를 결정해야 한다.

e비즈니스를 분리하는 것이 유리한 상황은 다음과 같다. 우선 기존의 경직된 운영에서 탈피하여 기꺼이 새로운 비즈니스를 모색할 의지가 있는 경우를 들 수 있고, 기존 사업의 기술에 의해 제약받지 않고 자회사 또는 분할이 가능할 경우, 또 자회사에 제휴, 증자, 인력 채용 등의 권한을 위임하는 경우이다. 반면, e비즈니스를 기존 사업과 통합하는 경우는 디지털과 물리적 구분에 대해 고객

이 인정하지 않은 경우나 최고 경영자가 경쟁자의 움직임에 능동적으로 대처하고 네트워크의 가치를 기회와 도전으로 인식하는 경우, 조직 전체가 e비즈니스의 세계로 이동이 가능할 경우이다.

라) 자원의 할당 방법 결정

인적 자원, 재무적 자원, 기술 등의 핵심 자원을 어떻게 할당할 것인가를 결정해야 한다. 내부 자원을 e비즈니스에 할당하거나 전략적 제휴와 파트너십 구축을 통해 상호 취약 부분을 보완할 수 있다. 또는 e비즈니스의 운영과 유지를 아웃소싱하는 방법이 있다.

마) 기본 인프라의 구축

고객의 가치를 높이는 데 필요한 기본적인 인프라를 구축해야 한다. 이것은 제품 및 서비스의 효용가치를 강화, 유지할 수 있어야 하고, 고객과 개별적인 상호작용을 가능하게 하여야 한다. 또한, 거래의 단순성과 효율성을 보장하고 고객의 개인 정보를 보호할 수 있어야 한다.

바) e비즈니스 문화의 정착

성공적인 e비즈니스의 마지막 단계는 e비즈니스 문화를 정착시키는 것이다. e비즈니스화로의 진출은 일시적으로 프로젝트를 수행하는 것이 아니라 기업의 미래를 결정하는 전략적 선택을 의미한다. 따라서 최고경영진은 e비즈니스화에 대한 분명한 비전을 제시해주고, e비즈니스 문화가 정착될 수 있도록 혁신적인 사고를 가져야 한다.

사) e비즈니스 전환 전략

PWC 컨설팅은 기업이 현재와 미래의 위치를 파악하여 전략을 수립하는 데 도움을 주는 새로운 모델을 제시하고 있다. PWC의 기업 인터넷 등 온라인 파노라마 즉, 성장 과정은 채널 향상 (Channel Enhancement), 가치사슬 통합 (Value Chain Integration), 산업전환 (Industry Transformation), 융합 (Convergence)의 4단계로 발전한다.

채널 향상과 가치사슬 통합 단계에서는 프로세스 변화가 매우 중요하다. 그러나 프로세스 변화는 목표가 아닌 수단에 불과하므로 산업 전환 단계에서는 내부 프로세스의 변화를 넘어 기업이 속한 산업의 가치사슬의 요소를 재정의하여야 한다. 마지막 단계에서는 기업이 속한 산업의 경계를 넘어서는 융합의 단계로 이동한다. 채널 향상 단계에서는 주로 전술적 움직임을 고려하게 되는데 점진적으로 기존의 구조에 효율성과 가치를 향상시키게 된다. 가치사슬 통합 단계에서는 기업의 수익 구조에 변화를 주는 중요한 결정을 하게 된다. 산업 전환 및 융합의 단계에서는 기업의 전환과 새로운 전략을 시도하므로 그 영향도 매우 크다.

e비즈니스 파노라마 모델에서는 각 단계가 직렬형이 아니다. 즉, 상호 독립적이거나 정적인 것이 아니라 중첩되어 있을 수 있다는 것이다. e비즈니스 파노라마 모델에서 한 단계에서의 활동, 운영 방법, 전략이 다음 단계에서도 계속되는 것이어서 각 단계 사이에 분명한 경계가 있는 것이 아니다. 어떤 기업은 파노라마의 한 단계에서 다음 단계로 이동하여 마지막 단계에 이를 것이고 다른 기업은 그렇지 않고 어떤 단계는 건너뛰거나 두 단계를 동시에 실행할 수도 있다. 그것은 기업 및 산업의 조건, 경쟁, 고객 요구 등에 의해 결정될 것이다.

종국적으로 소수의 신뢰하는 관계를 바라는 고객의 요구에 따라 모든 산업이 융합의 단계에 이를 것으로 보인다.

① 채널 향상(Channel Enhancement)

이 단계에서는 기업은 기존 프로세스를 수정하는 데 정보 기술을 활용한다. 어떤 기업은 기업의 실적을 향상할 목적으로 새로운 프로세스를 만들기 위해 정보 기술을 활용한다. 즉 기업은 정보공유 및 전자상거래 즉 인터넷 등 온라인을 통한 제품과 서비스의 마케팅, 판매, 구매를 위해 정보 기술을 활용한다. 온라인은 시장으로의 새로운 채널 확장을 가능하게 한다.

② 가치사슬 통합(Value Chain Integration)

온라인상의 능력과 자신감이 향상됨에 따라 기업은 새로운 e비즈니스 전환의 단계를 찾게 된다. 많은 기업은 기업 내의 관계와 사업 파트너와의 관계를 파악하고 분석한다. 특히 기업은 가치사슬 통합을 위한 e비즈니스 전환에 초점을 맞춘다. 기업은 기업의 가치사슬 및 정보시스템과 공급자, 물류업체, 분배망, 소매업자의 가치사슬을 통합하여 효율성을 높이고 원가를 절감하는 방법을 모색하게 된다. 가치사슬 통합 단계에서는 비용 절감과 매출 증대의 기회를 가질 수 있으며 파트너와 윈-윈(Win-Win)관계를 형성할 수 있다. 가치사슬 통합은 기업으로 하여금 전사적자원관리(ERP) 시스템 간에 계획, 원가 및 생산 데이터를 실시간으로 공유하게 한다. 온라인상에서 원활한 의사소통이 가능해지고 중요한 정보를 교환함으로써 새로운 가치를 창출하고 경쟁우위를 확보하게 된다. 또 기업은 구매, 생산, 물류 등 공급자로부터 소비자까지의 공급사슬을 통합 관리하는 SCM(Supply Chain Management)을 활용한다.

③ 산업전환(Industry Transformation)

이 단계는 본격적인 e비즈니스로의 전환이다. 즉, 이 단계에서는 기업은 속해 있는 산업을 전환함으로써 주주의 가치를 극대화하는 방법을 찾게 된다. 경영진들은 네트워크를 바탕으로 기업의 핵심 역량과 비핵심 역량을 구별하게 된다. 이에 따라 가치사슬의 변화가 생기고 시장 참여자들은 전사적인 방법을 사용해 고객 및 공급자와 만나게 된다.

시장 진출의 의미가 더 이상 어떤 기업이 어느 시장에 진입하는 방법을 뜻하지 않게 된다. 이제 시장 진출이란 연관된 기업들이 시장을 가치공급자의 네트워크로 전환시키기 위해 연결된 가치를 창출하는 방법을 말한다. 지식경영에 의한 핵심 역량을 지닌 기업은 이 단계에서 성공하게 된다. 이 기업은 오프라인에서 최고의 프로세스를 가진 파트너와 속해 있는 산업의 경제적 기반 및 운영 방법을 전환시키는 최고의 가치 네트워크를 사용하는 기업들을 활용할 것이다.

④ 융합(Convergence)

마지막 단계에서 기업들은 제품과 서비스를 고객에게 제공하기 위하여 이종 산업에 속하는 기업과 결합하게 된다. 이것은 산업 규제와 글로벌화에 따른 e비즈니스 모델이다. 고객 중심으로 네트워크화된 조직과 시장이 형성되며 산업 간의 벽이 무너지게 된다. 온라인이 고객에게 모든 제품과 서비스를 원스톱 점포를 제공할 수 있도록 함으로써 기업의 융합을 촉진하고 있다. 금융 서비스를 제공하는 슈퍼마켓이 융합의 예이다. AOL(America Online)과 타임 워너(Time

Warner)의 합병이 또 다른 예이다. AOL은 온라인 서비스에 대한 업계 최고의 지식, 소프트웨어, 콘텐츠 및 개별적 고객 채널을 가지고 타임워너는 책, 영화 및 음악을 포함한 엄청난 콘텐츠와 케이블 텔레비전 고객을 가지고 있다. 따라서 두 회사는 차세대 개인 정보 서비스를 통하여 서비스의 완전한 통합을 고객에게 제공함으로써 두 회사의 수백만 충성스러운 고객을 확보하여 이익을 얻게 된다. 또 다른 예로 듀퐁과 인텔, 마이크로 소프트, CNN 등이 합작해 만든 WebMD는 환자와 의사, 병원, 보험회사 등을 서로 연결해주고 각자에게 필요한 정보와 서비스를 제공해 주고 있다.

4.3 e비즈니스를 위한 고려사항

성공적인 비즈니스를 위한 고려사항은 어떤 것이 있는지 살펴봄으로써 디지털 시대의 비즈니스 전략의 방향을 알아보자.

가) 고객 정보를 자산으로 활용

정보 기술의 출현으로 고객 정보를 저렴하게 수집하고 데이터를 손쉽게 마이닝(Mining) 할 수 있게 됨에 따라, 고객의 정보를 어떻게 기업가치로 연결시킬 것인지가 경쟁우위 확보의 핵심 요소로 주목받고 있다. 즉, 정보 차원이 아닌 기업의 자산 차원에서 바라보는 시각이 일고 있는 것이다. 고객 정보를 기업의 자산으로 인식하고 가치 창출의 요소로 활용하기 위해서는 무엇보다도 목표 고객이 누구인지, 그리고 어떤 정보를 확보할 것인지가 필요하다. 최근 들어 웹사이트에 고객 커뮤니티 공간을 만들어 고객들의 의견을 수렴하고, 그것을 경영에 직접 반영하는 사례가 늘고 있는데 커뮤니티를 통해 자유롭게 의견교환,

자사 제품에 대한 사용 경험의 공유, 발생한 문제점 및 해결 방향, 그리고 사용 경험을 토대로 제품 개선을 위한 제안이 이루어지도록 유도하고 있다.

기업의 역량을 가치사슬의 한 부분에 집중하고 필요한 기능은 전략적 제휴나 아웃소싱 등을 활용하여 자원을 소싱하고 있는 것이다. 인터넷의 확산에 의한 거래 비용의 감소와 커뮤니케이션의 원활화로 기업은 가치사슬상의 모든 것을 기업 내부에서 보유할 이유가 없어졌다. 기존의 가치사슬을 분해하여 가장 잘할 수 있는 특정 부문에 역량과 경영자원을 집중하는 것이 기업의 지속적인 성장과 경쟁력 확보의 최적 대안으로 평가 받고 있기 때문이다. 가치사슬이 네트워크의 특성을 가진 조직으로 변화함에 따라 기업이 경쟁우위를 갖기 위해서는 우선 자사의 핵심 역량이 무엇인지를 제대로 파악해야 할 것이다. 그리고 기업의 가치창출 수준이 개별적인 기업 수준을 넘어 서비스 제공자 및 파트너 모두에게 이르는 네트워크 수준에서 창출될 수 있도록 협력 관계를 강화하는 것이 필요하다.

나) 선점 효과

e비즈니스의 세계에서 성공하기 위해서는 우선 새로운 시장을 개척하고 선도자가 되는 것이 최선이다. 즉, 'the winner takes it all' 이란 개념이 가장 잘 적용되는 분야가 e비즈니스 분야이다. e비즈니스의 특성상 최초로 사업을 시작한 업체 외에는 고객들에게 잘 기억되지 않는 경우가 많다. 초기의 수익과 비용의 분기점을 넘어서는 순간에는 폭발적인 수익을 발생시킬 수도 있는 것이 e비즈니스이고, e비즈니스가 갖는 잠재력이다.

다) 비즈니스의 목적에서 접근

e비즈니스의 실현이 기업이 원하는 바를 충족시키지 못하는 것은 e비즈니스가 전사 차원의 비즈니스 목적에서 접근되지 못하고 IT 조직 위주로 진행되고 있다는 것에 기인한다. e비즈니스는 단순히 온라인 기반의 정보시스템 구축을 뜻하는 것이 아니다. 온라인을 기반으로 경영 전반에 걸쳐 혁신을 추구하자는 의미가 내포되어 있다. 따라서 e비즈니스가 성공하기 위해서는 특정 부서 단위가 아니라 조직 전체의 경영 혁신 차원에서 전략과 그 실행 방안이 수립되어야 한다.

라) CEO의 역할

모든 비즈니스처럼 CEO의 비전과 결단에 따라 기업의 성패가 좌우된다. 온라인 시대에 CEO에게 요구되는 가장 중요한 책무는 창조적 파괴를 단행할 수 있어야 한다는 것이다. 최고경영자가 기존 관행과 룰을 얼마나 빠르고 철저하게 개혁하는가에 따라 e비즈니스의 성패가 결정될 것이기 때문이다. CEO는 자사가 글로벌 기업으로서 살아 남도록 하는 핵심 역량을 확보하고 있는지 냉철하게 판단하여야 하며, 자신 있는 분야에 집중 투자하되, 새롭게 부각되는 사업 영역에는 자원 투입을 신속하게 결정하여야 한다.

마) 글로벌 마인드

인터넷 등 온라인화를 통해 전 세계 고객을 대상으로 24시간 활동이 가능해졌다. e비즈니스를 전개할 경우 사업 초기부터 전 세계 고객을 염두에 두고 사업 활동 및 전략을 전개해 나가야 한다.

바) 오프라인과 연동

e비즈니스에서 해결되지 못한 부문을 오프라인이라는 전통적인 기업의 사업 방식으로의 효율적인 지원이 중요하다. 예를 들어 전자상거래에서의 물류 지원 문제는 오프라인에서 기업의 물류 지원이 필요하다. 이러한 문제점들은 e비즈니스의 성공을 가르는 중요한 요인으로 요즈음 관심거리가 되고 있는 이슈 중의 하나이다.

4.4 e비즈니스 성공요인

살펴본 바와 같이 성공적인 e비즈니스가 되기 위해서는 제품 및 서비스 자체의 경쟁력과 양질의 정보 및 서비스 제공을 통해 고객 기반을 구축하고 이를 수익화 할 수 있는 우수한 비즈니스 모델, 이를 남보다 빨리 사업화 및 시장진입을 할 수 있는 신속성, 그리고 고객·공급자·파트너와의 긴밀한 관계 형성) 등의 요인을 갖추고 있어야 한다.

온라인 기업의 비즈니스 모델 성공은 차별화된 콘텐츠, 지속적인 수익 창출력, 고객 관점. 기회 선점, 특허 전략에 달려 있다. 콘텐츠 차별화는 창의적 아이디어에서 시작되며 이것은 전통기업의 제품 차별화 전략에 해당한다고 할 수 있다. 독자적으로 차별화된 콘텐츠 개발이 어려울 경우에는 제휴나 인수·합병으로 보완할 수 있다.

참신한 콘텐츠로 인한 사용자 커뮤니티의 저변 확대는 e비즈니스의 성공을 위한 필요조건이지 충분조건은 아니므로 상거래 방식과 품목을 다양화하는 등 끊임없는 변신을 시도해야 한다. 어떤 비즈니스 모델을 채택하는 것이 중요한 것이 아니라 어떻게 운영하여 지속적인 수익을 창출하는 것이 더 중요하다. 이것은 제품 중심의 사고를 하는 전통기업과 달리 e비즈니스는 고객 중심의 사고에서 출발하여 고객 요구 만족을 최대의 목표로 삼아야 한다. 콘텐츠의 양이나 질에서 앞서는 것은 물론 인터페이스 방식이 고객 만족의 핵심이다.

e비즈니스는 고객 차별화와 선점을 최우선 가치로 삼아야 한다. 완벽한 비즈니스 모델보다는 경쟁자보다 빠른 비즈니스 모델로 시장을 선점한 후 고착화시키고 바로 확장 단계로 이동하여야 한다. 또 e비즈니스는 특허권, 저작권 등의 지적재산권과 관련되므로 비즈니스 모델의 특허로 경쟁우위를 창조해야 한다. 특허 등으로 지식과 정보를 독점한 e비즈니스는 큰 이익을 실현할 수 있다. 온라인 사업에는 정형화된 비즈니스 모델이 존재하지 않으며, 아이디어만 차별화되면 성공의 길은 무제한적이라는 것이다. 아이디어 차별화와 마찬가지로 제품의 차별화와 콘텐츠의 차별화도 동일한 차원으로 해석된다. e-mail을 제공하여 회원을 확보하고 이들 통해 수익을 창출하는 다음 커뮤니케이션이 대표적인 예이다. 다음 커뮤니케이션은 미국의 Hotmail의 모델을 한국에 적용시킨 경우이지만, 다음 커뮤니케이션이 이 모델을 소개했을 때 국내에서는 확고한 차별성을 가지고 있었다. 외국의 사례로는 주문형 컴퓨터의 델(Dell) 컴퓨터, 개인화 서비스의 대표적인 사례인 아마존(Amazon), 광고를 클릭하면 수익을 올릴 수 있다는 아이디어로 성공한 골드뱅크(GoldBank) 등이 대표적이라고 할 수 있다.

기존 오프라인 기업이 디지털 경제에서 더 많은 가치를 창출하기 위해서는 기업에게 가장 적합한 유형의 비즈니스 모델을 선택해야 한다. 먼저 기업의 구매 및 판매 프로세스를 분석하여 어떤 부분에서 어느 정도의 비용 절감 등 효율성이 기대되는지를 파악해야 한다. 그다음으로 기업은 자사의 제품이나 서비스와 관련된 전자 상거래 시장의 발전 속도를 고려해야 한다. 이것은 발전 속도가 빠른 분야일수록 수확체증의 법칙에 의하여 시장 선점 효과가 커지기 때문이다. 어떤 비즈니스 모델이 적합한가는 기업의 입장과 여건 즉, 해당 기업이 판매자인가 또는 구매자인가, 그리고 경쟁력이 어느 정도인가에 따라 달라진다. 판매자인 경우 거래 모델을 선택하기 위해서는 제품 차별성과 브랜드 명성을 고려해야 한다. 제품의 차별성과 브랜드 인지도가 높은 경우에는 웹사이트나 앱을 통해 판매하고 반대로 시장 포지션이 약한 경우에는 접촉할 수 있는 범위를 넓히기 위해 여러 시장에 참여하는 것이 유리하다.

2장

4차산업혁명 기술과 핀테크

1. 4차산업혁명 기술과 e비즈니스

현재 사회는 4차산업혁명 시대이다. 4차산업혁명을 주도하는 핵심 기술은 빅데이터, 인공지능(AI), 사물 인터넷(IoT), 무인운송 수단 및 자율주행 자동차, 연결 기술, 블록체인, 메타버스 등과 같은 기술이다. [표 2.1]

즉, 4차산업혁명은 컴퓨터를 기반으로 한 생산 방식의 혁신을 말한다. 또한 인공지능이 중심인 소프트웨어와 방대한 데이터를 처리하는 빅데이터 기술, 최신 로봇 기술이 합쳐져 근로 형태가 혁신적으로 변화하는 것을 의미하기도 한다.

1.1 빅데이터(Big Data Analysis)

빅데이터는 수많은 데이터를 분석 및 처리하는 과정을 통해 가치 있는 정보를 추출하여 이를 활용하도록 한다. 기업들은 오래전부터 데이터 분석을 해왔다. 데이터의 다양성 확대와 IT기술의 발전은 빅 데이터 분석으로 진화하였다.

[표 2.1] 4차산업혁명의 핵심 기술

빅데이터	정형·반정형·비정형 데이터세트의 집적물, 그리고 이로부터 경제적 가치를 추출 및 분석할 수 있는 기술
인공지능	인간의 학습 능력과 추론 능력, 지각 능력, 자연언어의 이해 능력 등을 컴퓨터 프로그램으로 실현한 기술
사물 인터넷(IoT)	인터넷을 기반으로 모든 사물을 연결하여 사람과 사물, 사물과 사물 간의 정보를 상호 소통하는 지능형 기술 및 서비스
무인운송 및 자율주행 자동차	운전자가 직접 조작하지 않아도 스스로 움직이는 운송 수단 또는 자동차
연결 및 표시 기술	매체와 매체를 보다 효율적으로 연결. 표시 기술은 고정형으로 보는 UHD-TV와 이동형으로 보는 VR, AR 등이 있다.
블록체인	데이터를 블록(block)이라는 분산 데이터베이스에 저장하고, 이들 블록을 체인(chain)으로 연결하는 기술.
메타버스	가상과 현실이 융·복합되어 사회, 경제, 문화, 활동과 가치 창출이 가능한 디지털 세계를 말한다.

빅데이터의 확산은 글로벌 경쟁이 치열한 기업의 경쟁에서 활용도가 매우 높다고 할 수 있다.

빅데이터의 등장은 e비즈니스에도 당연히 적용된다. 그래서 e비즈니스에 사용되는 빅데이터를 통칭하는 용어로 빅데이터 이커머스(Big Data eCommerce)라는 단어가 사용되기도 한다. 빅데이터 이커머스는 빅데이터 분석을 사용하는 이커머스의 한 형태이다. 이러한 빅데이터 이커머스의 가장 큰 역할은 고객 행동 패턴에 대한 정보를 제공한다는 것이다. 즉 빅데이터 이커머스는 기업과 고객에게 더 나은 정보를 제공하기 위해 사용된다. 빅데이터 이커머스는 고객의 행동에 대한 새로운 통찰력을 제공함으로써 기업이 제공하는 모든 서비스에 대한 고객의 경험을 향상시킨다. 기업은 이를 통해 고객의 경험을 향상시키고,

개인화된 쇼핑 경험을 제공함으로써 수익을 창출한다.

빅데이터 이커머스가 크게 기여한 것으로 기업에 개인화(personalization)라는 큰 이점을 가져다주었다. 빅데이터는 사용자 활동데이터에 대한 분석을 제공해 기업이 그들의 비즈니스를 개선하는 데 도움을 준다. 예를 들어, 온라인 신발 소매상은 빅데이터 이커머스를 이용해 고객의 신발 사이즈를 결정할 수 있다. 또한, 고객이 이전에 구매한 데이터를 기반으로 제품을 추천해 판매량을 늘릴 수도 있다. 즉 빅데이터가 사용자의 필요와 선호라는 새로운 통찰력을 제공해주는 것이다. 이러한 관점에서 볼 때, 빅데이터는 유용한 정보를 기업에 제공함으로써 기업의 실패를 줄여주는 역할을 한다고 볼 수 있다. 다시 말해 기업에게 사전 예방적인 접근법을 가져다준다는 것이다.

또한, 빅데이터 이커머스는 SEO를 향상시키는데 큰 기여를 했다. SEO는 'Search Engine Optimization'의 줄임말로 검색 엔진 최적화를 뜻한다. 빅데이터 이커머스는 고객이 검색하는 데이터를 분석해 기업에게 사용 가치가 있는 정보만을 제공해 기업이 웹사이트를 효과적으로 운영할 수 있게 한다. 즉 데이터를 최적화시켜 유용한 정보만을 사용할 수 있게 한다는 것이다. 예시를 통해 더 자세히 살펴보자면, 빅데이터는 고객의 구매를 막는 장애물을 제거하는 데 사용될 수 있다. 이러한 장애물은 긴 구매 과정, 불분명한 제품 설명이 될 수 있다. 빅데이터 이커머스는 기업에게 고객의 행동 데이터 분석 정보를 제공해 웹사이트를 효과적으로 운영할 수 있게 함으로써 이 문제를 해결할 수 있게 한다.

빅데이터는 소비자의 트랜드 분석과 예측, 비즈니스 모델의 창조, 사회문제 해결까지 모든 분야에 쓰이고 있다. 이렇게 빅데이터는 비즈니스의 근간을 이룬다고 할 수 있을 만큼 없어서는 안 될 필수적인 기술이다. 데이터의 폭발적인 증가와 함께 데이터를 통한 새로운 가치를 추구하는 빅데이터 시대가 시작되었다. 데이터가 양적으로 팽창하고, 데이터 분석 기술이 발전함에 따라 데이터의 축적과 활용은 점점 중요해지고 있다. 이에 따라 빅데이터가 활용되는 분야는 더욱 늘어날 것이며, e비즈니스의 다양한 분야에 빅데이터가 적극적으로 활용될 것이다.

1.2 인공지능(Artificial Intelligence)

인공지능이 지향하는 것은 기계가 사람처럼 스스로 생각하고 판단하는 것이다. 기계장치가 더 스마트해져서 사람의 생활 패턴을 이해하고, 스스로 알아서 동작하는 낮은 단계의 인공지능부터, 생태계 전체의 생활 및 환경으로부터 최적의 해법을 제시하는 상위 단계의 인공지능을 이용하여 인간의 생산성을 최대한 올려주는 도구이다.

사전에 축적된 데이터를 통해 학습 과정을 거치는 인공지능 기술의 원리는 전자상거래 과정에서 발생되는 수많은 데이터를 활용하는 데 적합한 구조이다. 인공지능 기술은 의료 및 금융 분야와 함께 전자상거래 분야에도 다양하게 적용되고 있다. [표 2.2]는 인공지능 진화를 나타낸다.

[표 2.2] 인공지능의 진화

1950년대 – 1970년대	1980년대 – 2010년대	현재
• 신경망 (Neural Networks) • 신경망에 대한 초기 연구를 통해 "생각하는 기계"에 대한 기대감.	• 머신러닝 (Machine Learning) • 머신러닝에 대한 관심.	• 딥러닝 (Deep Learning) • 딥러닝으로 인공지능(AI)의 시대가 본격화.

기계학습(Machine Learning)은 인공지능의 한 분야로, 자율 주행 자동차, 필기체 문자 인식 등과 같이 알고리즘 개발이 어려운 문제의 해결에 유용하며, 대부분의 기계 학습은 다수의 파라미터로 구성된 모델을 이용하며, 주어진 데이터로 파라미터를 최적화하는 것을 학습이라고 한다.

딥러닝(Deep Learning)은 다층 구조 형태의 신경망을 기반으로 하는 기계학습의 한 분야로, 다량의 데이터로부터 높은 수준의 추상화 모델을 구축하고자 하는 기법이다. 딥러닝은 컴퓨터가 사람처럼 생각하고 기술로써 많은 데이터를 분류해서 같은 집합들끼리 묶고 상하의 관계를 파악하는 기술이다. 딥러닝은 기계학습의 한 분야인데, 차이점이 있다면 기계학습은 컴퓨터에게 먼저 다양한 정보를 가르치고 그 학습한 결과에 따라 컴퓨터가 새로운 것을 예측하는 반면, 딥러닝은 인간의 '가르침'이라는 과정을 거치지 않아도 스스로 학습하고 미래의 상황을 예측할 수 있다는 것이다.

딥러닝, 머신러닝은 데이터가 많을수록 기계가 학습하는 양이 많아져, 이용자에게 제공하는 결과의 정확성을 높일 수 있다. 예를 들어 온라인 쇼핑몰에서 이미지 검색 사용자가 많아야 기계가 학습할 데이터도 많이 생성할 수 있어 서비스의 접근성이 중요하다. 이에 각 쇼핑몰에서는 빠른 기능 업그레이드를 통한 인공지능 이미지 검색을 적용하고 있다.

인공지능(AI)이 중요한 이유는 첫 번째, 인공지능(AI)은 반복적 학습과 데이터를 인사이트 통한 발견을 자동화한다.

인공지능(AI)은 하드웨어에 기반을 둔 로봇 자동화와는 다른 개념으로, 수작업을 자동화하는 것을 넘어서서 반복적인 대량의 전산 작업을 간단하게 수행한다. 이러한 유형의 자동화를 위해서는 지속적으로 시스템 설정하고 올바른

질문을 전달하는 인력의 노력이 필요하다.

두 번째, 인공지능(AI)은 기존 제품에 지능을 더한다. 인공지능(AI)이 개별 애플리케이션으로 판매되는 경우는 거의 없을 것이다. 대신 Siri가 Apple의 신제품에 새로운 기능으로 추가된 것처럼 이미 사용 중인 제품에 인공지능(AI) 기능을 탑재해 제품 개선이 이루어질 것이다. 자동화, 대화 플랫폼, 봇, 스마트머신이 대량의 데이터와 결합되면서 보안 인텔리전스와 투자 분석 등 직장과 가정에서 이용하는 많은 기술들을 개선한다.

세 번째, 인공지능(AI)은 점진적인 학습 알고리즘을 통해 스스로를 개선하고 데이터가 프로그래밍을 수행하도록 지원한다. 인공지능(AI)은 데이터의 구조와 규칙성을 찾아내고 알고리즘이 이를 학습하도록 지원하여 알고리즘을 분류 도구 혹은 조건자로 만든다. 알고리즘은 체스를 두는 방법을 스스로 학습할 수 있는 것과 마찬가지로 사용자의 온라인 구매 제품 추천을 찾아낼 수 있다. 새로운 데이터가 입력됨에 따라 학습하고 그 성능이 개선된다.

네 번째, 인공지능(AI)은 보다 많은 데이터를 깊이 있게 분석하기 위해 숨겨진 다양한 레이어를 가진 신경망을 활용한다. 얼마전까지도 다섯 개의 숨겨진 레이어를 가진 사기 감지 시스템을 개발하는 일은 불가능에 가까웠지만 이제는 엄청난 컴퓨팅 파워와 빅데이터 덕분에 가능하다.

딥러닝 모델은 데이터를 이용해 직접 학습하기 때문에 많은 양의 데이터가 필요한데, 입력하는 데이터가 많을수록 정확도가 더욱 높아진다.

다섯 번째, 인공지능(AI)은 이전에는 불가능했던 딥 신경망 분석을 통해 향상된 정확도를 제공한다.

예를 들어 Alexa, Google Search, Google Photos와 사용자의 소통은 모두 딥

러닝 기술을 활용하고 있으며, 더 많은 사용자들이 이러한 서비스를 이용할수록 더 높은 정확도로 원하는 결과를 얻게 된다.

의료 분야에서는 딥러닝, 이미지 분류, 개체 인식 등 인공지능(AI) 기술들을 MRI 이미지 분석을 활용하고 있으며 숙련된 방사선 전문가만큼 정확한 결과를 얻고 있다.

여섯 번째, 인공지능(AI)은 데이터의 활용도를 극대화한다. 알고리즘이 셀프러닝을 수행할 때 데이터 자체가 지적 재산이 될 수 있다. 모든 문제의 해답은 데이터에 있으므로 인공지능(AI)을 데이터에 적용하여 해답을 찾을 수 있다. 데이터의 역할이 어느 때보다 중요해진 요즘에는 데이터로 경쟁 우위를 점할 수 있으며, 경쟁이 치열한 산업이라면 유사한 기술을 보유하고 있다고 하더라도 최상의 데이터를 보유한 기업이 이기게 된다.

이제는 인공지능을 사용하지 않는 기업을 찾아보기 어려울 정도로 인공지능은 보편화된 e비즈니스 기술이다. 4차산업혁명을 이끌 비즈니스 모델을 구현하기 위해서는 수준 높은 인공지능 기술이 필수적이다. 특히 인공지능 유행을 가능하게 한 딥러닝 계속해서 발전하고 있다는 것도 인공지능의 미래를 긍정적으로 볼 수 있게 한다. 딥러닝은 인간의 신경망 구조를 모방하여 기계가 다층구조로 학습할 수 있도록 만든 인공 신경망을 의미한다. 방대한 데이터 세트로 학습된 딥러닝 모델은 다양하게 적용이 가능한다. 앞으로 인공지능은 지속적인 발전과 함께 다양한 비즈니스 모델에 활용될 것이다.

1.3 사물 인터넷(Internet of Thing, IoT)

실생활에 해당하는 오프라인 모든 정보를 온라인으로 넘기는 O2O를 통해서 인터넷을 이용한 최고의 해법을 제시하고, 시행하게 하여 생산성을 최대한으로 올리는 도구이다. 예로, 병원의 모든 행동이나 사물들을 인터넷에 연결한 뒤, 최적화를 한다면 정보가 늦거나 서로 기다리는 손실을 줄일 수 있다. 따라서 환자도 빠른 조치를 받을 수 있어서 좋고, 병원도 생산성이 올라서 좋을 것이다.

현대 사회는 초연결사회이다. 초연결사회란 각종 통신 기술의 발달에 따라 네트워크로 사람과, 사물, 서비스, 데이터 등 모든 것이 연결되는 사회를 말한다. 사람과 사람 간 다양한 사물들이 만들어내는 데이터 간의 폭넓은 연결을 통해 변화와 혁신을 이끄는, 4차산업혁명 시대를 대표하는 개념이다. 즉, 세상 모든 것이 연결되는 초연결사회는 물리적 연결을 넘어 모든 서비스를 연결하는 개념으로 진화 중이다. 그리고 초연결사회에서 가장 중요한 기술은 다름 아닌 사물 인터넷 기술이다. 사물 인터넷 기술을 통해 P2P(Person to Person), P2M(Person to Machine) 및 M2M(Machine to Machine) 등 모든 네트워크 요소들의 연결이 가능해짐으로써 유비쿼터스 및 초연결사회를 구현할 수 있는 기반이 마련되고 있다.

사물 인터넷 기술은 고객에게는 보다 편리한 서비스를 제공하고, 기업들에게는 새로운 기회를 제공해 준다. 특히 사물 인터넷 기술은 전자상거래 시장에서 가장 빠른 확산세를 보이고 있다. 경쟁이 지나치게 치열해진 전자상거래 시장에서 사물 인터넷이 제공할 수 있는 연결성과 막대한 데이터는 이를 충분히 활용할 능력을 갖춘 기업들에게 새로운 기회와 이익을 가져다줄 것이다. 이러한 이유로 전자상거래 기업들이 사물 인터넷의 활용 전략을 갖추는 것이 무엇보다 중요하다. 아마존 등 거대 기업은 자본을 바탕으로 사물 인터넷 시장을 선점하고 있으며, 벤처 기업들은 새로운 기술을 활용할 새로운 전략으로 경쟁력을 모색하고 있다. 사물 인터넷 기술을 시장에 적용할 수 있는 방법을 찾는 것이 점점 중요해지고 있다.

1.4 무인 운송 수단 및 자율주행 자동차

무인 운송 수단은 인간이 운전을 직접 하지 않음에 의해 그 사이에 다른 일을 더 할 수 있고, 안전하게 이동할 수 있기에 생산성이 향상될 것이다.

무인 운송 수단(Unmanned Transportation) 이란 사람이 기체에 타지 않고 원격조종으로 동작이 가능한 이동체 또는 외부 환경을 인식하여 스스로 상황판단 후 이동하는 이동체를 의미한다. 이러한 이동체로는 최근에 가장 많이 알려진 드론뿐만 아니라 자율주행이 가능한 자동차와 트럭, 항공기, 보트 등을 포함한 다양한 무인 운송 수단이 개발·이용되고 있다.

IT & Future Strategy 보고서에 따르면 자율주행 운송 수단의 발전은 '소유하는 제품'이라는 인식을 '소비하는 서비스'로 변화시킬 것이라고 한다. 산업의 범주 역시 자동차회사와 같은 운송 수단 제조의 개념을 탈피하여 로봇으로 고도화되어 ICT 기업과 자동차기업 간에 수평적 협력이 필요할 것이라고 예측하였다.

자율주행차의 발전은 로봇과 인공지능의 발전과 함께 한다. 2010년대에 들어 인공지능 분야에서 딥러닝 소프트웨어의 등장은 그간 영화나 소설 속에만 가능했던 기술적 장벽을 무너뜨리고 자율주행차의 본격적인 실현 가능성을 현격하게 높였다. 왜냐하면 닫힌 환경인 공장이나 광활한 공중에서 운영되는 다른 무인 운송 수단에 비해, 수많은 이동 수단과 인간들이 움직이는 도로라는 공간은 혼란스럽고 예측이 불가능한 수많은 변수를 발생시키는 공간이기 때문에, 낯선 상황에 대해 즉각 대처할 정도의 인공지능 수준이 올라오지 않는 상태에서의 자율주행차는 의미가 크지 않기 때문이다.

딥러닝 개발을 선도하고 있는 구글이 자율주행차 개발에서 선도적 위치를 차지하고 있다. 자율주행차는 자동차 산업과 IT산업이 새롭게 결합하는 지점으로 구글과 포드, 볼보와 마이크로소프트, GM과 리프트 등이 협력관계를 형성하고 있고, 앞으로 하드웨어 회사와 소프트웨어 회사 중 어느 쪽이 개발의 주도권을 가지는지 경쟁이 예상된다.

[그림 2.1]은 비자동화인 0단계에서 완전 자동화인 5단계까지 단계별로 자율주행 자동차를 분류하였다. 특히 5단계는 모든 주행 상황에서 운전자의 개입이 불필요하고 운전자 없이 주행이 가능한 완전한 자율주행 단계이다.

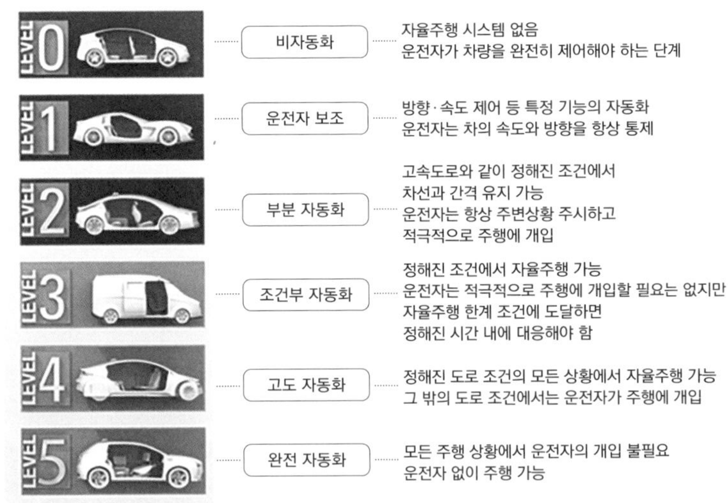

[그림 2.1] 단계별 자율주행 자동차 분류

1.5 연결 및 표시 기술

연결 기술은 매체와 매체를 보다 효율적으로 연결하는 것으로, 5G와 LTE(4G) 등이 있다. 그리고 눈으로 보는 표시 기술은 고정형으로 보는 UHD-TV와 이동형으로 보는 VR(Virtual Reality), AR(Augmented Reality)등이 있으며, 이를 통해 좀 더 빠르게, 좀 더 편리하게, 좀 더 많이 접속(access)할 수 있어 생산성을 향상시킬 수 있다.

증강현실(AR)은 가상현실(VR)의 한 분야로, 가상의 정보를 문자, 그림, 청각, 시각의 형태로 실제 세계의 물체와 통합시켜 이용하는 기술을 말한다. 가상현실이 완전한 가상의 환경에서 정보를 제공하는 반면, 증강현실은 가상현실보다는 실제 세계에 초점을 맞춰 정보를 제공한다. 즉 가상 환경의 정보를 적절한 실제 세계에 적용해 사용자에게 유용한 경험을 제공하는 것이다. 이러한 증강현실은 사용자의 경험을 단순히 보는 경험에서 몰입하는 경험으로 바꾸어 주고 있다. 이러한 가상 현실의 요소를 실제 세계에서 이용하기 위해서는 디바이스와 AR 소프트웨어가 필요하다. 디바이스와 AR 소프트웨어는 AR 시스템이 가상 콘텐츠와 적절한 실제 세계를 연결하도록 하는 역할을 한다.

증강현실 기술은 전반적인 비즈니스 모델에 빠르게 적용되고 있다. 그 중 한 분야가 바로 리테일 분야이다. 리테일 기업은 증강현실 기술을 이용해 비용은 줄이고 고객의 만족은 증가시키기 위해 노력하고 있다. 글로벌 리테일 기업인 이케아는 이러한 증강현실 기술을 이용한 AR 애플리케이션을 통해 고객에게 새로운 경험을 제공하고 있다. 'IKEA place' 애플리케이션의 사용 방법은 간단하다. 애플리케이션을 켜고, 카메라를 통해 방을 비춘 후 디지털 가구를 배치해 보면 끝이다. 이케아가 이러한 기술을 구현하기 위해 그동안 시간과 비용을 들

여왔기 때문에 이케아 AR 소프웨어의 기술 수준이 상당히 높은 편이다. 따라서 고객은 실물과 렌더링 사이의 구분이 어려울 만큼 높은 실감도를 경험할 수 있다.

그러나 증강현실 기술은 여전히 대중적으로 자리잡지 못한 상태이다. AR 기술이 빠르게 발전하고 있지만 대중소비재로 대중화되기 위해서는 시간이 필요한 상태이다. 이를 위해 리테일 기업들은 고객에게 새로운 구매 경험을 제공하는 콘텐츠로 조금씩 증강현실 기술을 적용하고 있다. 스마트폰이 대중화되어 가고, 많은 디지털 콘텐츠가 만들어지는 상황에서 증강현실 기술은 더욱 발전할 것이다.

1.6 블록체인(Blockchains)

블록체인은 비즈니스 네트워크에서 거래를 기록하고 자산을 추적하는 프로세스를 용이하게 하는 공유되고 변경할 수 없는 원장이다. 자산은 유형(주택, 자동차, 현금, 토지) 또는 무형(지적 재산권, 특허, 저작권, 브랜딩)일 수 있다. 사실상 가치 있는 모든 것을 블록체인 네트워크에서 추적하고 거래할 수 있으므로 관련된 모든 사람의 위험을 줄이고 비용을 절감할 수 있다.

블록체인은 비즈니스는 정보를 기반으로 한다. 수신 속도가 빠르고 정확할수록 좋다. 블록체인은 허가된 네트워크 구성원만 액세스할 수 있는 변경 불가능한 원장에 저장된 즉각적이고 공유되며 완전히 투명한 정보를 제공하기 때문에 해당 정보를 전달하는 데 이상적이다. 블록체인 네트워크는 주문, 지불, 계정, 생산 등을 추적할 수 있다. 그리고 회원들은 진실에 대한 단일 보기를 공유하기 때문에 거래의 모든 세부 사항을 종단 간 볼 수 있으므로 더 큰 자신감은 물론 새로운 효율성과 기회를 제공한다.

블록체인 기술은 신뢰와 P2P(Peer-to-Peer) 방식을 기반으로 데이터를 블록(block)이라는 분산 데이터베이스(Distributed Database)에 저장하고, 이들 블록을 체인(Chain)으로 연결하는 기술을 의미한다.

블록체인은 데이터의 임의 수정이 불가능하고, 누구나 변경 결과를 열람하고, 확인할 수 있는 분산 컴퓨팅 기반이다. 따라서 데이터의 위조와 변조 방지가 가능한 특징을 가지고 있다. 이러한 블록체인 기술은 해커의 공격을 방지하고 소수의 사람에 의해 통제되지 않는다는 점에서 이점을 갖는다. 블록체인 기술은 '데이터 보안'을 위해 널리 쓰이고 있다. e비즈니스의 경우, 개인 정보, 신용카드와 같은 다루기 민감한 정보를 필요로 하기 때문에 블록체인 기술이 필수적이다.

이러한 블록체인 기술은 금융업계에서 활발하게 적용되고 있다. 금융업계에서의 블록체인 기술 적용으로는 인증, 해외 송금, 증권거래 등이 있으며 이러한 거래는 대부분 기관과 기관 간의 신뢰 인증 및 합의를 통하여 이루어진다. 금융업에서 기관과 기관 간의 데이터 공유 시 무엇보다도 중요한 것은 데이터 공유를 위한 합의 과정의 신뢰와 안정성이다. 현재 금융업에서는 기관 간 합의와 검증을 위하여 프라이빗 블록체인을 기반으로 한 기술을 사용하고 있다. 또한, 금융업에서는 향후 폭넓은 활용과 신뢰도 제고를 위해 안정성을 강화한 프라이빗 블록체인의 효율성을 올리기 위해 노력하고 있다. 이를 통해 거래 비용의 감소, 효율성 제고, 자동화가 더 가속화될 것으로 예상된다.

이렇게 블록체인 기술은 온라인 거래를 더 안전하고 효율적으로 만들기 때문에 기업과 고객 모두에게 유익한 결과를 가져온다. 또한, 블록체인 기술이 발전하면서 거래 비용이 줄어들고 있으며, 비즈니스 과정이 개선되며 거래가 더 빨라지고, 전반적인 고객 경험을 개선시키고 있다. 블록체인 기술은 e비즈니스 기술 중에서도 비교적 최근의 기술이다. 최근의 기술임에도 블록체인 기술이 빠르게 발전하고 있는 이유는 블록체인 기술이 기업과 고객 모두에게 큰 이점을 주기 때문일 것이다. 그러나 전문가는 블록체인이 잠재력이 큰 기술이기는 하지만, 아직 초기 단계에 머물러 있다고 말한다. 따라서 블록체인이 초기인 만큼 블록체인 기술이 e비즈니스 시스템에 이점을 가져오는 방향으로 나아가는 것이 중요하다고 볼 수 있다.

블록체인의 핵심 요소는 다음과 같다.

첫째, 분산 원장 기술이다. 모든 네트워크 참가자는 분산 원장과 거래에 대한 불변 기록에 액세스할 수 있다. 이 공유 원장을 사용하면 트랜잭션이 한 번만 기록되므로 기존 비즈니스 네트워크에서 일반적으로 발생하는 중복 작업이 없다.

둘째는 변경할 수 없는 레코드이다. 거래가 공유 원장에 기록된 후에는 참여자가 거래를 변경하거나 조작할 수 없다. 트랜잭션 레코드에 오류가 포함된 경우 오류를 되돌리기 위해 새 트랜잭션을 추가해야 하며 두 트랜잭션이 모두 표시된다.

셋째는 스마트 계약이다. 거래 속도를 높이기 위해 스마트 계약이라고 하는 일련의 규칙이 블록체인에 저장되고 자동으로 실행된다. 스마트 계약은 회사 채권 이체 조건을 정의할 수 있으며 지불할 여행 보험 조건 등을 포함할 수 있다.

넷째는 블록체인 작동 방식이다. 각 트랜잭션이 발생할 때마다 데이터의 "블록"으로 기록된다. 이러한 거래는 유형(제품) 또는 무형(지적) 자산의 이동을 보여준다. 데이터 블록은 사용자가 선택한 정보를 기록할 수 있습니다. 누가, 무엇을, 언제, 어디서, 얼마나, 등 각 블록은 앞과 뒤의 블록과 연결된다. 이러한 블록은 자산이 다른 곳으로 이동하거나 소유권이 바뀌면서 데이터 체인을 형성한다. 블록은 트랜잭션의 정확한 시간과 순서를 확인하고 블록이 서로 안전하게 연결되어 블록이 변경되거나 두 개의 기존 블록 사이에 블록이 삽입되는 것을 방지한다.

마지막으로 블록체인 거래는 되돌릴 수 없는 변조를 차단한다. 각 추가 블록은 이전 블록 및 전체 블록체인의 검증을 강화한다. 이는 블록체인이 변조되지 않도록 하여 불변성의 핵심 강점을 제공한다. 이것은 악의적인 행위자에 의한 변조 가능성을 제거하고 다른 네트워크 구성원이 신뢰할 수 있는 거래 원장을 구축한다.

이러한 블록체인이 갖고 있는 5가지 장점으로는,

첫째, 강화된 보안이다. 고객의 데이터는 민감하고 중요하며 블록체인은 중요한 정보가 변경할 수 없고 암호화된 기록을 생성함으로써 사기 및 무단 활동을 방지하는 데 도움이 된다. 개인 데이터를 익명화하고 액세스를 방지하는 권한을 사용하여 블록체인에서 개인 정보 보호 문제를 해결할 수도 있다. 정보는 단일 서버가 아닌 컴퓨터 네트워크를 통해 저장되므로 해커가 데이터를 보기가 어렵다.

둘째, 더 큰 투명도를 제공하는 것이다. 블록체인이 없으면 각 조직은 별도의 데이터베이스를 유지해야 합니다. 블록체인은 분산 원장을 사용하기 때문에 트랜잭션과 데이터가 여러 위치에 동일하게 기록된다. 액세스 권한이 있는 모든 네트워크 참가자는 동일한 정보를 동시에 볼 수 있어 완전한 투명성을 제공한다. 모든 거래는 불변성으로 기록되며 시간과 날짜가 기록된다. 이를 통해 회원은 전체 거래 내역을 볼 수 있으며 사기 가능성을 사실상 제거할 수 있다.

셋째는 즉각적인 추적성이다. 블록체인은 자산 여정의 모든 단계에서 자산 출처를 문서화하는 감사 추적을 생성한다. 소비자가 제품을 둘러싼 환경 또는 인권 문제에 대해 우려하는 산업 또는 위조 및 사기로 어려움을 겪는 산업에서 이는 증거를 제공하는 데 도움이 된다. 블록체인을 사용하면 출처에 대한 데이터를 고객과 직접 공유할 수 있다. 이력추적 데이터는 또한 상품이 운송을 기다리는 하역장에 있는 모든 공급망의 약점을 드러낼 수 있다.

넷째는 효율성 및 속도 향상이다. 종이가 많이 사용되는 기존 프로세스는 시간이 많이 걸리고 인적 오류가 발생하기 쉬우며 종종 제3자 중재가 필요하다. 이러한 프로세스를 블록체인으로 간소화하면 트랜잭션을 더 빠르고 효율적으로 완료할 수 있다. 문서를 거래 내역과 함께 블록체인에 저장할 수 있어 종이를 교환할 필요가 없다. 여러 원장을 조정할 필요가 없으므로 정산 및 정산이 훨씬 빠르다.

마지막으로 자동화이다. 트랜잭션은 효율성을 높이고 프로세스 속도를 훨씬 더 빠르게 하는 "스마트 계약"으로 자동화할 수도 있다. 미리 지정된 조건이 충족되면 트랜잭션 또는 프로세스의 다음 단계가 자동으로 트리거된다. 스마트 계약은 계약 조건이 충족되었는지 확인하기 위해 제3자에게 의존할 뿐만 아니라 인간의 개입을 줄인다. 예를 들어 보험의 경우 고객이 청구를 제출하는 데 필요한 모든 문서를 제공하면 청구가 자동으로 해결되고 지불될 수 있다.

1.7 메타버스(Metaverse)

메타버스(Metaverse)는 초월을 의미하는 메타(Meta)와 세계 또는 우주를 의미하는 유니버스(Universe)의 합성어로 가상과 현실이 융·복합되어 사회, 경제, 문화, 활동과 가치 창출이 가능한 디지털 세계를 말한다.

글로벌 기업들의 메타버스 산업에 진입과 함께 메타버스 산업은 급격하게 성장하고 있다. 메타버스는 인공지능(AI), 증강현실(AR), 빅데이터(Big Data), 블록체인(Blockchain)이 모두 활용되는 하나의 서비스이다. 즉 메타버스는 기존에 존재하던 혁신의 집합체라고 볼 수 있다. 메타버스는 아직 성장하고 있는 산업이지만, 메타버스를 통해 인공지능, 증강현실, 빅데이터, 블록체인 기술이 더 발전할 것이다.

메타버스는 증강현실, 라이프로깅, 거울세계, 가상세계 4가지 유형으로 구분한다. 증강현실은 현실 공간에 가상의 객체를 겹쳐 보이게 하며 상호작용하는 환경을 제공한다. 라이프로깅(Lifelogging)은 사물과 사람에 대한 일상적 정보를 캡처, 저장, 공유하는 것과 관련된 기술이다. 웨어러블(Wearable)기기 활용에 필수적인 기술이다. 거울세계는 실제 세계를 가능한 있는 그대로 반영하되 정보적으로 확장된 가상공간을 제공한다. 예를 들어, 구글 어스(Google Earth)는 일정 주기로 수집한 위성 사진 등을 사용하여 수시로 변하는 현실세계의 모습을 반영한다. 가상세계는 디지털 데이터를 활용하여 현실과 유사하게 혹은 대안적 세계로 창조된 가상공간으로 사용자들은 아바타를 통해 가상공간에서의 다양한 활동이 가능하다.

이러한 메타버스가 산업에 가져올 큰 변화 중 하나가 바로 "click and buy"에서 "experience and buy"로 고객의 구매 경험을 바꿀 것이라는 것이다. 그동안 온라인에서 상품을 구매하는 고객은 상품을 구매한 후, 상품을 경험할 수 있었다. 그러나 메타버스 세계에서는 고객이 상품을 경험한 후 구매하는 것이 가능하다. 즉 온라인에서 오프라인의 경험을 그대로 제공함으로써 고객에게 몰입의 경험을 제공한다는 것이다. Gatner에 따르면, 2026년까지 세계 인구의 25% 정도가 하루에 적어도 한 시간은 메타버스에서 시간을 보낼 것으로 예상된다고 한다. 사람들이 AR 기기를 착용한 후 메타버스 오피스로 출근해 일을 할 날이 멀지 않았다는 것이다.

삼성, 코카콜라, 구찌, 나이키 등 많은 기업이 메타버스 기술을 준비하고 점진적으로 비즈니스 모델에 적용하고 있다. 그러나 메타버스가 적절히 활용되기 위해서는 수준 높은 인공지능, 증강현실, 빅데이터, 블록체인 기술이 필수적이다. 이 기술들이 준비되면 고객은 디지털 공간에서 편리하게 사회, 경제, 문화 활동을 하며 자유롭게 가치를 창출하고 교환할 수 있다. 또한, 메타버스는 또 다른 디지털 가상 공간의 탄생을 의미한다. 최근 딥페이스 기술의 이용에 따라 새로운 윤리 문제가 생겨났던 것처럼 이제 메타버스가 발전함에 따라 새로운 윤리 문제가 나타날 것이다. 따라서 메타버스 기술 개발과 함께 새로운 윤리적 쟁점도 함께 논의되어야 한다.

메타버스는 이미 과거에서부터 놀라운 발전을 이뤘지만 앞으로 접목할 수 있는 분야가 다양하기 때문에 메타버스의 발전 방향 역시 다양하리라 기대한다. 교육, 유통, 시뮬레이션, 제조산업 분야 말고도 여러 분야에서 메타버스가 사용되고 있으며 아직 접목하지 못한 분야도 많다. 요리 분야는 아직 메타버스를 적용한 사례가 없는 것으로 안다. 증강 현실이면 가능할 수도 있겠지만 가상 현실로는 맛을 느낄 수 있는 기술이 아직 개발이 되지 않았기 때문이다. 이렇듯 아직 발전시키지 못한 분야들을 위주로 기술을 개발하고 인프라를 구축하여 다양한 산업 분야와의 기술적 연계가 이루어진다면 22세기는 메타버스의 시대가 될 것이다.

2. 핀테크(Financial Technology)

핀테크(FinTech)는 금융(Financial)과 기술(Technology)의 합성어이다. 이는 금융과 IT의 융합을 통한 금융 서비스 및 산업의 변화를 통칭한다. 금융 서비스의 변화로는 모바일, SNS, 빅 데이터 등 새로운 IT기술 등을 활용하여 기존 금융 기법과 차별화된 금융 서비스를 제공하는 기술 기반 금융 서비스 혁신이 대표적이며 사례는 모바일뱅킹과 앱카드 등이 있다. 산업의 변화로는 혁신적 비금융기업이 보유 기술을 활용하여 지급결제와 같은 금융 서비스를 이용자에게 직접 제공하는 현상이 있는데 애플페이, 알리페이 등을 예로 들 수 있다.

핀테크 서비스가 주된 사업영역인 기업들의 진출 분야로는 지급결제(Payments), 송금(remittance), 대출(Lending), 개인 자산 관리(Personal wealth management), 자금조달(Financing), 은행인프라 제공(Bank Infrastructure) 등으로 구분이 가능하며, 급속히 발전하는 핀테크 영역에는 금융과 관련된 더 많은 영역들도 존재한다. 이러한 '기술과 융합된 금융'이란 새로운 영역을 만들어 우리 생활 곳곳에 많은 변화를 주고 있다.

2.1 핀테크의 정의

핀테크(FinTech)는 금융(Finance)과 IT(Technology)를 결합한 새로운 형태의 금융 서비스를 말하며, 최근 글로벌 IT 기업 또는 금융기관이 다양한 금융 서비스를 IT와 결합하여 제공하는 새로운 형태의 금융 서비스를 말한다.

1972년 Bettinger는 논문에서 은행 업무를 분석하고 문제를 해결하는 방법에 대해 설명하면서 핀테크(Fintech)라는 용어를 "은행의 전문지식과 경영과학 기술 및 컴퓨터를 결합한 금융 기술"이라고 소개하였다. 이 후 이 용어는 1990년대 초반에 금융과 기술의 협업을 촉진시키기 위해 Citigroup이 추진한 금융 서비스 기술 컨소시엄(Financial Services Technology Consortium)에서 재사용되었으며, 핀테크에 대한 관심이 높아지면서 연구자들은 핀테크를 새롭게 등장한 산업 분야로 인식하거나 금융산업 분야에서 일어나고 있는 새로운 변화 또는 혁신, 혁신적인 아이디어로 정의하였다. Wikipedia에서는 핀테크를 인터넷을 통해 하나 또는 그 이상의 보완적인 금융 서비스를 end-to-end로 제공하는 금융산업 분야의 새로운 애플리케이션이나, 프로세스, 상품 또는 비즈니스 모델로 정의하고 있다. 관점에 따라 다소 차이는 있겠지만 기술이라는 토대 위에 금융산업이 새로운 변화를 맞이하고 있다는 사실에는 인식을 함께 하고 있다. 한편, Ernst & Young은 핀테크를 전통적 핀테크(Traditional Fintech)와 신흥 핀테크(Emergent Finetech)로 구분하고 있으며, 각각의 정의와 역할 등은 아래 [표 2.3]과 같다.

영국의 정부가 발행한 2014년 핀테크 관련 보고서에서는 핀테크를 Traditional Fintech와 Emergent Fintech으로 분류한다. "Traditional Fintech"는 한국말로 "전통적 핀테크"라고 말하는 것이 가장 적합하다. 이 전통적 핀테크는 전통적 금융산업(은행, 증권, 보험 등)에서 IT기술을 자신의 업무 분야에 적용하는

[표 2.3] 전통적 핀테크와 핀테크의 비교

구분	전통적 핀테크	핀테크
정의	전자적 채널을 통해 금융 서비스 제공	기술을 핵심 요소로 하는 금융 서비스 혁신
목적	기존 금융 서비스의 효율적인 개선 (대형 IT기업, 조력자 역할)	기존 금융 기관을 우회하거나 기술을 통해 소비자의 새로운 금융 서비스 수요 충족
주요기업	IBM (IT솔루션) SunGuard (금융 소프트웨어) Infosys (IT하드웨어) FirstData (결제 처리 솔루션) Symantec (정보보안)	Paypal, Alipay (지급결제) Kickstarter (크라우드 펀딩) Lending Club (P2P대출) TransferWiser (외화 송금) 카카오뱅크 (인터넷 은행)
인프라	기존 금융 인프라 유지, 보수, 단순 지원	기존 인프라를 그대로 사용하거나 완전히 대체 (후자의 경우 High risk - High return)
수익모델	거래 비용 절감, 라이선스 비용 고객 접점은 금융회사가 주도 금융거래처리, 효율성 향상	기본적인 수익 이외 광고, 데이터 판매 등 다양한 수익 기반 보유 고객 접점은 비금융회사가 주도 고객 경험 개선
비고	PC 기반, 금융회사 / 대형 IT회사 중심	모바일 기반, 스타트업 중심

것으로 설명할 수 있다. 즉, 새로운 사업 방식을 시도하는 것이 아니라 기존의 인프라를 유지보수 하거나 지원하는 방식으로 기술을 이용하는 것을 말한다.

정부의 규제와 보호를 동시에 받고 있는 은행업이라 할지라도 경쟁력을 강화하지 않으면 빠르게 변화하는 시대에 금융소비자들에게 외면 받기 마련이다. 때문에 은행은 "핀테크"라는 용어가 생기기 이전부터 이미 경쟁적으로 소매금융 업무에 IT기술을 도입하여 업무를 더 효율적으로 만들어 왔고, 이러한 영역들이 "전통적 핀테크"라고 말할 수 있다. 방문과 대면 업무를 전화, 모바일, 스마트폰 기술 등으로 간편화 해온 것이 가장 대표적인 "전통적 핀테크"의 예가 될 수 있다.

반면에 "Emergent Fintech"는 직역하자면, "떠오르는 핀테크"라고 할 수 있겠다. "떠오르는 핀테크"는 크라우드 펀딩, 인터넷 전문은행, 송금 서비스 등 기존의 서비스를 대체하는 새로운 나타난 금융 서비스를 말한다. 즉, IT를 활용하여 기존 은행에서 하지 않던 방식의 금융을 창출하거나, 기존의 금융업무를 새로운 방식으로 해결하는 것이며, 비금융기업들이 이런 방식의 핀테크를 시도하고 있다.

다시 설명하자면, Traditional Fintech는 기존 금융 서비스가 기술과 만나면서 생기는 변화를 가리키는 개념이고, Emergent Fintech는 비금융기업의 혁신적인 방식으로 금융 서비스를 수요층에게 직접 제공하는 것을 말한다.

이렇듯, 전통적 핀테크는 기존 전자금융과 같은 금융 서비스에 포함되어 서비스의 효율을 높이는 역할을 한다. 이는 기존 금융업무가 ICT 기술을 통해 자동화되고 효율화되는 등 기존 기술의 발전된 형태를 의미한다. 반면에 새로운 핀테크는 기존 금융 서비스의 체계를 획기적으로 혁신하는 역할을 한다. 이는 IT 업체에서 모바일 애플리케이션 등을 통해 금융업무를 대신하거나, 비트코인과 같은 기술을 통해 전 세계적으로 개인 간 금융거래를 하는 등의 신기술들이 적용되었음을 나타낸다.

핀테크는 현재 4차산업혁명의 흐름을 따라서 모바일, SNS, 빅데이터 등 새로운 정보 통신 기술 등을 활용하여 기존에 존재하는 금융 처리 활동과 차별화된 서비스를 제공하는 방향으로 발전하고 있다. 일상생활에서 쉽게 볼 수 있는 모바일뱅킹 애플리케이션과 앱카드는 가장 쉽게 접할 수 있는 핀테크라고 볼 수 있다. 이들은 "전통적 핀테크"라고 불리며 간단한 결제 서비스, 예를 들어 모바일 결제, 모바일 송금 등 간편 결제 서비스를 뜻하며 전자금융이라 불리기도 한다.

간편 결제 서비스뿐만이 아니라 현재 4차산업혁명의 기술 진보를 통해 여러 가지 종류의 핀테크들이 나타나고 있다. 특히 빅데이터와 이를 이용한 인공지능, 알고리즘, 그리고 블록체인 기술을 사용하는 핀테크들이 있다. 이를 이용한 예금, 대출, 자산 관리 등 거의 모든 금융 서비스가 IT모바일 기술의 발달과 함께 진화하고 있다. 빅데이터 분석과 알고리즘을 통한 금융 분석, 예를 들어 포트폴리오 구성, 의사 결정, 성과 관리, 투자 리스크 관리 등 금융에 관련된 거의 모든 IT 모바일 활동을 핀테크라고 생각할 수 있다.

핀테크의 사업 영역은 크게 지급 결제, 금융데이터 분석, 금융소프트웨어, 플랫폼 등으로 나눌 수 있다. 다음은 이와 관련된 [표 2.4]이다.

[표 2.4] 핀테크 사업영역

사업 영역	내용	세부영역
지급 결제	이용이 간편하면서도 수수료가 저렴한 지급결제 서비스를 제공함으로써 지급 결제 시장의 진입장벽을 완화	인프라/온라인·오프라인 결제/외환 거래
금융 데이터 분석	개인 및 기업 고객과 관련된 다양한 데이터를 수집, 분석함으로써 새로운 부가가치 창출	신용평가 / 자본 시장 / 보험 / 금융사기 방지
금융 소프트웨어	보다 진보된 스마트 기술을 활용하여 기존 방식보다 효율적이고 혁신적인 금융업무 및 서비스 관련 SW 제공	리스크 관리/결제/은행/자산 관리/보험/회계
플랫폼	전 세계 기업들과 고객들이 금융기관의 개입 없이 자유롭게 금융거래를 할 수 있는 다양한 거래 기반을 제공	P2P대출/거래 플랫폼/비교견적사이트

앞서 살펴보았듯 스마트폰의 등장과 함께 모바일 결제 시장 규모 또한 급속히 성장하였다. 시장의 성장과 함께 전자 상거래의 발달을 뒷받침할 수 있는 간편하고 안전한 결제 시스템이 필요하게 되었으며 그것이 핀테크의 시작이라고 볼 수 있다. 전 세계 사람들 대다수의 모바일을 통한 거래는 인터넷 서버에 그 기록이 저절로 남게 되며 자연스럽게 빅데이터를 형성하게 되었는데, 빅데이터를 유의미하게 사용할 수 있게 만들어주는 머신러닝, 알고리즘, 인공지능 기술들을 통한 새로운 금융 시장을 열고 소비자층을 더욱 넓히는 것이 가능해졌다. IT와 금융이라는 시장의 조합은 기존 은행과 같은 금융기업뿐만 아니라 애플, 이베이와 같은 IT기업의 금융 시장 진출까지 가능하게 만들었다. 특히 한국에서는 카카오가 여러 인터넷 사이트들의 전자 주문 결제 방식에 카카오결제 방식을 도입하게 하여 카카오의 핀테크 인프라를 구축한 것이 유명하며 카카오는 이후 카카오 뱅크라는 직접적인 금융 시장으로의 진출까지 하게 되었다.

이와 같이 핀테크의 발달로 인해 기존 금융기업과 IT 기업 그리고 후발주자로 들어오는 많은 스타트업들이 핀테크 시장의 주도권을 잡기 위해서 경쟁을 하고 있다. IT 기업에 경우 소비자들의 데이터를 기반으로 하는 플랫폼, SNS, 통신 서비스, 검색 및 전자상거래 기업이 참가하고 있으며, 기존 금융 기업들은 이에 맞서는 새로운 IT기술을 수용하거나 파트너십, 벤처 투자, 스타트업 인큐베이터를 운영하는 식으로 대응하고 있다.

2.2 핀테크 등장 배경

IT 기술 발전과 함께 핀테크는 일상생활을 변화시키고 금융의 패러다임을 변화하고 있다. 과거 금융 관련 서비스를 이용하기 위해서는 은행의 경우 직접 은행을 방문하여 은행원을 통해 통장 개설, 입금, 출금 등의 금융 서비스를 제공받아야 했다. 또한 증권계좌를 개설하거나 주식 시세를 알아보려면 은행에 가거나 객장에 가서 일을 봐야만 했다. 즉 오프라인 작업이 중심이 되었던 것이다. 그러나 금융산업에 인터넷이 도입 및 활성화되면서 금융 서비스 제공 방식은 오프라인 방식에서 온라인으로 전환되기 시작하였다. 인터넷 뱅킹을 이용하여 송금과 통장 개설을 할 수 있고 인터넷 뱅킹을 통해 대출도 가능해졌다. 증권의 경우에는 HTS(홈트레이딩 시스템)를 이용하여 온라인으로 주식 관련 작업이 가능해졌다. 이러한 인터넷 뱅킹이나 홈 트레이딩 시스템은 인터넷을 기반으로 한 일종의 핀테크 서비스라고 할 수 있다. 하지만 인터넷 기반의 금융 서비스가 이제는 온라인에서 모바일로 옮겨가면서 파괴적 혁신을 가져오는 새로운 의미의 핀테크 서비스가 등장하고 있다.

모바일뱅킹에 모바일 주식 거래 서비스가 활성화되기 시작하였으며 이제는 사람들이 직접 은행 또는 객장을 방문하지 않고도 언제든지 간편하게 금융 관련 서비스를 제공받을 수 있는 환경으로 변모하고 있는 것이다. 문제는 기존의 금융기관을 중심으로 제공되었던 금융 서비스가 이제는 금융기관과 비금융기관에서 모두 기술을 활용하여 금융 서비스를 제공하게 되었다는 점이다.

예를 들어, 대표적인 핀테크 서비스인 알리페이, 애플페이, 삼성페이 등의 결제 서비스는 금융권 기업이 제공하는 서비스가 아니라 글로벌 IT기업들이 제공하는 금융 서비스라 할 수 있다. 따라서 금융 서비스를 제공하는 주체는 금융회사에서 오프라인 IT기업과 온라인 IT기업으로 점차 확장되고 있는 추세이다. 즉 금융산업에서 금융회사의 아웃소싱의 대상에 머무르고 있던 IT기업이 새로운 금융 서비스를 창출하는 혁신자로 변모하게 된 것이다. 따라서 금융기업과 IT기업이 공존하면서 새로운 핀테크 서비스 창출을 위해 서로 경쟁하면서 협력하게 된다는 점에서 이전에 없었던 새로운 IT기업의 역할이 창출되었으며 새로운 비즈니스 생태계에서 이러한 IT의 역할이 부각되고 있다.

이러한 핀테크가 등장하고 발전하게 된 배경은 크게 4가지로 구분할 수 있다.

첫째, ICT 발전과 모바일의 급속한 확산에 기인한다. 모바일, SNS, 클라우드 컴퓨팅, 빅데이터, IoT, 증강현실 등 첨단 ICT의 발전과 모바일의 급속한 확산으로 금융소비자들이 수준 높은 금융 정보에 접근하는 것이 가능하기 때문이다.

기술과 서비스의 융합 기조가 더욱 확대되었기 때문이다. 기술과 서비스가 융합되는 서비스화는 보다 강화되어 전 산업으로 확대되고 있으며 이에 따라 여전히 많은 부분을 기존의 프로세스에 의존하고 있는 금융산업조차도 더 이상 기술과 서비스의 융합 트랜드를 외면하지 못하게 되었기 때문이다.

둘째, 금융소비자의 라이프 패턴 변화에 기인한다. 밀레니얼 세대를 중심으로 모바일 중심의 소비 행태 변화로 전자상거래가 폭발적으로 증가하고, 금융소비자의 선택권과 주도권이 강화되었기 때문이다.

소비자 트랜드가 인터넷에서 모바일로 변화하였다는 점에 있다. 기술사용에 친숙한 디지털 세대들은 스마트폰이나 태블릿 PC 등 개인화된 모바일 기기로 정보습득, 업무수행, 사회적 관계 형성, 여가 활용 등을 하게 되었으며 특히 송금, 결제, 자금운영 및 관리 그리고 자금투자 등의 금융 서비스에 대해서도 모바일을 이용하는데 불편함이 없기 때문이다.

셋째, 글로벌 금융위기 이후 대안금융의 모색에 기인한다. 2008년 미국금융위기 이후 기존 금융기관에 대한 신뢰도가 하락하였고, 기존 금융기관의 수익성도 하락하여 새로운 성장 모멘텀을 찾기 위해 대안금융을 찾기 시작하였다. 금융업은 전통적으로 규제, 규모의 경제, 신뢰도가 경쟁력의 근간을 이루어 왔다. 그러나 최근 금융규제 완화, 지점의 저수익화에 따른 규모의 경제 우위 축소, 그리고 금융업의 신뢰도 저하에 따른 탈중개화 등으로 위기를 맞은 금융기관들은 혁신적인 금융 기법을 이용하여 새로운 수익모델을 찾기 위한 과정에서 핀테크가 등장하였다.

넷째, 현 금융 서비스에 대한 불만과 불신이다. 진입장벽이 높고 규제가 많은 기존 금융회사에 대한 불신이 높아지면서 대안적인 금융 서비스에 대한 소비자들의 요구가 증가하고 있다. 금융산업은 현재의 시스템과 프로세스로 성장에 제한이 있을 것으로 생각하고 있으며 시장성장 측면에서 혁신을 도입해야 한다는 공감대가 형성되고 있다.

다섯째, 정부의 전폭적인 지원과 규제 해제이다. 각국 정부는 핀테크 기업을 새로운 일자리 창출과 성장 동력으로 인식하고 스타트업 육성을 위해 핀테크 관련 규제를 적극적으로 개선하고 있다. 고객이 은행에서 핀테크 기업으로 이동해 가는 이유는 전통적 은행과 고객 간의 관계 형성 미흡, 기술 발달로 인한 새로운 고객 형태 출현, 금융위기 이후 금융산업 평판 하락, 디지털에 익숙한 세대로의 이행 등이 있다.

새롭게 창출된 핀테크 서비스는 여러 기관에서 각자의 기준에 맞추어 다양하게 분류하고 있다. 앞서 핀테크의 특징에서 살펴본 바와 같이 핀테크의 기술을 크게 송금 분야, 결제 분야, 투자 분야로 나누었다면 이를 더 세분화하여 전통적 은행 서비스, 결제 및 송금 서비스, 대출 서비스, 개인 자산 관리 서비스, 금융 소프트웨어 및 툴 서비스 등 5가지 서비스로 구분할 수 있다.

첫째, 전통적 은행 서비스이다. 이는 기존의 금융업무를 보다 편리하게 제공해주는 핀테크 서비스이다. 전통적인 금융업무를 보안 및 대체하기 위해 온전히 온라인 또는 모바일 기반으로만 은행업무를 서비스를 제공하는데 목적을 둔다. 온라인 뱅킹, 자산운용, 대출 서비스 등으로 국내의 경우 카카오뱅크, 케이뱅크 등 인터넷 은행으로 플랫폼을 제공하고 있다.

둘째, 결제 및 송금 서비스이다. 이는 소비자가 돈을 쉽고 간편하게 지불할 수 있게 해주는 대표적인 핀테크 서비스 중 하나이다. 일반 소비자용 서비스면서 플랫폼 모두를 가진 페이팔이 대표 사례이다. 페이팔이 인수한 플랫폼 솔루션 회사 브레인트리, 스트라이프, 신용카드 단말기를 대체하는 스퀘어 등도 이에 속한다. 소비자는 물건값을 쉽게 결제하고 서비스 공급자는 결제 플랫폼이 없어도 남이 만든 것을 쉽게 사용할 수 있게 돕는다. 우리나라에서는 삼성페이, 네이버페이가 가장 대표적이다.

셋째, 소비자에게 자금을 쉽게 간편하게 빌릴 수 있도록 돕는 대출 서비스도 핀테크 서비스이다. 핀테크 대출 서비스는 은행을 제치고 개인과 개인 또는 개인과 기업이 직접 대출 시장에 참여할 수 있는 플랫폼을 제공하며 소액 대출을 저렴하게 제공하고 예금보다 높은 이자율로 투자를 유치한다. 렌딩클럽이나 프로스퍼 등이 대표적인 회사이고 우리나라에서도 많은 시중 은행들이 은행 애플리케이션에 대출 서비스를 함께 포함하여 제공하고 있다.

넷째, 소비자의 자금 운용, 자금 계획, 신용 관리 등을 관리해주는 개인 자산관리 서비스이다. 핀테크 기업은 자산운용 플랫폼을 통해 소비자 개인도 쉽게 자신의 취향 및 투자 방향에 관한 정보를 바탕으로 맞춤화된 자산배분 전략을 세우고 실행할 수 있는 서비스를 제공한다.

마지막으로 대량의 정형 및 비정형 금융 빅 데이터를 수집 및 활용하여 자금에 대한 투자 방향, 운용전략 등을 지원하는 금융 소프트웨어 및 툴 서비스이다. 금융데이터 분석을 통해 더 정확하고 다양한 서비스를 제공한다. 예로써 미국 주식 시장에서는 이미 알고리즘을 기반으로 하는 펀드가 전문투자자가 직접 운용하는 펀드보다 좋은 성과를 내고 있다.

2.3 핀테크 유형 및 분류

가) 핀테크 서비스 분류 및 유형

핀테크 서비스는 크게 지급결제, 대출, 전자화폐, 증권 및 금융 정보, 인터넷 전문은행 등 5가지 분야로 구분할 수 있다.

[표 2.5] 핀테크 산업 분류와 특징

구분	특징
지급결제	IT 기술을 이용해 모바일 디바이스를 신용카드처럼 사용. 공인인증서, 보안카드 등 없이 송금 가능.
대출(P2P)	빅데이터 기반 신용평가 등을 통해 개인 대출자에게 자금을 투자하고 개인 투자자가 자금을 빌려주는 방식.
전자화폐	지급결제를 위한 수단. 가상화폐, 결제플랫폼 역할 수행.
증권 및 금융 정보	주식투자에 소셜 기능을 더함. 주가 및 관련 정보를 실시간으로 제공. 개인의 은행, 카드, 보험 등 다양한 금융 서비스를 애플리케이션을 통해 관리할 수 있는 기능 제공.
인터넷 전문은행	오프라인 점포 없이 온라인을 통해 금융거래 제공.

지급결제 서비스는 핀테크의 대표적 서비스로 간편 결제와 송금 2가지로 분류가 가능하다. 간편 결제와 송금이 같은 서비스로 인식되는 국외와는 다르게 국내의 경우 간편 결제가 주요 관심사가 되고 있다. 이는 서비스 이용의 형태에 따른 차이이다. 국내의 금융 서비스의 대부분은 은행에서 개설한 통장과 연결된 신용카드와 체크카드를 이용하는 반면, 국외에서는 미국의 페이팔, 중국의 알리페이와 같이 충전식 전자지갑을 이용하는 경우가 많다.

대출(P2P) 서비스는 미국의 렌딩클럽(Lending Club)과 같은 P2P 대출 서비스로 금융 잉여자원을 활용하는 측면에서 공유경제와 유사하다. 투자자와 소비자를 연계하는 공유경제 플랫폼을 제공하는 형태를 취하며, 안정성과 신뢰 확보 측면의 문제점이 존재한다.

전자화폐에는 페이팔, 알리페이 등 지급결제를 위해 가상계좌 또는 이메일과 연결해 충전해 결제 또는 송금을 진행하는 수단 또는 비트코인과 같이 그 자체로 가상화폐, 결제 플랫폼 역할을 하는 기술이 존재한다.

증권 및 금융 정보 분야 중 증권 서비스는 주식 투자에 소셜 기능을 더한 것이 가장 큰 특징이다. 이는 주가 및 관련 정보를 실시간으로 제공하고 모바일을 통해 매매가 가능하다. 금융 정보 서비스는 개인에게 은행, 카드, 보험 등 다양한 금융 서비스를 통합한 자산 관리 서비스를 제공한다.

인터넷 전문은행은 오프라인 매장 없이 온라인을 통해 금융거래를 진행하는 온라인 은행으로, 매장 임대료가 없고, 적은 인건비를 통해 다양한 금융혜택 지원이 가능하다. 또한, 24시간 이용이 가능하며 간단한 금융 서비스 이용 절차 측면 등 기존 은행에 비해 다양한 장점이 있다.

또한 핀테크의 유형은 아래와 같이 간편 결제, 간편 송금, 온라인 전문은행,

P2P금융, 자산 관리의 영역, 5가지로 나누어 생각할 수 있다.

핀테크의 첫 번째 유형은 간편 결제이다. 간편 결제는 공인인증서 등을 이용한 절차를 생략한 결제 서비스이다. 이는 핀테크 입문자가 가장 먼저 접하게 되는 서비스 중 하나이다. 앱상에서 결제 수단을 등록한 뒤 온라인과 오프라인에서 사용할 수 있다. 카카오페이, 네이버페이, T페이, 페이코, LG페이, SSG페이, L페이 등이 여기에 속한다.

초기 간편 결제는 '쇼핑을 쉽고 편하게 돕는 것'에 초점이 맞춰져 있었다. 네이버는 네이버페이를 네이버 쇼핑과 결합했고, 신세계그룹은 늘어나고 있는 온라인 쇼핑몰 사용자의 이용 패턴에 맞춰 SSG페이를 출시했다. 이벤트, 쿠폰, 포인트 적립 등 다양한 리워드를 제공하는 것이 특징이다.

또 다른 간편 결제 유형으로는 '지갑을 대체'하는 서비스이다. 카드나 계좌 등 결제 수단을 등록해 두고 사용하는 것으로 페이코, T페이, LG페이, L페이가 여기에 속한다. 페이코는 온라인 쇼핑 외에도 T머니와 연계해 편의점처럼 소액결제가 많은 오프라인 매장에서 사용할 수 있게 한 것이 특징이다.

T페이는 가맹점을 대상으로 할인과 결제를 동시에 할 수 있다. 특히, 오프라인에서 사용 시에 휴대폰을 꺼낼 필요 없이 전화번호 뒷자리나 설정 해놓은 닉네임으로 본인 확인 후 사인 패드에 비밀번호를 입력하는 것만으로 할인과 결제를 진행할 수 있는 것이 특징이다.

간편 결제 사용자가 증가하면서 카드사에서는 관련 서비스를 제공하기 시작했다. 위에서 살펴본 간편 결제 서비스들처럼 온·오프라인 모두 실물 카드 없이 결제가 가능하며 동일한 기능과 혜택을 제공하는 것이 특징이다. 국민, 농협, 롯데, 삼성, 신한, 하나, 현대카드에서 앱카드 또는 페이 앱의 형태로 서비스하고 있다. 결제할 때 비밀번호뿐만 아니라 지문 인증, 얼굴 인증으로도 결제가 가능하다.

두 번째 핀테크 유형은 간편 송금이다. 기존에는 은행 방문 없이 송금 서비스를 이용하기 위해서는 해당 금융사의 인터넷뱅킹이나 모바일뱅킹을 이용해야 했다. 하지만 토스와 카카오페이가 등장하면서 이야기가 달라졌다. 두 서비스는 공인인증서가 필요 없으며, 계좌번호 없이 송금이 가능한 것이 특징이다. 토스는 전화번호를 기반으로 송금하고, 카카오페이는 카카오톡 친구 기반으로 송금할 수 있다.

토스의 경우, 은행명, 계좌번호, 금액이 적힌 문자를 그대로 복사해서 앱을 실행하면 자동으로 정보가 입력되는 서비스를 제공한다. 상대방이 토스 사용자가 아니어도 송금이 가능한데, 링크가 담긴 메시지를 문자나 메신저를 통해 발송하면 상대방이 은행과 계좌번호를 입력해 송금을 완료할 수 있다.

카카오페이의 경우 채팅창에서 직접 송금을 선택한 뒤 금액을 입력하고 사전에 등록해 둔 비밀번호를 입력하면 송금이 완료된다. 채팅창에서 상대방이 계좌번호를 메시지로 보내면 해당 번호를 길게 누르는 것만으로도 계좌 송금 항목으로 이동할 수 있다.

핀테크의 세 번째 유형은 앞서 언급한 온라인 전문은행이다. 온라인 전문은행, 말 그대로 지점이 없이 비대면(온라인)으로 운영되는 은행을 말한다. 국내에는 케이뱅크와 카카오뱅크 등이 금융 시장에 새로운 변화를 가져오고 있다. 그렇다면 이 두 은행은 각각 어떤 특장점을 지니고 있는지 살펴보자.

케이뱅크와 카카오뱅크 모두 앱 내에서 회원가입을 진행해야 한다. 본인 인증(휴대폰 또는 공인인증서)과 신분증 등록을 거치고 나면 계좌등록을 진행한다.

계좌등록을 위해 카카오뱅크는 타행계좌 인증이 필수이며, 케이뱅크는 타행계좌에서 케이뱅크 쪽으로 일정 금액(500원)을 이체하거나 직원과의 영상통화 둘 중에 방법을 선택할 수 있다.

금융 상품을 살펴보면, 두 은행의 차이가 좀 더 드러난다. 케이뱅크는 예금·적금, 대출 상품 10개와 체크카드 발급이 가능하다. 기존 은행에서는 볼 수 없었던 새로운 형태의 은행 상품으로는 이자를 현금 대신 음악 감상 앱 이용권으로 받을 수 있는 '뮤직K 정기예금'이 있다.

반면, 카카오뱅크는 예금·적금, 대출 상품 6개와 해외송금 서비스, 체크카드 발급이 가능하다. 기존 시중은행과는 달리 상품 중에는 하루만 맡겨도 연 1.2%의 금리를 제공하는 세이프박스가 있다. 예금·적금은 상대적으로 일찍 출범한 케이뱅크가 더 다양하지만, 시중 은행의 10분의 1 수준의 해외 송금 수수료를 제공하는 것과 대출 상품의 이율이 낮은 부분은 카카오뱅크의 장점이다.

핀테크의 네 번째 유형은 P2P금융이다. P2P는 인터넷상에서 개인과 개인이 직접 파일을 공유하는 것을 뜻하는 용어이다. 주로 음악이나 동영상을 주고받는 용도로 쓰였지만, 최근 금융 업계에서도 P2P라는 용어를 사용하고 있다. 바로 'P2P금융'이다. P2P금융은 금융사의 중개 없이 투자자와 대출자가 직접 돈을 빌리고 빌려주는 서비스를 말한다.

대표적인 P2P금융 서비스로는 테라 펀딩, 8퍼센트, 렌딧, 빌리, 어니스트 펀드가 있다. 테라 펀딩은 빌라나 소규모 주택의 토지를 담보로 건축 자금을 대출해주는 서비스이다. 신축 단계에서 돈을 빌려주고 완공되면 다시 돌려받는 형식으로, 그동안 기존 금융권의 까다로운 여신 조건을 충족하기 어려워 고금리의 민간자금을 빌려야 했던 건축사업자들에게 주목받고 있다.

렌딧은 국내 P2P금융 기업 중 유일하게 개인신용 대출에만 집중하고 있는 서비스이다. 4~7등급의 신용자들에게 합리적인 적정 금리를 부여해 저축은행이나 카드론, 캐피탈보다 약 10% 낮은 중금리 대출을 제공한다.

8퍼센트는 인공지능 챗봇 '에이다'와 '자동분산투자 서비스'를 도입한 것이 특징이다. 또한, 대출 고객을 위해 금융권 최초로 '최저금리 보상제'를 실시하고 있다. 타 기관에서 8퍼센트 대출보다 0.01%라도 더 낮은 금리를 받으면 보상을 해주는 제도로, 금융기관은 무조건 높은 이율로 수익을 챙긴다는 고정관념을 깨고 있다.

핀테크의 마지막 유형은 자산 관리의 영역이다. 대부분의 사람이 두 곳 이상의 은행에서 금융 거래를 하고 있으며 예금, 카드, 대출 등 가입된 상품이 많을수록 관리에 어려움을 겪는다. 이에, 자산 관리를 도와주는 서비스들이 등장했다.

대표적인 자산 관리 핀테크 서비스로는 민트와 알버트, 브로콜리가 있다. 민트는 미국에서 출시한 서비스로, 사용자의 은행 계좌 정보를 통합해서 관리할 수 있다. 수입과 지출의 흐름을 한눈에 볼 수 있어 가계부를 작성하는 데 도움을 받을 수 있다. 한 달간 얼마를 어디에 지출했는지 그래프로 보여주기도 한다. 은행 계좌뿐만 아니라 증권, 대출, 자신이 사는 집의 가격까지 조회가 가능하다.

마찬가지로 미국에서 출시한 알버트는 자산 조회 서비스에서 한 단계 나아가 자산을 어떻게 관리하면 좋을지 가이드를 제시한다. 사용자가 사회초년생이라면 월급에서 저축은 몇 프로를 해야 하는지, 보험은 어느 수준으로 드는 것이 적절한지 플래너의 기능을 갖추고 있는 것이다. 대출의 경우 어느 금융기관이 이율이 가장 낮은지를 알려주기도 한다.

브로콜리는 한국에서 출시한 서비스로 앞서 살펴본 두 서비스처럼 자산계좌를 통합해서 관리할 수 있다. 가입 시 금융사 사이트에서 공인인증서를 복사해 두면 금융사의 정보를 앱으로 불러온다. 여러 장의 카드를 통합해 한 달에 얼마의 금액을 사용했는지 볼 수 있어서, 카드 사용 관리에 어려움을 겪었던 분들에게 유용할 것으로 보인다.

2.4 특징 및 장단점

핀테크의 큰 특징 중 하나는 다양한 범위를 포괄한다는 것에 있다. 넓은 의미에서는 기존 금융권 기관들의 인터넷 기술 기반 서비스들도 핀테크인데, 좁은 의미로는 기존의 기관들이 수행하던 기능을 대체하기만 하는 혁신 서비스에 한정되기 때문이다. 이들을 체계적으로 구별하면 핀테크가 가진 특징과 장점 및 단점을 보다 명료히 파악할 수 있다. 크게 기능에 따라 분류하거나, 비즈니스 모델에 따라 분류할 수 있으며 [표 2.6, 2.7]과 같다.

[표 2.6] 기능에 따른 분류

핀테크 기업 분야	수익 창출 방안
지급결제	간편하고 저렴한 서비스 제공, 수수료 부과
데이터 분석	개인 또는 기업 고객과 유관한 다양한 데이터 수집 및 분석, 새로운 가치 창출
금융 소프트웨어 시장	기존 방식보다 효율적이고 혁신적인 금융 업무 및 관련 소프트웨어 제공
플랫폼	기관을 경유하지 않고도 자유롭게 거래를 할 수 있는 다양한 거래 기반 제공

이처럼 다양한 분야를 다룰 수 있는 핀테크의 대표적인 장점은 명백히 '간편한 사용성'에 있다. 핀테크의 발전을 통해 번거로운 보안 카드의 휴대나 공인인증의 필요성을 절감할 수 있기 때문이다. 중간 수수료 문제의 해소는 물론이다. 별도의 결제 통신망을 거치지 않기 때문에 카드 단말기나 결제 회선, 회선 이용료가 급요하지 않다. 결국 핀테크 기술의 발전은 모든 사람이 생활을 영위하며 필수적인 요소인 금융 서비스를 보다 용이하게 활용할 수 있게 하는 것에 있다.

[표 2.7] 모델에 따른 분류

핀테크 기업 분야	주요 서비스
결제 및 송금	지급 결제, 송금
대출 및 자금 조달	대출, 자본 조달, 크라우드 펀딩, 소비자 금융
자산 관리	개인 자산 관리, 개인 투자, 기관 투자
금융 플랫폼	비즈니스 도구, 금융 조사, 금융 인프라

반면, 편리성이 극복해야 하는 문제인 보안의 면밀함, 보안성은 핀테크가 지니고 있는 단점이다. 간편함을 보다 마음 놓고 누릴 수 있는 체계적 보안 체계가 필요하다는 것이다. 이를 해소하기 위하여 은행은 그간 발생하였던 각종 금융 거래와 보안 사고의 근본적 해결책 마련에 힘써야 하며, 이 방면의 대안으로 블록체인이 각광을 받고 있다. 조금 다른 관점에서, 핀테크와 인터넷 뱅킹의 확산으로 오프라인 지점 수의 감소와 그에 따른 인력 감축 역시도 핀테크의 단점이라 할 수 있다.

가) 핀테크 특성

핀테크는 기존 금융 서비스의 불편함, 제한적인 요소들을 극복하거나 개선하고자 하였으며, 특성을 요약하자면 다음과 같다.

첫째, 이용자 편의성 증대를 위해 결제 처리 단계, 입력되는 정보 그리고 인증 방식 등에서 서비스 간소화를 추구한다. 과거에는 이용 과정의 불편보다는 안전성을 중시해 공인인증서, 일회용 비밀번호, 각종 보안프로그램을 사용해 사고를 방지해 왔다. 그러나 핀테크 서비스는 간편성, 신속성을 중시하기 때문에 편의성은 증대되는 반면 보안상 위험성은 더욱 커질 것이다.

둘째, 채널, 서비스, 기술 간의 다양한 융복합 현상이 발생한다. 금융 IT와 비금융 IT, 온라인과 오프라인, 모바일 기술 간의 융복합이 일어나기 때문에 접점이 증가하고 새로운 취약점을 발생시킬 뿐 아니라 대응 수단을 복잡하게 한다.

셋째, 고객의 개인 정보 및 금융 정보에 대한 수집, 이용, 제공에 대한 니즈가 증가한다. 다양하고 혁신적인 핀테크 서비스를 제공하기 위해서는 고객으로부터 관련 정보의 수집이 확대되며 사업자 간의 정보 공유 및 제공의 니즈도 증가할 것이므로 고객 정보 유출이나 프라이버시 침해 사고 가능성도 역시 증가할 것이다. 따라서 뱅킹 분야에서 빅데이터 분석 방법을 사용할 때에는 언제, 어디서, 누구의 개인 정보가 수집, 처리, 저장, 이용되는지가 투명해야 하고, 개인 정보의 노출, 이용 그리고 폐기 여부를 고객이 스스로 결정할 수 있도록 기회를 제공하는 것이 중요하다.

넷째, 정보 보안 관련 규제가 완화이다. 핀테크 산업 성장 부진의 원인으로 법과 규정에 의한 사전 규제가 지목되는 상황에서 산업의 활성화를 추진하는 정부 당국과 금융업에 진출하는 기회로 인식하는 IT기업들의 요구에 따라 보안성 심의제도 등 정보 보안 규제가 완화 또는 폐지되고 있으나 이는 금융거래의 안전성을 약화시킬 수 있다.

다섯째, 금융을 혁신한다. 핀테크 기업은 은행의 영역을 혁신하면서 은행 서비스를 다양화시키고 있다. 기존 금융회사에 비해서 매우 낮은 수준의 고정비를 부담하면서 새로운 사용자 경험을 제공하는 핀테크 기업의 수익 모델은 기존 금융회사의 수익 하락 압력으로 작용한다. 이처럼 핀테크는 은행의 자연독점성을 약화시키고, 빅데이터 분석 등 정보의 활용성 강화를 통해 금융업의 특성을 변화시킨다.

금융산업은 망 산업, 규제산업, 신뢰산업, 정보산업이라는 특징을 갖고 있다. 디지털 혁명에 기반한 핀테크의 성장은 망을 기반으로 하는 금융업의 자연독점적 성격을 변화시킬 것이다. 모바일 인터넷 시대에는 기존 금융 인프라를 우회하여 금융 서비스를 제공할 수 있게 된다. 이에 따라 금융회사와 비금융회사의 경계가 낮아지면서 금융산업에 대한 규제의 관점도 변화된다. 또한 글로벌 인터넷망을 통해서 금융 서비스가 전달되면서 국가 간 경계도 낮아진다. 방송업에서 OTT가 기존 방송산업의 가치사슬을 파괴하듯이 핀테크 기업은 인터넷망을 통해서 금융 서비스를 제공함으로써 기존 금융업의 가치사슬을 파괴할 수 있다.

나) 핀테크 장단점

핀테크 산업의 발전은 기존 금융 서비스가 가지고 있던 사고방식에서 벗어나 혁신을 만들어내고 있다. 하지만 이러한 핀테크 산업의 성장이 사회 전반적으로 긍정적인 영향을 미친다고 보고 있는 사람도 있는 반면, 급격한 사회 구조

변화와 신기술의 등장으로 인해 부정적인 영향이 작지 않다고 주장하는 사람도 적지 않다.

모바일 기술 발달의 부산물이라고 볼 수 있는 핀테크는 그 특성도 모바일 기술들의 특징과 공통점을 가지고 있다. 스마트폰 보급이 활발해졌기 때문에 누구나 언제든지 원할 때 확인할 수 있는 높은 접근성을 핀테크 또한 가지고 있으며, 인터넷 기반으로 서비스가 제공되기 때문에 기존 금융기업과 같이 고객에게 물리적으로 접근하기 위한 지점 건설 등이 필요가 없으며 기존 금융 인프라를 초기에 이용하기 때문에 초기 투자 비용이 적고, 인건비도 절약이 된다. 이는 즉 저비용으로 핀테크 사업에 들어올 수 있다는 뜻이다. 또한 빅데이터 분석기법의 발달로 인한 데이터 수집 및 분석을 통한 새로운 부가가치를 창출하는 것이 가능하다.

핀테크 서비스의 장점부터 살펴보면 4차산업혁명의 기술 중 하나인 블록체인을 통한 분산원장 기술(Distributed ledger technology)을 사용하여 보안성을 향상시킬 수 있다. 이 블록체인을 쉽게 설명하면 사람과 사람 간의 거래 정보를 당사자들이 가지고 있는 것이 아니라 그 서비스를 이용하는 모든 사람에게 거래 정보를 나누어 저장시키기 때문에 기존 거래 당사자의 계정과 기록을 해킹당한다고 하더라도 나누어져 퍼진 정보들이 더 무수히 많기 때문에 해커들의 공격에서 안전하게 정보를 지켜낼 수 있다. 핀테크의 기본 사업이라고 할 수 있는 간편 거래 및 입출금 서비스에서 실제 고객의 불안감을 없애는 것이 가장 중요하다. 특히 핀테크 초창기 기존 입출금 및 송금 서비스를 거의 독점적으로 제공했던 은행에 대한 소비자들의 믿음이 매우 높았기 때문에 모바일 시장이 확대되고 초기 핀테크가 등장했을 당시 돈거래에 대한 사람들의 믿음이 매우 불안

했었다. 하지만 4차산업혁명과 블록체인 기술의 발달을 통해 오히려 은행보다 더 안전한 거래를 만들어낼 수 있게 되었다.

두 번째 장점은 바로 편리성이다. 핀테크는 기술이 발달하면서 온라인에서만 사용되는 기술이 아니라 오프라인에서도 사용될 수 있는 기술이 되었다. 오프라인과 온라인을 이어주는 QR코드 또는 바코드 등을 이용해서 사람들은 가볍게 지갑을 들고 다니지 않아도 오프라인에서 결제를 진행할 수 있다. 이와 관련된 기술과 관련된 사업은 카카오페이, 삼성페이, 애플페이 등이 있다. 앞서 살펴보았듯 4차산업혁명과 데이터분석, 그리고 시간이 지날수록 발전하는 기술들을 통해 핀테크의 부가가치 창출 방법을 다양화할 수 있는데 이러한 편리성으로 고객에게 더 쉽게, 더 넓게 다가간다면 이를 통한 부가가치 창출 방안도 쉽게 고안해낼 수 있을 것이다. 또한 반대로 핀테크 자체가 기업들의 주 비즈니스 이미지를 고취시켜주는 수단이 될 수 있다. 애플과 삼성은 실제로 애플페이, 삼성페이를 이용해 고객들에게 자신들의 제품을 어필하고 있다.

세 번째 장점은 개인화이다. 핀테크는 모바일 시장의 확대와 함께 발전하는 장점이다. 스마트폰이 일반화 되어있고, 시장 트렌드도 제품이나 서비스를 일관되게 대량 생산하지 않고 사람들의 니즈에 맞추는 소량생산 체계로 가고 있다. 특히 빅데이터 분석 기법이 나날이 증가하면서 개인의 니즈를 파악하기가 쉬워지고 그로 인한 고객 맞춤 서비스가 발전하고 있다. 핀테크도 다른 서비스와 마찬가지로 개인 맞춤화 서비스를 제공할 수 있다. 그리고 이러한 서비스는 핀테크 특유의 적은 투자금액 덕분에 고객들에게 저렴한 가격을 제시해 줄 수 있다.

네 번째 장점은 정확성과 접근성이다. 정확한 판단을 내린다는 것은 사람이

던, IT 기술이건 어려운 일이겠지만, 사람과 비교했을 때 빅데이터 분석에 의거한 인공지능의 판단은 인간의 판단보다 더욱 더 근거 있고 정확할 것이다. 핀테크를 이용한 제테크를 하는 고객들은 AI 프로그램이나 애플리케이션이 데이터 분석을 한 결과만을 가지고 제테크를 할 수 있다. 핀테크를 사용하는 고객 입장에서도 빅데이터나 추세변화 등을 잘 몰라도 쉽게 이용할 수 있을 것이다.

다섯 번째로는 금융 시장 경쟁을 촉진시킨다는 것이다. 핀테크 사업이 디지털 IT 기술을 기반으로 하기 때문에 인건비 등 영업 비용을 절감할 수 있으며 그로 인해 금융 시장에 진출하는 스타트업 숫자가 늘어나기 때문에 기존 핀테크 사업을 진행하는 기업들은 기존의 경쟁자에 신규 경쟁자까지 견제해야 한다. 이는 기업 입장에서는 진입 장벽이 낮아 시장의 매력도가 낮게 볼 수는 있지만 기업 간의 경쟁 속에서 고객들은 더 양질의 서비스를 받을 수 있다.

여섯째는 중간 수수료를 줄여서 고객들에게 저렴한 가격을 어필할 수 있다는 것이다. 기존에 존재하는 결제 방식과 입출금은 은행이 중간에 관여하기 때문에 거래 수수료를 은행에게 지불해야만 했었다. 이와 같은 차원에서 카드 단말기, 결제 회선, 회선 이용료 등의 부가 비용 또한 없기 때문에 적은 중간 수수료를 통해 고객들에게 어필할 수 있다.

일곱 번째는 새로운 부가가치 창출이다. 핀테크는 기존에 존재하지 않던 부를 사회에 창출할 수 있는 잠재력을 가지고 있을 뿐만 아니라 기존에 존재하던 불필요한 프로세스를 제거하는 방식으로도 부가가치를 창출할 수 있다. 핀테크는 새로운 시장과 제품을 활성화하는 방향으로 세상에 존재하지 않던 부가가치를 창출할 수 있는데, 이는 주로 은행과 거리가 멀던 사람들이 공식적으로 경제에 참여할 수 있도록 도움으로써 실행되고 있다. 낭비되는 가치들을 줄이는 방법으로도 핀테크는 새로운 부가가치를 창출하고 있는데, 이는 자원의 효율성을 극대화하는 방향으로 이루어진다. 공유나 구독 개념을 경제에 도입하는 것 또한 이러한 부가가치를 창출하는 핀테크라고 볼 수 있다.

여덟 번째는 공정성이다. 경제 활동에 대한 기회, 접근 장벽은 항상 공평하지 않다. 기업이든 개인이든 계급의 차이든 동일한 경제 활동에 대해 같은 기회를 갖고 있지는 않다. 심지어 이러한 불공정은 개인이 태어난 시점이나 사회의 경제 상태, 정치적 환경 등에서도 비롯하는데, 기존 금융 시스템에서 이러한 제한을 이겨내고 개인이 경제 활동에 대해 공정한 기회를 얻기에는 쉽지 않다. 핀테크는 이러한 불공정을 해결하기 위해서도 사용된다. 본질적인 문제라고 할 수 있는 지리적, 시간적, 경제적 장벽을 해소하는 데에 사용되기 때문이다. 크라우드 펀딩 플랫폼이나 블록체인 가상 시장에서 사용되는 초기 코인 오퍼링(ICO)는 개인이 쉽게 접근할 수 없던 투자 기회에 참여할 수 있게 해주고, 긱 이코노미나 프리랜싱 네트워크는 개인이 어느 곳에서나 쉽게 경제 활동에 참여하여 노동에 대한 보상을 받을 수 있게 해준다. 핀테크가 지역 고용과 경제 발전에 큰 역할을 한다는 것이다.

마지막으로 투명성이다. 금융 산업, 환경은 일반인들이 쉽게 접근하여 확인할 수 없다. 전 세계적으로 큰 파장을 불러일으켰던 파나마 페이퍼스가 없었다면 정치인과 유명 인사들의 역외탈세를 알 길이 없었을 것이다. 지금도 이런 정보를 찾을 수 있는 곳은 쉽지 않고 접근 장벽조차 높다. 이처럼, 세계 금융 환경은 너무 복잡하고 복잡해서 여러분의 불공정한 행동을 숨길 곳이 많다. 이러한 범죄 행위들은 사회 경제 발전에 사용되는 공적 자금, 즉 세금의 손실을 의미한다. 핀테크는 이러한 불공정한 행위, 범죄 행위들을 막기 위해서도 사용될 수 있다. 빅데이터나 AI 알고리즘 모델 등을 사용해서 인간이 감지할 수 없는 규모나 범죄 패턴들을 분석하여 이를 예방한다.

다음으로는 핀테크의 단점이다. 4차산업혁명 기술의 대부분은 빅데이터로 시작하기 때문에 빅데이터를 모으는 과정에서 고객들의 정보는 다른 사람들에게 노출될 가능성이 높다. 자신의 개인 정보 유출에 민감한 고객들은 핀테크 사용에 거부감을 느낄 수 있다. 또한 빅데이터 특성상 핀테크를 자주 사용하는 사람들의 데이터가 더 많이 쌓일 수밖에 없기 때문에, 서비스를 자주 이용하는 기업 입장에서 우량 고객들에게만 빅데이터 분석의 혜택이 집중될 수 있다. 결국 종합하면 사생활 정보 유출에 거리낌이 있는 사람들은 저절로 빅데이터 분석의 혜택에서 벗어날 수밖에 없다.

두 번째 단점으로는 전문성이다. 기존 은행을 비롯한 많은 금융 기업들은 오랫동안 사업을 하면서 쌓아온 경험과 전문성이 확보되어 있으며 많은 사람들에게 신뢰감을 심어주었다. 하지만 핀테크의 등장으로 금융업에 크게 전문성이 없는 사람들도 IT기술 하나만으로 금융 시장에 들어올 수 있기 때문에 핀테크 전문 기업들은 금융업에 대한 전문성이 매우 떨어지며 금융 관리 리스크를 고객들의 선택에 그 책임을 전가시켜버린다. 금융 관련 산업은 소비자들이 매우 민감하게 반응하는 산업이기 때문에 자신의 돈을 전문성이 높은 곳에 맡기기를 원한다. 이를 아까 다룬 정보 유출과 관련지을 때 고객에게 신뢰성을 어필하기에는 무리가 있다.

세 번째 단점으로는 보안이다. 블록체인을 이용한 거래 정보 보안은 여타 다른 금융 거래 처리와는 높은 보안성을 보장할 수는 있지만 블록체인 보안 프로그램 인프라가 완전히 구축되지 않았기 때문에 지금 당장 보안에 대한 문제는 없다고 할 수 없다. 또한 거래 정보 보안이 아닌 모바일 이용에 대한 보안 자체가 문제될 수 있다. 거래가 개인 모바일 단말기를 이용해서 이루어지기 때문에 거래가 이루어지기 전 과정에서의 해킹 또는 개인 모바일 단말기 해킹이 이루어질 수 있다. 이를 막기 위해서는 핀테크의 소프트웨어적 보안 프로그램뿐만이 아니라 단말기 제조사들의 하드웨어 보안 기술을 높여야만 한다. 오늘날에는 FaceID 또는 지문 인식 등 보안을 강화하기 위한 기술이 적용되고 있다.

네번째는 일자리의 감소이다. 핀테크의 성장이 일자리 감소로 이어질 수 있다는 주장이 존재한다. 핀테크 산업은 AI 기계 학습이나 로봇 공학을 통해 이루어질 때도 있는데, 이러한 산업이 발전하게 되면 산업의 기계화가 이루어진다는 것이다. 다시 말해, 인력에 대한 요구가 점점 감소하게 될 것이라고 전망하기도 한다.

다섯 번째는 불공정의 심화이다. 핀테크 기술이 오히려 경제 불공정을 촉진한다고 볼 수도 있다. 핀테크 기술에 필요한 4G, 5G 정보 통신 기술이나 빅데이터 가공을 위한 데이터 스테이션 기술 등은 구축, 운영 비용이 굉장히 비싸다. 주요 기술을 가진 국가들을 제외하고는 이러한 기반이 존재하지 않다. 심지어는 스마트폰이나 인터넷이 없는 국가도 수두룩하다. 핀테크 기술이 성장할수록 국가, 개인 간 누릴 수 있는 격차가 점점 커질 것이라는 주장이 존재한다.

마지막으로는 사생활의 침해이다. 핀테크 기술은 투명성을 강화한다고 한다. 이는 즉 사생활이 침해될 가능성이 있다는 것을 의미한다. 서비스를 사용하기 위해 사용하는 개인 정보나 금융 정보들이 디지털화되어 통신 기술을 통해 오고 가면서 유출될 가능성이 있고, 비밀로 유지하고 싶은 기부 정보 등도 모조리 인터넷상에 저장되어 남아있을 위험이 있다는 것이다.

3. 핀테크 적용사례

3.1 지급결제 분야

지급결제 시장은 국내·외 핀테크 서비스 분야 중 가장 발전하였으며, 국내 지급결제 시장의 경우, 은행에서 개설한 통장과 연결된 신용카드 및 체크카드를 통해 모든 금융 서비스 및 거래가 이루어지는 특성으로 인하여 간편 결제, 송금으로 분류되는 지급결제 분야 중 간편 결제 서비스에 연구, 개발 및 투자가 집중되고 있다.

국내 간편 결제 서비스는 결제의 편리성과 빠른 결제 처리 속도로 인해 이용자가 꾸준히 늘어나고 있으며, 시장 규모 또한 빠르게 증가하는 추세이다. 국내 주요 지급결제 서비스로는 네이버페이, 카카오페이, 케이페이, 페이나우, 삼성페이 등이 있다.

현재 한국의 대표적인 지급결제 서비스는 삼성전자의 삼성페이와 토스로 꼽을 수 있다. 삼성페이는 삼성전자의 디바이스와 연동된 서비스로, 마그네틱 보안 전송 기술(MST)이 적용된 것이다. 신용카드나 체크카드 정보를 스마트폰에 입력해 결제 시 마그네틱 신용카드 결제 단말기 근처에 스마트폰을 갖다 대면 기기 간 통신으로 결제가 이루어진다. 상점에서 별도의 단말기를 설치하지 않아도 되기 때문에 한국 전체 상점의 90% 이상에서 사용이 가능하다.

간편송금 업체 토스는 상대방의 연락처 또는 계좌번호를 선택하고, 간단한 패스워드 입력을 통해 송금하는 서비스이다. 상대방에게 송금받은 금액은 Toss 잔고라는 데이터 공간에 저장되며, 사용자가 처음 연동했던 계좌로 출금하거나 다른 사용자에게 송금을 해야 할 경우, Toss 잔고에서 인출해 송금할 수도 있다.

3.2 대출(P2P) 분야

크라우드 펀딩 형식으로 대출이 진행되는 P2P 금융 시장 또한 높은 성장률을 보이고 있다. 대표적 서비스 업체로는 개인신용대출을 전문으로 하는 어니스트펀드, 소형빌라 신축을 전문적으로 하는 테라펀딩 등이 있으며, 상기 개인신용대출, 소형빌라 신축 외에도 다양한 분야로 P2P 대출 서비스가 확대되고 있다.

3.3 전자화폐 분야

국외 전자화폐의 대표 사례인 미국의 페이팔(Paypal), 중국의 알리페이(Alipay)와 다르게 국내 전자화폐 시장은 사용자의 계좌와 직접 연결해 모바일 지급결제 등을 진행하는 국내 핀테크 산업의 특성상 크게 활성화되고 있지 않다.

페이팔은 미국 최대 오픈마켓인 이베이의 결제 시스템으로 결제에 사용할 신용카드로 본인을 인증하고 이메일 계정을 만들어 결제 시마다 이메일 계정과 비밀번호만 입력하는 간편 결제 시스템으로, 현재는 미국뿐 아니라 세계적으로 수많은 쇼핑몰에서 이용되고 있다. 서비스 초기에는 온라인 결제와 같은 간편 결제 서비스만을 제공했으나, 현재는 송금, 지불청구 등 다양한 지급결제 서비스를 제공하고 있다. 사용자는 페이팔 계좌를 활용해 신용카드로 송금, 입금, 결제 등의 서비스를 이용할 수 있으며, 결제를 진행하게 되면 판매자에게는 결제 금액과 결제 완료 여부만이 통보되어 구매자의 개인 정보는 판매자에게 노출되지 않는다.

중국의 알리바바 그룹에서 제공 중인 알리페이는 페이팔과 유사한 형태의 서비스로 사용자의 알리페이 계좌에 미리 입금해 높은 금액을 통해 결제를 진행한다. 현재는 송금이나 결제 외에도 대출, 펀드 가입 등 다양한 서비스에 접근이 가능하며, 중국 내 온라인 결제 점유율 50% 이상을 차지하고 있다. 국내의 결제 대행사인 이니시스와 제휴하는 등 전 세계 각국의 협력사를 통해 글로벌 네트워크 구축을 본격화하고 있다.[1]

3.4 증권 및 금융 정보 분야

요들리(Yodlee)는 미국 상위 16개 은행 등 1,100개 기업과 제휴, 1억 명 이상의 사용자를 보유하고 있는 계정 통합(account aggregator) 서비스 기업이다. 요들리는 여러 기관에 흩어져 있는 금융 정보를 취합하여 나의 금융 자산 현황을 조회할 수 있을 뿐 아니라 송금 등이 가능하게 하는 기술을 가지고 있다. 요들리는 통합된 계좌 정보를 개인에게 제공하는 것뿐 아니라 원하는 기관 및 앱 개발자들에게도 판매하고 있다. 요들리는 흩어져 있는 개인의 계좌 정보들을 취합하여 앱 개발자들에게 제공하고 수입을 얻는다. 한편 고객들은 은행 앱을 연동하여 이용할 때마다 은행으로부터 수수료를 지급받는다. 또한 요들리는 고객들의 통합 정보를 투자자들이나 연구자들에게 제공하여 수익을 획득하기도 한다.[2]

3.5 인터넷전문은행 분야

기존 은행의 대안으로 주목받는 인터넷 전문은행은 국내 최초로 지난 2017년 케이뱅크, 카카오뱅크가 영업을 개시하면서 온라인 기반 은행 서비스 제공

---

1 박병주, 최슬기, 김득훈, 곽진 (2017). 국내외 핀테크 서비스 및 정책 동향 분석. 한국통신학회지(정보와통신), 34(3), p.6-7

2 변진호 (2018). 핀테크 혁신의 현황과 전망. 신산업경영저널, 36(2), p44-45

시대가 열리게 되었다. 인터넷 전문은행은 기존 금융사 대비 간결한 인증 절차와 낮은 수수료 등 온라인에 의존하는 비용 구조의 장점에 기인한 낮은 대출금리 서비스로 시장에서 그 영역을 확장해 나가고 있다.

또한 토스뱅크는 별도의 앱을 출시하지 않고 기존 토스 앱에 은행 서비스를 담아 소비자 접근성을 높였고, 젊은층을 상대로 사업을 확대해 가고 있다. 직관적이고 편리한 간편 송금 서비스인 토스의 혁신적인 사용자 경험(UX)과 노하우를 은행 서비스에도 그대로 구현할 것이다.

3장
플랫폼 비즈니스

4차산업혁명 시대는 AI 등 다양한 신기술을 활용하여 공급 측 규모의 경제에서 수요 측 규모의 경제로 급속히 전환이 되고 있다.

여기서 공급 측 규모의 경제는 생산량 증가에 따라 단위당 생산비가 감소하는 현상을 이야기하고, 수요 측 규모의 경제는 수요자가 많아지면서 재화나 서비스의 질이 좋아지고 비용이 줄어드는 현상을 의미한다.

이러한 수요 측 규모의 경제는 기술 혁신을 통하여 수요자들이 디지털 네트워크를 통해서 가치를 얻고 네트워크를 보다 넓혀 규모의 경제를 달성한다. 또한 정보를 생산, 공유, 소비할 수 있는 사람 수와 시간과 공간의 범위도 한 지역에서 국가 및 글로벌 수준으로 확장시켰다.

더 많은 사람의 정보가 디지털 플랫폼에 유입될수록 수요 측 규모의 경제에 의해서 플랫폼의 가치가 기하급수적으로 커진다. 즉, 소비자가 한 명 더 합류하면 더 많은 공급자가 플랫폼에 합류할 유인 효과가 생긴다. 동시에 플랫폼에 공급자가 한 명 더 합류하면 더 많은 소비자가 플랫폼에 합류할 유인 효과가 생긴다. 이렇게 플랫폼은 순식간에 글로벌 규모의 기업으로 성장한다.

플랫폼은 일반적으로 소비자와 생산자인 둘 이상의 상호 의존적인 그룹 간의 교환을 촉진하여 가치를 창출하는 비즈니스 모델이다. 이러한 교환을 가능하게 하기 위해 플랫폼은 주문형 액세스가 가능한 대규모의 확장 가능한 사용자 및 리소스 네트워크를 활용하고 생성한다. 플랫폼은 사용자가 상호 작용하고 거래할 수 있는 네트워크 효과로 커뮤니티와 시장을 만든다. Facebook, Uber 또는 Alibaba와 마찬가지로 이러한 비즈니스는 선형 비즈니스가 하는 방식으로 공급망을 통해 제고를 직접 생성하고 제어하지 않는다. 플랫폼 비즈니스는 일반적인 표현을 사용하여 생산 수단을 소유하는 것이 아니라 연결 수단을 만든다. 성공적인 플랫폼은 거래 비용을 줄이거나 외부화된 혁신을 가능하게 함으로써 교환을 촉진한다. 연결된 기술의 출현으로 이러한 생태계를 통해 플랫폼은 기존 비즈니스가 할 수 없는 방식으로 확장할 수 있다.

플랫폼은 하나의 기술이 아니라 비즈니스 모델이다. 많은 사람들이 플랫폼을 모바일 앱이나 웹사이트와 혼동하는 실수를 하지만, 플랫폼은 단순한 소프트웨어가 아니다. 소비자와 생산자를 하나로 묶어 가치를 창출하는 전체론적 비즈니스 모델이다. 즉, 플랫폼 비즈니스란 사업자(공급자)가 네트워크를 구축하고 여기에 소비자의 시간과 공간의 제약을 받지 않고 참여할 수 있도록 하는 사업 형태를 말한다.

1. 플랫폼의 이해

플랫폼의 일반적인 사전적 정의는 '정거장'으로 통용된다. 기차 정거장 같은 현실세계의 정거장이 가진 공통점은 사람이 목적지를 가기 위해서는 정거장에 가야 하고 사람들을 태우기 위한 운송 수단이 정거장에 도착해야만 한다. 즉,

정거장은 목적지를 가지고 있는 사람들과 사람들을 운송하는 운송 수단이 만나는 곳이다. 플랫폼은 온라인상에서 사람과 운송 수단이 만나는 접점 또는 사람과 운송 수단을 매개하는 매개 지점의 역할을 한다.

이러한 플랫폼 개념은 4차산업혁명의 기술인 사물 인터넷(IoT), 클라우드 컴퓨팅(Cloud Computing), 빅데이터(Big Data), 모바일(Mobile) 등과 초연결, 초지능으로 대표되는 핵심 기술 중 하나인 인공지능(AI)과 융합한 후 산업 현장에 적용되어 산업 구조를 급속도로 바꾸고 있다.

4차산업혁명 시대에 플랫폼 비즈니스의 활성화는 세계적인 추세이다. 애플, 아마존, MS, 구글 알파벳, 페이스북, 네이버, 카카오 등은 모두 플랫폼 사업체들이다. 특히 애플의 iPhone은 제품 플랫폼이 되었다.

대표적인 플랫폼은 아마존(미국), 애플(미국), 구글(미국), 페이스북(미국), 우버(미국), 범블(미국), 알리바바(중국), 라쿠텐(일본), 딜리버리히어로(독일), 딜리버루(영국), 쿠팡(한국), 네이버(한국), 카카오(한국) 등이 있다.

앞에서 언급한 것처럼, 플랫폼 비즈니스 모델은 플랫폼을 통해 생산자와 소비자 간의 상호작용인 네트워크 효과를 극대화하여 가치를 창출한다.

전통적인 경제학의 수확체감의 법칙과 다르게 수요 측 규모의 경제는 투입된 생산요소가 늘어나면 늘어날수록 산출량이 기하급수적으로 증가하는 수확체증의 법칙을 발생시킨다. 그래서 특정 분야에 플랫폼 리더가 되면 수확체증의 혜택을 볼 수 있기 때문에 특정 시장에서 승자독식의 지위를 누리게 된다. 전통 산업에서는 특정 시장에서 독점 기업이 되었다 하더라도 글로벌 시장에서 독점기업이 되기는 어렵다.

자동차업종, 화학업종 그리고 은행업종 등에서 글로벌 2위, 3위 기업의 시장

점유율 합은 1위 기업의 점유율을 훨씬 앞설 수 있다. 하지만 플랫폼 비즈니스 등 디지털 경제의 핵심 시장에서는 매우 짧은 시간에 글로벌 독점 기업이 나타나 승자 독식하는 현상이 발생하기도 한다.

전통적 기업의 성장 방법과 다르게 플랫폼 기업은 플랫폼 흡수라는 방식을 통해 지속적으로 성장하기도 한다. 플랫폼 흡수란 한쪽 플랫폼이 다른 쪽 플랫폼의 기능을 흡수하고 내부화하고 번들링하여 플랫폼 리더십을 지속적으로 확보하는 전략이다.

이는 전통적인 기업의 수직계열화하는 것과 유사한 개념으로 볼 수 있다. 대표적인 예로써, 아마존은 책, 전자제품, 자동차 부품, 슈퍼마켓 등 여러 업종을 넘나들면서 사업을 확장하여 수많은 기업들을 파괴시켰고 현재도 파괴시키고 있다.

이러한 이유로 흔히들 플랫폼 기업의 대표적인 회사인 아마존을 산업의 파괴자라고 한다. 특히 아마존의 효율적인 배송 시스템과 최저가 시스템 때문에 많은 오프라인의 전통적인 매장들이 어려움을 겪고 있거나 문을 닫고 있다.

전 세계 2,000여 개의 매장을 보유한 글로벌 장난감 전문점인 토이즈러스(Toys R Us)가 아마존 때문에 파산하여 '아마존화 되다'(Amazoned)라는 단어를 만들기도 하였다. 이처럼 플랫폼 사업은 4차산업혁명 시대에 피할 수 없는 현상이다.

1.1 플랫폼의 정의

다시 말하면, 플랫폼(platform)은 원래 승객이 기차나 지하철을 타는 곳을 가리키는 말이다. 플랫폼 경제에서 또한 플랫폼은 한 집단을 다른 집단 또는 서비스와 연결해 주는 '징검다리' 역할을 한다. 페이스북과 같은 플랫폼은 사용자와 사용자를 연결하고 유튜브 같은 플랫폼은 사용자와 콘텐츠를 연결한다.

다른 측면에서 플랫폼은 공급자와 소비자로 구분되는 두 사용자 그룹을 연결하여 상호작용을 가능하도록 제품 및 서비스를 제공하는 시장(place)이라고 할 수 있다. 만약 플랫폼을 이용하는 서로 다른 이용자 또는 고객 집단 간에 교차 네트워크 외부성이 플랫폼을 통해 나타난다면, 해당 플랫폼은 양면 시장이라 정의할 수 있다. 즉, 플랫폼은 가치 창출과 이익 실현의 중심인 비즈니스 모델로 정의할 수 있으며, 플랫폼 비즈니스 모델은 차별화된 기반 기술을 통해 모방을 방지할 수 있어야 하고, 플랫폼 운영기업과 참여자 간 공동의 이익이 존재해야 하며, 지속적인 확장성을 보유 및 참여자의 기반 확대와 업그레이드, 인접 분야 확장 등으로 진화가 지속되어야 한다고 하였다.

삼성경제연구소에서는 플랫폼이란 "다양한 용도로의 쓰임을 위해 양방향으로 활용할 목적으로 제시된 유무형의 서비스 기반"이라고 정의하였다. 플랫폼은 '여러 당사자(생산자와 소비자)를 연결하고 가치를 창출하며 이를 통해 당사자 간의 상호작용을 창출하는 플러그 앤 플레이 비즈니스 모델(Plug and Play Business Model)'이라고 정의된다.

1.2 플랫폼의 5대 기능

플랫폼의 기능은 연결 기능, 비용 감소 기능, 브랜드 신뢰 기능, 커뮤니티 기능, 서비스 플랫폼 제공 기능 등으로 설명할 수 있다.

첫 번째 연결 기능으로 복수의 그룹이 서로 교류할 수 있도록 장소를 제공하고 서로를 연결시키는 기능을 가지고 있다. 예를 들어 네이버가 스마트 스토어와 같은 플랫폼을 제공해 줌으로써 판매자와 구매자를 온라인상에 서로 연결을 해주는 경우이다. 즉, 연결을 가능하게 하는 장소를 제공하여 교류를 활발히 하게 해준다. 다시 말하면, 증권거래소(매도자와 매수자), 스토어(판매자와 구매자), 백화점(점포와 고객) 등이 있다.

두 번째 비용 감소 기능이다. 각 그룹이 개별적으로 처리할 시간과 비용이 드는 기능을 플랫폼 사업자가 대신 제공함으로써 그들이 지불해야 하는 비용을 감소시켜주는 기능을 말한다. 각 그룹이 개별적으로 처리할 경우 시간과 비용이 드는 기능을 플랫폼이 대신 제공해 주는 기능을 가지고 있다.

예를 들어 백화점이라는 장소를 플랫폼이라고 가정하여 설명을 하면, 백화점 안에 있는 장소를 제공하는 것과는 별개로 화장실 설치, 주차장 운영, 고객 관리, 마케팅, 홍보 등의 부분을 함께 제공해 주는 것을 말한다. 다시 말하면, 백화점에서 화장실, 주차장, 고객 관리, 마케팅, 홍보 등이 있다.

세 번째는 브랜드 신뢰 기능으로 플랫폼에 대한 브랜드가 고객들에게 친밀감과 신뢰감을 함께 형성해 일정 수준의 질을 함께 보장해 주는 것을 말한다. 플랫폼 브랜드가 사용자에게 친밀감과 신뢰감을 부여함으로써 일정 수준의 질을 보장해 주는 기능을 가지고 있다. 예를 들면 구글, 네이버 등 검색 사이트 들이다.

네 번째는 플랫폼이 그룹 간의 상호작용을 통해 커뮤니티 기능을 가지고 입소문과 더불어 애착심을 가지게 만들어 계속 해당 플랫폼을 머무르게 하는 효과를 말한다. 그룹 간 상호 작용을 통한 커뮤니티 형성, 입소문을 통한 네트워크 효과를 통해 애착 관계를 형성하는 기능을 가지고 있다. 예를 들면, 페이스북, 인스타그램, 트위터, 카카오톡 등이다.

마지막으로 다섯 번째는 이질적인 교류를 위해 제3의 서비스를 플랫폼이 제공하게 되는 기능을 말한다. 콘텐츠 제공을 통한 광고주와 소비자의 접점을 제공해 주는 기능을 가지고 있다. 예를 들면, 미디어 방송에서 광고주와 시청자 등이다.

1.3 플랫폼의 특성

플랫폼이 가지는 특성으로는 첫째, 서로 다른 다양한 집단들이 시장(Place)에 모여 멀티사이드 비즈니스가 이루어진다.

둘째, 판매자 수가 많을수록 거래 품목이 다양해짐으로 구매자가 많이 모이고 이는 또 다른 판매자의 참여를 촉진한다. 이를 네트워크 효과라고 하는데 플랫폼 제공자는 저절로 참여자가 증가하기 때문에 초기 어느 정도의 참여자를 확보하면 그 이후 플랫폼 운영은 수월해질 수 있다. 네트워크 효과는 두 종류로 나눌 수 있는데, 네트워크 크기가 증가하면 바로 같은 쪽의 사용자들 플랫폼에 대한 가치나 이익이 증가하는 직접네트워크 효과(direct network effect)와 플랫폼의 한쪽의 사용자 증가가 다른 쪽 사용자 증가와 플랫폼의 가치에 상호보완적 효과를 일으키는 것을 의미하는 교차(간접)네트워크 효과(cross network effect)가 있다.

셋째, '승자독식(winner-take-all)' 현상이 일어나기 쉽다. 네트워크 효과가 작용해서 플랫폼의 가치가 커지면서 규모의 경제성에 의해 승자가 모든 것을 다 가지게 되는 현상이 나타나는 것이다. 하지만 모든 플랫폼에서 독점 구조를 갖는 것은 아니다. 특정 기능을 선호하는 소비자들에게 초점을 맞춘 니치(niche) 플랫폼이 함께 생존할 수 있다.

2. 플랫폼의 유형과 종류

2.1 Broker 유형

Broker 모델은 '사용자(User)'와 '에이전트(Agent)'를 매개하는 브로커 역할을 사업자가 수행함으로써 양면시장화 되는 유형을 일컫는다. 대표적인 사례로 애플의 iTunes 모델을 꼽을 수 있다(그림 참조). 전통적인 MP3 Player 시장은 사용자가 여러 다른 경로를 통해 음원을 다운로드해야 했다면, iPod이 출시하면서 애플은 iTunes를 브로커로 삼아 사용자와 에이전트(여기서는 Music Providers, Audio Book Provider 등 음원 형태의 콘텐츠 공급업자를 의미)를 매개하는 브로커가 되었다.

2.2 Attract Other Agents 유형

이 유형은 플랫폼을 확장하여 새로운 비즈니스 모델의 혁신을 이루는 것으로, 동일한 사용자를 대상으로 하되, 다른 성질의 에이전트를 끌어들여 새로운 형태와 목적의 플랫폼 비즈니스를 만들어내는 경우이다. 대표적인 사례로 애플의 iPhone을 꼽고 있다. iPod + iTunes의 브로커 모델을 iPhone을 출시하면서 그대로 확장함으로써 다른 에이전트(기존 Agent + Operators)와 사용자(Phone User)를 연결하는 새로운 생태계를 창출하였다. 이 유형의 특이점 중 하나는 사업자가 처음에는 의도적으로 양면시장[1]을 형성할 목적으로 사업을 시작하지 않은 경우가 다반사라는 점이다.

---

1 플랫폼 형식은 크게 양면시장과, 다면시장으로 구분할 수 있다. 양면시장은 플랫폼 사업자가 두 개의 그룹(이용자-개발자) 을 연결하여 거래를 중개하는 방식이다. 다면시장은 인터넷 서비스를 통해 셋 이상(이용자-개발자-제작자)의 참여자 그룹이 연결되어 있는 플랫폼의 형식을 말한다.

2.3 Open Other Components 유형

이 유형은 기존 기업들이 양면 시장을 생성하는 다른 방법의 하나라고 할 수 있다. 기업이 내부 역량을 통해 확보한 시스템 중 코어가 아닌 다른 컴포넌트를 외부에 오픈함으로써 외부의 에이전트들이 이 컴포넌트를 사용하기 위해 모여들어 양면 시장이 형성되는 경우이다. 모든 사람이 알고 있듯이, 이 유형의 대표적인 사례는 iPhone 발표 몇 개월 후 애플이 소프트웨어 부분을 오픈하는 일이다.

2.4 New Money-Making Side 유형

이 유형은 기업이 기존 생태계의 관점을 좀 더 넓은 시각에서 바라보고, 새로운 수익원을 다른 측면에서 살펴볼 때 발생 가능한 유형이다. 일반 기존 TV 네트워크(General TV Network) 광고주를 수익창출원의 핵심 에이전트로 삼고 있는데 반해, Cable TV는 VOD 및 TV 다시보기 등 Special Contents를 제공함으로써 일반 사용자를 새로운 수익창출원으로 삼고 있다. 신규 수익창출원으로서 다른 측면의 고객/이용자 그룹을 개발함으로써(일반 사용자), Cable TV 사업자들은 Special Content Provider들을 생태계 안으로 끌어들이고 양면 시장을 구축했다.

한편, 후지쓰 연구소에서는 플랫폼을 간략하게 기반형 플랫폼과 매개형 플랫폼의 2종류로 구분하기도 한다. 기반형 플랫폼이란 제품이나 서비스를 플랫폼 사업자가 제공하고 그것을 전제로 한 보완 제품이나 서비스가 존재하는 것으로, 게임기와 게임 SW를 예로 들 수 있다.

매개형 플랫폼은 제품, 서비스를 플랫폼 사업자가 제공하고 그것을 전제로 한 보완 제품이나 서비스가 존재하는 것은 동일한데 유저가 보완 플레이어가 제공하는 제품, 서비스, 정보를 매개형 플랫폼을 통해 구입하며 보완 플레이어로부터 직접 구입하는 것은 아니다. 예약 사이트, 옥션 사이트, 결제 사이트 등이 이런 매개형 플랫폼에 속한다고 할 수 있다.

2.5 IT 플랫폼의 종류

디지털 경제하에서는 다양한 제품과 서비스가 플랫폼이 될 수 있으며 [표 3.1]은 기술적 관점보다 사업적 관점에서 IT 플랫폼의 종류를 구분하였다.

[표 3.1] IT 플랫폼의 종류

구분	세부 유형	사례	대상
기술 플랫폼	웹 / 애플리케이션 / 모바일 플랫폼	HTML5, iOS, Android, Facebook	개발자
제품 플랫폼	제품패밀리, 스마트 플랫폼, 웹브라우저	iPhone, iPad, Chrome 등	제품사용자, 액세서리 공급자
서비스 플랫폼	개인클라우드, 소셜미디어 서비스, 검색, 메신저, LBS, 게임	페이스북, 트위터, 아이클라우드, 지도 서비스 등	서비스 사용자
유통 플랫폼	커머스 플랫폼, 마켓플레이스, 콘텐츠 유통 플랫폼	이베이, 앱스토어, 구글플레이 등	제품 판매 및 구매자, 콘텐츠 공급 및 수요자
광고 플랫폼	마케팅 플랫폼	구글의 Admob, 애플의 iAd, 삼성 애드허브 등	광고주
결제 플랫폼	모바일 결제, 전자결제, 스마트카드	페이팔, 스퀘어, T머니 등	은행 및 카드사

대표적인 유형인 기술 플랫폼은 자사가 제공하는 기술을 기본으로 보완재나 관련 기술, 제품, 서비스 등의 개발을 가능하게 하며, iOS, Android, Facebook API 등이 대표적인 예라고 하겠다.

· 제품 플랫폼은 특정 제품을 통해서 관련 기술 플랫폼의 확산 또는 고객의 확산을 추구하며 예로써 애플의 iPhone 및 iPad, 구글의 Chrome 등이 해당된다.

· 서비스 플랫폼의 경우 대표적인 것이 소셜네트워크 서비스인 Facebook, 트위터 등과 메신저인 라인, 카카오 등이며 이외에도 데이터의 접근과 저장을 지원하는 iCloud나 구글 클라우드 서비스, 검색 서비스 등이 포함되며 이러한 서비스들은 더 많은 사용자를 확보하여 이를 기반으로 부가 서비스 등을 통해 수익을 발생시키는 것이다.

· 유통플랫폼은 제품, 콘텐츠 등의 판매와 구매가 이루어진다. 대표적인 예로써, 이베이, 앱스토어, 구글 플레이 등이 있다.

· 광고 플랫폼은 마케팅 플랫폼으로 광고주가 포탈, 모바일 등의 매체에 광고의 기획, 캠페인 수행, 평가 등을 지원해주는 서비스를 제공하며 예로써 구글의 Admob, 애플의 iAd, 삼성 애드허브 등이 있다.

· 결제 플랫폼은 상거래 등 경제 활동에서 결제를 할 수 있도록 지원해주는 서비스이다. 온라인 비즈니스의 확대와 모바일 결제 시장이 확대되어가면서 다양한 서비스가 등장하고 있으며, 페이팔, T머니 등이 대표적인 예이다.

3. 플랫폼 비즈니스

3.1 플랫폼 비즈니스의 개념

전통 기업 측면에서는 물건을 만들고 판매하는 것, 어떻게 물건을 잘 판매하는 것에 대해 중점을 둔 이익 최대화 입장이다. 하지만, 플랫폼 비즈니스는 어떻게 물건을 판매하는지에 대해서는 집중하지 않고, 쌍방 간의 플랫폼을 통해 거래 중 수수료 등과 같은 것에 있어서 이익을 창출한다. 플랫폼 비즈니스는 어떻게 거래를 촉진하고 도와주는지에 대해 집중하며, 경쟁자의 상황을 잘 파악하는 것이 시장 경쟁에서 우위를 점할 수 있다.

전통 비즈니스 모델보다 플랫폼을 이용하는 비즈니스 모델은 고객 요구사항을 더 잘 적용할 수 있고 프로세스를 간단화 함으로써 시간과 자본 또한 절약할 수 있다. 플랫폼 비즈니스는 공급자와 수요자 등 복수의 그룹이 참여해 각 그룹이 얻고자 하는 가치를 거래를 통해 교환할 수 있도록 구축된 환경으로 정의할 수 있다. 만약 플랫폼을 이용하는 서로 다른 이용자 또는 고객 집단 간에 교차 네트워크 외부성이 플랫폼을 통해 나타난다면, 해당 플랫폼은 양면시장이라 정의할 수 있다. 플랫폼 사업에 대한 정의를 살펴보면 다음과 같다.

첫째, 플랫폼은 양면시장을 획득하여 양면 시장을 통제하고 관리 감독하는 사업자이다. 양면시장은 서로 다른 두 개 이상 유형의 사용자 집단이 플랫폼을 통해 상호작용을 하고 있다.

둘째, 이때 창출되는 가치는 간접적 네트워크 외부성(교차 네트워크 효과)의 영향을 받는다. 양면시장에서는 공급자와 수요자 두 집단은 플랫폼을 통해서 서로 상호작용하며 서로에게 많은 영향을 끼친다.

플랫폼 사업자는 두 집단을 효과적으로 연결하고 양쪽 혹은 한쪽 집단을 통해 인센티브, 광고료 등의 수익을 만들어낸다. 서로 다른 두 유형의 사용자 집단이 플랫폼을 통해 상호작용을 하고, 이때 창출되는 가치는 간접적 네트워크 외부성의 영향을 받는다.

두 집단이 상호 간 연결되기 위해서는 반드시 거래 비용이 발생한다. 거래 비용을 최소화하기 위해서는 두 집단을 효과적으로 연결하는 플랫폼이 반드시 필요하다. 만일 두 집단이 플랫폼 없이도 거래 비용을 최소화해서 연결될 수 있다면 양면시장에 해당되지 않는다.

셋째, 플랫폼은 비대칭적 가격 구조의 특징을 가진다. 양면시장에서는 플랫폼 사업자가 거래 비용을 최소화시키는 방법으로 양 집단의 수요 특성인 교차 네트워크 효과에 따라 집단 간 서로 다른 비대칭적 가격 구조를 형성한다.

플랫폼 사업자가 양측에 책정하는 이용료의 가격 수준이나 가격 구조는 플랫폼 이용자의 수와 거래 규모에 영향을 미친다. 교차 네트워크 효과는 선순환 구조를 만들기도 하지만 소위 '닭과 계란'의 문제를 일으킨다. 구매자가 없으면 판매자가 모이지 않고 판매자가 없으면 구매자가 모이지 않는다는 것이다. 이는 단면 네트워크에서 초기 사용자가 참여할 인센티브가 없는 것과 마찬가지이다. 이러한 문제를 해결하기 위한 방안으로 플랫폼 비즈니스의 특징 중 '비대칭 가격 구조'를 활용하기도 한다.

즉 양 측면 이용자 그룹 중 누가 '지불자(Money Side)'이고 누가 '보조자(Subsidy Side)'인지를 규정한다. 이용자 그룹 중 보조자들은 웬만한 편익과 효용(Benefit)을 제공받거나 그들이 겪고 있는 문제를 완벽히 해소할 정도의 가치를 제공해 주지 않을 경우 시간과 노력을 제공하려고 하지 않는다. 여기서 양면시장은 서로 다른 두 이용자 집단이 플랫폼을 통해 상호작용을 하며, 이때 창출되는 가치는 간접적 네트워크의 영향을 받는 시장을 말한다.

따라서 이들을 플랫폼에 참여시키려면 플랫폼 참여에 호의적인 '지불자' 그룹을 먼저 끌어들여야 한다. 그러기 위해서는 플랫폼 사업자가 제공하는 제품과 서비스가 '보조자' 그룹이 수용할 수 있도록 적절하게 설계되어야 한다.

3.2 플랫폼 비즈니스의 특징

플랫폼 경제에서 이해해야 할 핵심 개념은 '양면시장'(two-sided market)이다. 서로 다른 두 집단이 플랫폼이라는 공간을 통해 상호작용을 하며 서로에게 어떠한 가치를 창출하는 시장을 말한다. 즉, 플랫폼을 가운데로 양쪽에 서로 다른 시장이 하나로 묶여 있는 것을 말한다. 양면시장에서 한쪽이 존재하지 않으면 다른 한쪽의 존재 의미도 없어진다.

양면시장에서는 크게 지불하는 쪽 (money side)와 혜택을 받는 쪽 (subsidy side)으로 나뉜다. 구글을 예시로 들자면 구글을 무료로 사용하는 유저들은 혜택을 받는 쪽이며 구글에 광고를 올리는 광고주들은 지불하는 쪽이다. 혜택을 받는 쪽 층이 많아지면 지불하는 쪽도 커지며 상대 시장이 커질수록 서로 이득을 본다. 그렇기 때문에 플랫폼은 어느 한쪽에만 치우쳐 있으면 안 되며 둘의 밸런스를 잘 맞춰야 한다.

가) 양면시장

플랫폼 비즈니스를 일컫는 또 다른 용어인 양면시장(two-sided market)은 일반적으로 수요자와 공급자가 존재하는 단면시장(one-sided market)과 대조되는 개념이다. 양면시장이란 서로 다른 이용자 집단이 플랫폼을 통해 상호작용을 하며, 이때 창출되는 가치는 간접적으로 네트워크 외부성의 영향을 받는 시장이다. 이러한 양면시장성에 따라 가격결정의 방법이 단면시장의 경우가 달라질 수 있다. 단면시장의 경우 한계수익과 한계비용이 같아지는 경우 최적의 가격이 형성되지만 양면시장의 경우 비즈니스 사용자 대한 최적가격이 낮아지더라도 비즈니스 사용자의 규모 확대가 개인 사용자에 긍정적인 영향을 미칠 수 있다. 이 경우 비즈니스 사용자가 최적가격을 낮추는 것이 바람직한 전략이 되는 것이다.

나) 네트워크 효과

네트워크 효과란, 같은 제품·서비스의 이용자가 늘면 늘수록 각 이용자가 그 제품·서비스에서 얻을 수 있는 효과나 가치도 커지는 것을 말한다. 소비자를 많이 유치할수록 소비자가 많은 곳에 생산자는 자연히 따라오게 된다. 그렇기 때문에 플랫폼 기업들은 소비자에게는 무료 마케팅을 통해서 소비자를 찾는다. 결국, 소비자를 플랫폼에 잘 머무르게 해야 생산자와 함께 플랫폼 위에서 새로운 생태계를 구성하기 때문이다. 사용자가 제품에 부여하는 가치는 그 제품을 이미 구매한 다른 사용자들의 수에 달려 있다. 결국, 플랫폼 비즈니스는 규모의 경제를 발생시킬 많은 가입자를 확보해야 하고 안정적인 수익 창출을 위한 다각적인 노력을 기울인다.

예를 들어 페이스북과 같은 SNS(소셜 네트워크 서비스)를 예로 들면, 이용자가 페이스북 서비스에서 얻고 있는 효용은 사이트의 사용 편이성이나 풍부한 기능, 스트레스를 받지 않고 접속할 수 있는 성능과 같은 서비스 그 자체의 품질

만이 아니라, SNS를 통해 얼마나 많은 사람과 커뮤니케이션 할 수 있는가에 따라 결정된다. 즉, SNS로 커뮤니케이션할 수 있는 상대의 수는 품질에 의해서가 아니라 얼마나 많은 이용자가 동일한 SNS를 이용하고 있는가에 달려있다.

다) 공유경제

Owyang(2013)은 공유경제를 협력적 소비 측면에서 소유와 접속이 기업과 개인들 사이에 공유됨으로써 새로운 제품과 서비스, 기업의 발전과 관련된 시장의 효율성을 가져오는 경제 모델로 정의하였다.

공유경제의 기본 원칙은 사람들의 소유(ownership)보다는 이용(utility) 가치와 혜택을 추구하는 데 있다. 공유라는 틀을 통해, 낭비되고 버려지는 가치의 재발견에 초점을 둔다. 따라서 전통적인 경제가 소유와 교환의 경제 질서였다면 공유경제는 신뢰와 연대의 누적을 통해 이윤을 추구하는 것뿐만 아니라 재화와 서비스를 공유함으로써 사회적 가치를 동시에 추구한다는 특징이 있다.

공유경제의 비즈니스는 처음에는 대여 또는 중개 비즈니스가 지배적이었으나 그 범위가 점차 확대되어 기부·봉사·협력적 생산과 분배 등과 같이 다양한 모습을 나타낸다. 또한 ICT(Information Communication Technology)와 소셜 네트워크 서비스(Social Network Service)의 발달로 거래 비용이 감소하고 정보공유가 쉬워지면서 온라인 플랫폼을 기반으로 하는 공유경제가 급부상했다.

라) 상호작용의 활성화

핵심 상호작용에는 참여자, 가치 단위, 필터(filter) 세 가지 요소가 존재한다. 핵심 상호작용의 세 가지 요소가 유기적으로 연결되어 시스템을 만드는 일은 플랫폼 설계에서 가장 중요한 요소라 할 수 있다.

첫째, 참여자(participants)의 역할과 범위를 명확하게 파악해야 한다. 참여자는 기본적으로 생산자와 소비자로 대개는 참여자가 둘 가운데 하나의 역할을 담당한다. 참여자에는 생산과 소비를 돕는 별도의 협력자도 있을 수 있다.

둘째, 가치 단위(value unit)는 플랫폼 참여자들 사이에서 유용한 교환 가치를 지니는 제품이나 서비스를 의미한다. 생산자가 가치 단위를 만드는 것에서 핵심 상호작용이 시작된다. 가치 단위는 플랫폼에서 소비자의 구매와 이용이 이루어질 때 거래 비용을 낮추고 효용을 높이는 등 다양한 가치를 창출한다.

셋째, 필터(filter)는 검색엔진과 같이 가치 단위를 효과적으로 이용하게 해주는 필수적 수단이다. 가치 단위는 필터를 통해 선별된 소비자에게 제공된다. 필터가 잘 작동하면 플랫폼 참여자는 유효한 가치 단위를 생산하고 소비할 수 있다. 플랫폼의 규칙과 규범은 가치 단위의 질을 통제하는 필터이다.

3.3 플랫폼 비즈니스 5가지 핵심 요소

Harvard Business Review에 따르면 플랫폼 경제에 있어 다음의 5가지 네트워크 핵심 요소를 잘 관리해야지만 성공할 수 있다.

첫째, 네트워크 효과(Network Effects)는 플랫폼의 사용자가 많아질수록 플랫폼의 효용성이 높아지며 더 많은 유저들을 유입시키는 현상을 말한다. 전화라는 플랫폼을 예로 전화기를 가진 사람이 많을수록 통화를 걸 수 있는 사람이 많아지며 이는 플랫폼의 활용도와 가치를 높여주고 더 많은 사람이 전화기를 쓰게 만든다.

둘째, 네트워크 클러스터링(Network Clustering)은 플랫폼이 연결하는 유저들이

한 지역에 치우쳐 있을수록 플랫폼에 더 불리하며 더 넓은 유저층을 확보할 수 있을수록 유리하다는 의미다. 우버 에어비앤비의 비교를 예시로 들면 보스톤에 있는 우버 운전자들은 샌프란시스코에 있는 승객들에게는 관심이 없다. 유저의 풀의 스케일이 작기 때문에 리프트와 같은 경쟁사가 시장을 비집고 들어오기 쉽다. 이에 비해 에어비앤비는 전 세계의 숙박 제공자들과 숙객들을 연결해 주기 때문에 더 큰 경쟁력이 있으며 경쟁사가 시장을 쉽게 진입하지 못한다.

셋째, 탈 중개화 관리(Management of Disintermediation)는 양면시장의 두 집단이 플랫폼을 거치지 않고 직접 거래를 하게 되는 것을 방지해야 한다는 점을 말한다. 플랫폼을 통해 연결된 두 집단은 굳이 플랫폼을 사용하지 않고 직접 거래를 성립할 수도 있게 되며 이는 플랫폼의 존재에 위협적이다. 에어비앤비와 같은 경우 숙객과 숙박업체와의 직접 거래를 막기 위해 숙소의 정확한 위치와 연락처를 숙객이 돈을 내기 전까지 제공하지 않는다.

넷째, Multi-homing은 비슷한 플랫폼을 유저들이 동시에 사용하는 현상을 말한다. 사람들이 보통 우버만을 사용하지 않고 리프트도 동시에 쓰는 것이 한 예시다. 미국 이커머스 시장을 독점하고 있는 아마존은 박리다매 전략으로 경쟁력 있는 가격을 제시, 배송 기간 단축, 무료배송, 쉬운 반품, 리뷰시스템 구축 등의 차별화된 서비스로 multi-homing을 막고 single-homing을 이루어 낼 수 있었다.

다섯째, Network Bridging은 플랫폼의 한 네트워크에서 얻은 데이터를 다른 네트워크 확장에 활용하는 것을 말한다. 카카오톡과 같은 경우 처음에는 메신저 앱으로 시작했지만 메신저 서비스로 축적한 유저들의 데이터를 활용하여 이제는 송금, 지도, 검색, 게임, 배달, 쇼핑 등 다양한 분야의 서비스를 제공하는 종합 플랫폼 기업이 된 것을 예로 들 수 있다.

3.4 플랫폼 비즈니스 모델

플랫폼이 기업 활동의 중심이 되기 시작하면서 플랫폼 비즈니스 모델이 주목을 받고 있다. 그러다 보니, 여러 전문가들이 플랫폼 비즈니스 모델에 대해 정의하기 시작했다.

즉, 플랫폼 비즈니스 모델이란 플랫폼 서비스의 모델을 통해 수익을 내는 모델을 의미한다. 이러한 서비스 모델에는 서비스의 제공 방법, 서비스 모델 프레임워크 등이 포함되며, 수익 모델에는 수익을 창출하는 방법과 수익 모델 프레임워크가 필요하다. 결국 서비스 모델과 수익 모델의 결합을 통해서만 비즈니스 모델이 될 수 있다.

가) 플랫폼 비즈니스 모델의 특징

플랫폼 비즈니스 모델들은 타 비즈니스 모델과는 다른 몇 가지 특징이 있다. 충분한 규모의 구매자나 판매자를 확보하는 것은 플랫폼 비즈니스 모델의 기본 특징이다. 통상 비즈니스는 규모의 경제를 가질 때 수익성을 확보하는데, 플랫폼은 규모의 경제를 실현하기 좋은 창구인 것이다.

또한 편의성, 다양성 등 해당 플랫폼만의 차별적인 가치가 창출되어 고객에게 제공된다.

특히 플랫폼 비즈니스 모델은 다수의 사람들이 모인 네트워크를 혁신에 활용한다. 애플의 앱스토어는 다수의 응용 프로그램 개발자들이 프로그램을 공급할 수 있는 개방된 플랫폼으로 휴대폰 사용 방식에서 획기적인 변화를 가져왔다. 이처럼 플랫폼은 공급자가 모든 것을 다 해야 하던 것에서 네트워크 안의 구성원들이 그 안에서 해결책을 찾을 수 있게 한다.

서비스 분야에서 플랫폼 비즈니스는 고객 맞춤화, 거래 비용의 절감, 그리고 소유에서 공유 등 다양한 변화를 이끌어 내고 있다. 현재 다수의 가입자를 확보하며 급속도로 성장해온 트위터나 페이스북 같은 소셜 네트워크의 사업적 가치에 많은 사람들의 관심이 있는 이유이다.

한편 비즈니스를 수행하는 플랫폼 비즈니스는 플랫폼의 설계와 운영, 차별화된 플랫폼, 플랫폼 주도 기업과 참여자, 또는 참여자 간 공동의 이익이 존재해야 하며, 지속적인 확장성을 가지고 있어야 한다.

나) 플랫폼 비즈니스 모델의 유형

플랫폼 비즈니스 모델은 매장형(store) 비즈니스 모델, 사슬형(chain) 비즈니스 모델, 상거래형(commerce) 비즈니스 모델, 대리인형(agent) 비즈니스 모델, 웹 서비스(web service) 비즈니스 모델, 게임 비즈니스 모델 등으로 분류할 수 있다.

첫째, 매장형(store) 비즈니스 모델은 수요자와 공급자들이 플랫폼을 근거로 필요한 가치를 교환하는 비즈니스 모델을 말한다. 애플은 iOS와 앱스토어를 기반으로 해서 디지털 허브를 만들고 앱 개발자들과 소비자들이 자유롭게 앱과 콘텐츠를 교환하도록 하고 있다. 애플은 하드웨어 위주로 혁신을 해오다가 아이팟과 아이튠스 서비스를 통해 하드웨어와 소프트웨어를 제공하는 업체로 급성장을 하였고, 이를 기반으로 혁신적인 스마트폰인 아이폰을 출시해 플랫폼 시장을 주도하고 있다.

둘째, 사슬형(chain) 비즈니스 모델은 비즈니스 수행을 위한 가치 사슬을 플랫폼에 형성해 두고 이를 기반으로 참여자들의 협업을 통해 가치 활동을 전개해 비즈니스를 완성하는 비즈니스 모델이다. 대표적인 사례가 리앤펑의 비즈니스 모델이다. 예를 들어, 미국에 있는 A의류업체가 6개월 안에 바지 50만 벌이 필요할 경우 납품 기한이 짧아 리스크가 큰 데다 물류 등에 신경 쓰고 싶지 않아 조달을 통째로 리앤펑에 맡긴다.

그러면 리앤펑은 플랫폼을 활용해 자체 공장은 없지만 전문화한 생산, 배송 능력이 있는 회사들과 협업을 통해 고객의 니즈를 충족시키고 있다. 회사의 역량을 공급망 관리에 집중하고 생산은 협업으로 관리, 높은 부가가치를 창출해 경쟁력을 확보하고 있다.

셋째, 상거래형(commerce) 비즈니스 모델은 다양한 상품 공급자와 수요자들이 만나는 상거래 모델과 사이트를 플랫폼으로 운영하는 비즈니스 모델을 말한다. 일례로 단순한 정보의 중개자(open market)였던 이베이가 현재는 스마트 기기를 통해 오프라인과 온라인을 하나로 묶는 거대한 커머스 플랫폼을 구축하는 것을 전략으로 하고 있다. 이를 위해 API를 공개하고, 사용자의 환경에 맞는 맞춤형 상거래 서비스를 하고 있다. 또한 이베이는 현재의 당일배송 서비스를 주요 도시에서 한 시간 내 배송 서비스로 전환했다.

넷째, 대리인형(agent) 모델은 플랫폼으로서 거래 사이트가 직접 거래를 하는 것이 아니라 공급자와 수요자들이 거래할 수 있도록 서비스하는 대리인 역할을 하는 비즈니스 모델이다. 온라인 쇼핑 기업인 아마존은 기존의 소매점 전략을 시작해 성공하였으나, 소매점 전략을 에이전트 전략으로 수정하고 매출의 향상을 가져왔다. 아마존의 에이전트 전략은 모든 재고를 아마존이 관리하고 통제하는 것이 아니라 아마존에 납품하는 협력업체들이 스스로 통제를 하도록 하는 것이다. 단순한 유통업에서 플랫폼을 통한 디지털 중개업자가 된 아마존은 플랫폼 전략의 변화를 나타낸다.

다섯째, 웹 서비스(web service) 비즈니스 모델은 플랫폼 기반의 각종 원격 컴퓨팅 서비스를 비즈니스로 하는 모델이다. 아마존 웹 서비스(AWS, Amazon Web Services)가 대표적이다. AWS는 클라우드 컴퓨팅 환경에서 다른 웹사이트나 클라이언트 측 응용 프로그램에 대해 온라인 서비스를 제공하고 있다. 컴퓨팅 설비, 저장 공간, 데이터베이스, 데이터 분석 등 다양한 클라우드 서비스를 필요로 하는 수요자에게 언제 어디서나 필요한 만큼 사용하도록 서비스하고 있는데 이 서비스는 모두 플랫폼 기반에서 제공되고 있다.

여섯째, 게임은 플랫폼 기반으로 게임에 관한 수요와 공급을 연결하는 비즈니스 모델이다. 소셜 서비스를 넘어 다양한 앱을 선보이고 있는 페이스북은 많은 플랫폼 기반의 게임 비즈니스 모델을 확보하고 있다. 국내에서 카카오톡 역시 게임 서비스를 시작했다. 플랫폼 기반의 게임 비즈니스를 시작하여, 기존의 카카오톡 사용자들을 빠르게 게임 속으로 끌어들였다. 카카오톡 게임이 상업적으로 성공을 거두면서 충성도 높은 사용자를 다지는 훌륭한 플랫폼이 될 수 있다.

4. 인터넷 플랫폼 비즈니스

4.1 인터넷 플랫폼 비즈니스의 개요

인터넷 기업들은 전 세계의 성장 동력으로 역할을 담당하고 있다. 혁신적이고 거대한 정치·경제·문화적 가치를 창출한 인터넷 기업들에게 발견된 공통점 중 하나는, 이들 기업이 플랫폼 비즈니스 모델을 사용하고 있다는 것이다. 언급했듯이, 플랫폼 비즈니스 모델이란, 사업자가 직접 재화를 생산하기보다는 재화를 생산하는 사업자들과 잠재적 재화 구매자 두 그룹을 자사의 플랫폼 내부에서 거래를 유도함으로써 가치를 생성하여 이윤을 추구하는 비즈니스모델을 말한다.

애플은 음원을 창작하거나 권리를 보유한 이들과 사용자의 음원을 거래하는 아이튠즈라는 플랫폼을 운영하며 수수료 가져간다. 유튜브와 페이스북은 커뮤니케이션 플랫폼을 열어 사용자들을 참여시키고 트래픽을 활용한 광고 비즈니스를 성장시켜 나갔다. 리눅스와 오프소스 커뮤니티에는 소프트웨어 개발과 학습에서 개발자들의 협업이 끊임없이 이루어지고 지식과 경험 및 노하우를 활용하기 위한 기업들의 참여가 비즈니스 프로젝트들을 창출시킨다. 플랫폼의 개방성은 참여를 증가시키고 구성원의 사회적 자본과 상호작용은 가치를 만들고 새로운 비즈니스 모델을 만들어낸다. [표 3.2]

[표 3.2] 주요 플랫폼 사업의 전략 및 성과

주요 사업자	전략	성과
Google	브라우저, 모바일 OS를 무료로 배포하고 사용자를 확보 후 검색광고에서 수익화	전 세계 검색 점유율 90% 전 세계 스마트폰 점유율 79%
Apple	단말, OS, 앱스토어의 가치사슬을 구성하고 사용자의 구매충성도를 높임	미국 기업 중 시가총액 1위 애플 콘텐츠 수익=윈도우 OEM 판매 수익
Facebook	소셜미디어 기반으로 사용자층을 확보하고 광고, 게임에서 수익화	월간 액티브 사용자 수: 27억 명
Amazon	클라우드-콘텐츠-단말로 이루어진 강력한 고객 생태계를 구축하고 온라인 콘텐츠, 커머스, 클라우드 서비스에서 수익 창출	미국 내 온라인 커머스, 전자책 디바이스 매출 1위 아마존 프라임 전체 수익의 1/3 추정

4.2 인터넷 플랫폼 비즈니스의 정의 및 특징

플랫폼이란 단어는 본래 물리적 구조물, 예를 들어 철도 플랫폼, 우주선 발사대 등 작업을 위한 공용화된 토대의 의미로 통용되었다. 과거의 플랫폼의 개념에서는 상품(서비스) 제공자와 수용인원의 한계 등 공간의 제약성이 강했다면 ICT의 발전과 함께 플랫폼의 개념은 수많은 상품과 인원이 공간의 제약 없이 교류하며 새로운 가치를 창출하는 공간이라는 의미로 확장되었고, 인터넷 플랫폼은 다양한 인터넷 서비스 및 콘텐츠가 생성 및 유통되는 곳으로 API를 통한 서비스 연동 등을 통해 이용자, 서비스 제공자 간 소통의 기반을 제공하는 장소라고 정의할 수 있다.

PC 기반에서 하드웨어를 기반으로 한 플랫폼의 특징은 모바일시대를 맞이하며 플랫폼 운영의 중심이 소프트웨어로 이동하며 다시 진화를 하고 있다. 현재의 인터넷 플랫폼 비즈니스는 유무선 인터넷을 통해 개발자(판매자)와 이용자(사용자) 사이를 연결(인터넷 서비스 및 콘텐츠의 생산–유통–이용 촉진을 통해) 새로운 가치 및 다양한 생태계를 창출할 수 있는 서비스 기반 구조라고 정의할 수 있다.

과거 플랫폼 사업이, 애플 iOS나 구글 플레이 스토어에서 보듯이, 새로운 운영체제와 하드웨어의 개발을 통한 자체 플랫폼 생산에 시간과 비용을 투자하였다. 그러나 현재 인터넷 플랫폼은, 이러한 투자보다 기존 거대 플랫폼 내에서 공룡 플랫폼 사업자들의 투자영역이 아닌 새로운 서비스 분야를 발굴 새로운 가치를 창조하고 개척하는 사업 방식을 인터넷 플랫폼 비즈니스로 규정할 수 있다. 다시 말하면, 인터넷 플랫폼 비즈니스 사업자는 인터넷을 통해 상호작용하는 기반(플랫폼) 위에서 사용자와 서비스 제공자를 연결, 가치 및 이윤을 추구하는 사업자로 정의할 수 있다.

또한 인터넷 비즈니스 플랫폼이 단순 인터넷 서비스와의 차이점은, 인터넷 플랫폼 비즈니스는 양면시장, 네트워크 효과, 생태계 안의 다수 이해관계자와의 중계 역할을 한다는 것이다.

5. 모바일 플랫폼

5.1 모바일 OS 플랫폼

스마트폰의 대표적인 OS인 애플의 iOS와 구글의 Android는 플랫폼 정의 관점에서 컴포넌트와 룰의 합집합에서 매우 유사한 측면을 가지고 모바일 플랫폼을 구축하는데 성공했다. 자신이 제공하는 OS 위에 자신이 제공하는 API를 이용해 다양한 3rd Party 개발자들이 앱을 만들 수 있도록 했다. 온라인을 중심으로 서비스를 제공하고 있던 Facebook, Twitter, Amazon, eBay 등의 사업자들도 스마트폰 앱을 개발해 스마트폰을 통해 자신의 서비스를 제공하면서 애플과 구글의 OS 플랫폼은 큰 성공을 거두게 되었다.

최근 아마존, 샤오미 등이 AOSP(Android Open Source Project)를 탑재한 스마트폰을 개발해 앱스토어를 오픈하고 자신만의 모바일 OS 플랫폼을 구축해나가고 있다.

최근 모바일 OS 플랫폼과는 확연히 다른 모바일 서비스 플랫폼 사업자들이 등장하고 있다. 모바일 서비스 플랫폼은 모바일 OS 플랫폼을 기반으로 애플리케이션 형태로 제공되고 있으며 대표적으로 메신저(커뮤니케이션), 미디어&콘텐츠, 라이프, 커머스, 클라우드 등 다양한 영역에서 서비스를 제공하고 있다.

이러한 서비스 플랫폼 업체들은 많은 투자금을 유치하면서 성장해 나가고 있다. 다양한 영역에서 모바일 서비스 플랫폼 세상을 만들어 나가고 있는 점에서 제2의 모바일 플랫폼 또는 특정 영역과 대상을 타겟팅하여 서비스 플랫폼을 제공하는 특징이 있어 수직적 플랫폼(Vertical Platform)이라고 정의할 수 있다.

요즈음에는 어떤 분야에서나 모바일 OS 플랫폼을 기반으로 하여 서비스 플랫폼을 만들어낼 수 있다는 차원에서 수직적 플랫폼이라는 이름으로 많이 불리고 있다. 수직적 플랫폼은 특정 분야에 관심을 가지고 있는 사람들을 대상으로 음악, 쇼핑, 뉴스, 패션, 교육 등 세부 분야로 나눠 한 분야에 대해 서비스를 제공하거나, 검색, 커뮤니티 등 한 가지 기능만으로 집중적인 서비스를 제공하는 방식이다. 말하자면 수직적 플랫폼은 다양한 분야로 나갈 수 있고 다양한 기능을 제공할 수 있다.

Vertical Platform과 Horizontal Platform은 상대적인 개념이다. 수평적(Horizontal) 서비스를 제공하는 대표적 형태인 포털이 온라인상에서 복수의 다양한 서비스와 기능을 제공한다면 수직적 플랫폼은 포털이 미처 지배하지 못한 틈새시장을 발견해 새로운 비즈니스 모델로 접근하는 방식을 사용한다. 또 수직적 플랫폼은 수평적 관계를 중시하는 트위터, 페이스북과는 달리 수직적 관계를 형성해 깊이 있는 정보를 교류할 수 있다는 장점이 있다.

수직적 플랫폼 역시 플랫폼 비즈니스의 특징을 갖고 있는데, 사용자가 많으면 많을수록 가치가 높아지는 네트워크 외부성, 먼저 시작하면 독점하기 쉽다. 그리고 사용자나 보완 플레이어가 복수의 플랫폼을 이용하는 멀티호밍, 이용 서비스를 변경할 때의 비용 스위칭 코스트에 신경 쓰게 되는 것도 플랫폼 비즈니스의 특징이다.

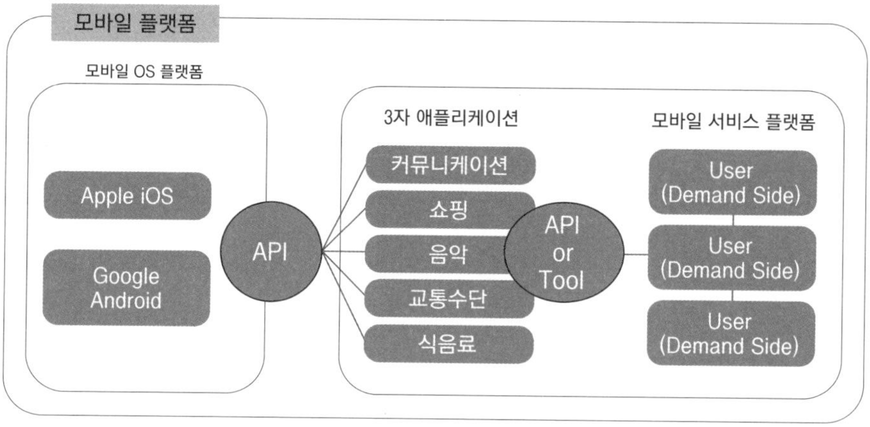

[그림 3.1] 모바일 플랫폼 – OS 플랫폼 & 서비스 플랫폼

5.2 모바일 서비스 플랫폼

모바일 플랫폼 기반 위에 다양한 서비스를 적용한 모바일 서비스 플랫폼이 확산되고 있다. 렌터카, 호텔체인 등과 같은 전통적인 비즈니스는 서비스를 추가로 더 제공하기 위해서는 한계 비용이 발생하게 되는데 Uber와 Airbnb같은 공유경제 플랫폼은 서비스를 한 단위 증가시키는데 Supply Side User인 드라이버 또는 집을 보유하고 있는 자들이 자발적으로 서비스를 공급하기 때문에 한계비용이 거의 들지 않는다. 또한 Uber와 Airbnb와 같은 모바일 서비스 플랫폼은 On-Demand적 요소를 적용해 소비자에게 즉시성과 편리성을 제공할 수 있어 경쟁우위를 가지고 있다. 앞으로 모바일 서비스 플랫폼은 Low-Marginal-Cost Community를 기반으로 새로운 가치를 부여하는 새로운 비즈니스의 패러다임으로서 다양한 산업과 서비스 분야에 확대되고 있다.

모바일 플랫폼을 통해 형성되고 있는 모바일 서비스 플랫폼은 모든 산업과 모든 기능을 대상으로 하므로 현실적으로 체계적 분류가 힘들어 앞서 언급했듯이 수직적 플랫폼이라고만 표현되기도 한다. 하지만 이런 무수히 많은 수직적 플랫폼 중에서도 모바일을 만나고 나서 대표적인 모바일 서비스 분야로 부각되고 있는 것으로 메신저, 게임, 라이프, 미디어 & 콘텐츠 분야 등이 있다.

6. 플랫폼 비즈니스 성공 사례

플랫폼 비즈니스는 새로운 변화를 이끌며 다양한 분야에서 활성화되고 있으며, 현재 대표적인 성공사례로 우버, 아마존, 에어비앤비 등이 있다.

6.1 우버(Uber)

우버는 2009년에 실리콘밸리의 대중교통 이용이 용이하지 않다는 점을 공략하여 창업하였고, 차량공유 서비스를 제공하는 스타트업으로 출발하여 글로벌 기업으로 성장하였다. 우버가 제공하는 서비스는 승객과 차량(기사 포함)을 연결해주는 플랫폼 서비스이다. P2P 방식 서비스를 제공하며, 플랫폼(모바일 애플리케이션)으로 차량을 제공하려는 공급자와 이용하려는 수요자를 연결하고 수수료를 받는 것이 주요 수익모델이다.

우버가 성공하게 된 주요 요인으로 시장니즈에 맞는 서비스 제공으로 시장 점유율을 확대하였고, 초기에 다수의 시장 참여자를 유치하였으며, 고객을 세분화하여 맞춤형 서비스 제공, 다양한 이동 수단, 이동 서비스에 배송 역량을 접목하였다. 수요와 공급을 맞춘 가격 전략을 실시하고 시장 참여자의 편의성 및 신뢰 제고를 위한 시스템을 구축하였다. 특히, O2O(Online to Offline) 지불결제 시스템의 구축으로 결제 편의성을 향상시키고, 공급자는 장비 간소화(내비게이션, 카드 단말기 등 불필요)로 편리함 향상시켰으며, 후기(peer-review)를 통한 상호평가 시스템으로 신뢰성 제고하였다.

[그림 3.2]는 유사한 플랫폼 비즈니스 모델인 우버와 리프트의 비즈니스 프로세스를 나타낸다. 운전자는 유연한 시간활용과 추가수익 등의 혜택을, 그리고 승객은 자동차 소유에 대한 부담을 줄이고, 택시탑승에 대한 불편함을 줄이는 혜택을 기대할 수 있으며, 자율주행차, 전기스쿠터, 자전거공유 등도 서비스로 소개하고 있다.

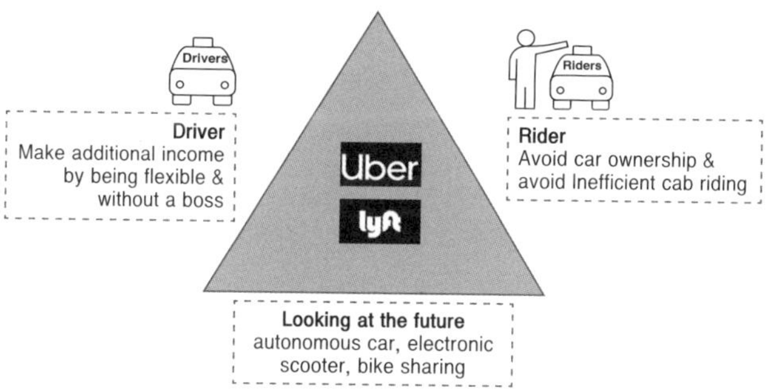

[그림 3.2] 우버 & 리프트의 비즈니스 프로세스

6.2 아마존(Amazon)

대표적인 온라인 비즈니스 기업인 아마존은 다양한 플랫폼을 통해 고객과의 접점을 늘리고 여기서 확보한 데이터를 바탕으로 사업을 확장하고 있다.

아마존은 데이터가 4차산업혁명 시대의 핵심 원료가 될 것이라는 믿음으로 고객과의 접점을 늘려갔으며, 이를 기반으로 더 나은 제품과 서비스를 만들고, 고객에게 혜택이 되돌아 갈 수 있는 선순환 구조를 만드는 데 집중했다. 아마존은 유료 멤버십 회원제인 '아마존 프라임(Amazon Prime)'을 기반으로 사업을 확장해 나가고 있다. 아마존은 '프라임 비디오(Prime Video)'를 통해 TV 프로그램과 영화, 음악감상 스트리밍 서비스를 제공하고 있으며 넷플릭스, 애플뮤직과 경쟁할 수준의 콘텐츠 플랫폼으로 진화해 나아가고 있다.

또한 아마존은 클라우드를 또한 하나의 기술 플랫폼으로 활용하며, 클라우드 위에서 개발자나 기업이 자체적으로 애플리케이션을 구축할 수 있도록 기술 인프라를 제공하고 있다. 4차산업혁명 시대에 데이터 센터의 운영비가 고정비에서 변동비로 이동하고, 클라우드로 마이그레이션하는 대형 기업도 증가하면서 아마존의 클라우드 사업을 담당하는 아마존 웹 서비스(AWS)는 현재 안정적인 수익을 창출하는 캐시카우가 되었다.

아마존은 클라우드상에 기본 IT 인프라뿐만 아니라, 인공지능, 보안, 모바일, 사물 인터넷, 가상현실(VR) 기능까지도 추가하며 클라우드 플랫폼 사업자로서의 경쟁력을 강화하고 있다. 아마존은 그동안 축적해온 핵심 기술을 클라우드 내 애플리케이션 형태로 제공하고 있으며 매해 새로운 기능을 아마존 웹 서비스에 추가하고 있으며, 클라우드 플랫폼을 강화하기 위해 기술력을 보유한 여러 기업을 인수했다.

아마존은 인공지능, 사물 인터넷과 같은 4차산업혁명 시대의 신기술을 자사의 플랫폼에 접목하며 전통 산업의 지각변동을 일으키고 있다. 아마존이 가장 직접적으로 파괴를 불러일으키고 있는 분야 중 하나로 유통 산업을 꼽을 수 있다. 아마존은 2017년 미국 최대 유기농 식료품 유통 기업인 홀푸드 마켓(Whole

Foods Market)을 137억 달러에 인수하였고, 현재 아마존의 기술을 집대성하여 '아마존고(Amazon Go)' 매장을 확대하고 있다. 소비자가 물건을 집어 들고 나가면 저절로 계산되는 아마존고 매장에 입장하면, 매장 곳곳에 비치된 마이크와 카메라 센서는 고객의 미세한 움직임을 감지한다. 고객이 특정 제품을 들면 카메라로 이미지를 분석해 제품에 대한 정보를 수집하고, 선반의 줄어든 무게와 압력 센서를 통해 제품을 재확인한다. 카메라로 습득한 영상 정보를 학습해 자동으로 결제하는 '저스트 워크아웃(Just Walk Out)' 기술은 계산대에서 불필요한 시간과 번거로움을 줄여주고 있다.

위와 같이 아마존은 신기술에 대한 투자 일환으로 지속적으로 로봇 기술을 통해 물류의 효율성을 높이는 방법을 이어가고 있다.

6.3 에어비앤비(Airbnb)

에어비앤비(Airbnb)는 온라인을 통해 이용자와 민박 시설 제공자 간의 거래환경을 제공하는 플랫폼 서비스이다. 에어비앤비는 플랫폼에 '공유경제' 개념을 도입하여, 숙박 서비스 사업의 운영 방식을 혁신적으로 전환하며 새로운 플랫폼의 가치를 생성, 최대 온라인 숙박중개업체로서 독보적 위치에 올랐다.

숙박을 제공하고 싶은 지역인과 그 지역을 여행하는 사람들을 연결하는 양면시장 모델을 띠고 있는 에어비앤비의 주요 수익모델은 예약 수수료에서 발생한다. 현재 예약 비용에 따라 6%~12%의 예약수수료를 숙박시설 이용자에게 부과하고, 일일숙박비의 3%를 수수료 명목으로 숙박시설 제공자에게도 부과하고 있다. 에어비앤비 숙박 공유 비즈니스 프로세스는 [그림 3.3]과 같다.

에어비앤비의 성장은 단순히 자사 플랫폼의 이윤 증가뿐만 아니라 네트워크 효과에 기인한 지역경제에도 긍정적인 영향을 미치고 있다. 예를 들면 에어비앤비는 로컬 숙박을 통해 균형 소비를 유도, 바르셀로나에 상당한 경기 부양 효과를 일으켰다.

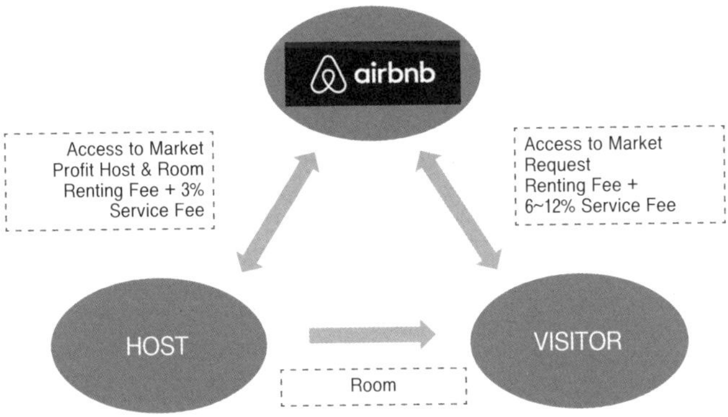

[그림 3.3] 에어비앤비 숙박공유 비즈니스 프로세스

4장
e비즈니스 시스템

기업들은 '고객 욕구의 다양화', '기업 활동의 세계화', '정보 기술의 눈부신 발전' 등 급변하는 기업환경 속에서 기업생존 및 경쟁 우위 확보전략으로 다양한 경영혁신을 전개하고 있다.

기업의 BPR을 통한 기업 내 분산된 모든 자원을 효율적으로 통합 관리 해 줄 수 있는 전사적자원관리(ERP)시스템이 경영혁신의 도구가 되었으며, 시장이 글로벌화 되고 기업의 외부 활동과의 연계성이 중요하게 대두됨에 따라 공급사슬관리(SCM), 고객관계관리(CRM), 그리고 지식경영(KMS)의 역할도 함께 증대되었다.

e비즈니스는 기업들이 인터넷 등 온라인 기술을 활용하여 비즈니스 방식을 근본적으로 변화시키는 것을 의미한다. 즉, 물리적인 사회에 맞추어져 있던 기존의 기업의 프로세스, 조직, 문화 등을 전자적인 디지털 사회에 맞추어 전환하는 것을 말한다. e비즈니스는 온라인을 활용하여 내부의 기초를 바꾸고 온라인을 통하여 새로운 비즈니스의 기회를 창출하는 것으로 볼 수 있으며, e비즈니스 시스템의 구현은 다음과 같은 목적을 위한 것이다.

즉, 인터넷, 이동통신 등 온라인을 활용하여 고객을 유인·유지하고 만족시키는 새로운 방법을 고안, 고객에게 제품 및 서비스를 제공하는데 있어 기업의 공급사슬, 생산, 구매 프로세스를 최적화시킨다. 또한 셀프 서비스를 통하여 기업 내부의 프로세스를 자동화함으로써 원가 절감 및 효율성을 개선한다. 그리고 기업의 관리자 및 경영자들이 정확한 의사결정을 할 수 있도록 기업이 정보를 수집하고, 분석하여 가치 있는 비즈니스 지식을 창출하고 공유하기 위한 것이다.

일반적으로 사용해 오던 기업시스템이 온라인화 하며 e비즈니스 시스템으로 불리게 되었으며, 대표적 e비즈니스 시스템인 ERP(Enterprise Resource Planning), SCM(Supply Chain Management), CRM(Customer Relationship Management), KMS(Knowledge Management System)에 대하여 살펴보도록 하겠다.

1. ERP(Enterprise Resource Planning)

ERP는 전사적자원관리라고 하며, 기업 내의 생산, 물류, 재무, 회계, 영업, 판매, 구매, 인사 관리 등의 기간 업무에 대한 각종 데이터의 통합과 선진화된 업무 프로세스의 수행을 지원하는 기업통합정보시스템이다. 과거의 경영지원을 위한 Sub-system은 해당 분야의 업무를 처리하고 정보를 가공하여 의사결정을 지원하기도 하지만, 별개의 시스템으로 운영되어 정보가 타 부문에 동시에 연결되지 않아 불편과 낭비를 초래하였다. 이에 기업은 전 부문에 걸쳐 있는 경영자원을 하나의 체계로 통합적 시스템을 재구축함으로써 생산성을 극대화하려는 리엔지니어링 방법으로 ERP를 선택하였다.

1.1 ERP의 개념과 도입배경

ERP는 전사적자원관리라고 하는데, 기존의 BPR[1]이나 MRP와 같은 경영지원을 위한 각 Sub System들은 해당 분야의 업무를 처리하고 정보를 가공하여 의사결정을 지원하기도 하지만 별개의 단편적인 시스템으로 운영되어 정보가 타 부문에 동시에 연결되지 않아 불편과 낭비를 초래하게 되었다. 이러한 문제점을 해결하기 위해 ERP는 어느 한 부문에서 데이터를 입력하면 회사의 전 부문이 동시에 필요에 따라서 정보로 활용할 수 있게 하자는 것이다. 일반적으로 ERP는 제조, 물류, 유통, 인사·회계 관리 등의 업무 프로세스를 정보 기술로 구현한 대형 기술로서 제조기업의 모든 기능을 망라한 전사적인 통합솔루션으로 단순히 정보 기술 차원의 접근방법이 아닌 정보 기술과 비즈니스의 조화를 이루려는 경영 전략 차원의 접근방법이라고 할 수 있다.

가트너 그룹에서는 ERP를 기업 내의 업무 기능들이 조화롭게 제대로 발휘될 수 있도록 지원하는 애플리케이션들의 집합으로 차세대 업무 시스템이라고 정의하고 있다. 즉 ERP란 생산, 자재, 영업, 인사, 회계 등 기업 전 부문에 걸쳐 있는 인력, 자금 등 각종 경영자원을 하나의 체계로 통합적으로 재구축함으로써 생산성을 극대화하는 대표적인 기업 리엔지니어링 방법이다. 이러한 ERP의 최종 목표는 기업의 자원인 인력(Man), 금전(Money), 자재(Materials), 기계

---

1 BPR(Business Process Re-engineering)은 1990년대 초 미국에서 제창한 개념으로서, 사업 활동을 영위하는 조직의 측면에 있어, 작업을 개선하고 자원의 사용을 보다 효율적으로 만들기 위하여, 하나의 목적으로 처음부터 다시 근본적인 변화를 만드는 것을 의미한다. BPR은 업무 프로세스의 근본적인 재고(再考)가 수반되며, 원가, 서비스품질, 직원들의 활력 등과 같은 중대한 지표들이나 또는 그 모두를 강화하기 위한 업무 활동의 재설계로 이어진다. 일반적으로 BPR의 개념에는 데이터를 조직화하고, 방향을 설정하기 위하여 컴퓨터나 정보 기술을 사용하는 것이 포함된다.

(Machines)를 통합적으로 관리하여 시너지 효과를 창출하는 데 있으며, 이를 통하여 고객 만족을 달성하는 데 있다고 할 수 있다.

또한 기업의 ERP 도입은 기업 내의 영업, 생산, 구매, 자재, 회계 등 모든 조직과 업무가 IT로 통합되어 실시간으로 모든 정보를 통합 처리할 수 있으며, ERP 패키지 내에 포함되어 있는 Best Practice라는 선진 프로세스를 회사 내에 적용시킬 수 있어 BPR(Business Process Re-engineering)을 자동적으로 수행할 결과를 가져온다. 현대사회에서 기술이 복잡 다양해 가는 시대에 충분한 확장성을 보장받을 수 있어, 중·장기적인 관점에서 비용을 절약하는 효과를 가져온다.

급변하는 기업이 내부 및 외부 환경에 대응하고 치열한 경쟁에서 이길 수 있는 방법은 환경 변화에 적응하는 것이다. 이를 위해서는 기업의 3가지 요인, 즉 사람과 프로세스 그리고 관련 기술이 바뀌어야 한다. 기업들이 ERP를 도입하려는 배경은 다음과 같다.

첫째, 기업을 둘러싸고 있는 경영 환경이 인건비의 상승, 고급인력의 절대적 부족, 사회간접자본의 미흡, 금융 비용의 과다, 그리고 제품 설계, 핵심부품, 생산 설비의 지나친 해외 의존으로 인하여 기업의 경쟁력은 날로 약화되고 있다. 이러한 시점에서 새로운 정보시스템 기술의 도입과 이를 통한 생산전략의 혁신에 대한 관심이 높아지고 있으며, 이에 ERP는 이러한 문제들을 해결할 수 있는 새로운 대안으로 부각되었다는 것이다.

둘째, 전산 비용을 획기적으로 절감할 수 있다. 즉 ERP 시스템을 구축함으로써 기존의 정보시스템 개발 및 유지 보수 비용의 획기적인 절감이 가능하다.

셋째, 급격하게 짧아지는 제품의 라이프 사이클과 날로 다양해지고 있는 소비자의 요구에 기업이 전사적으로 대응하기 위하여 ERP는 절대적으로 필요하다는 것이다.

넷째, ERP는 리엔지니어링의 가시적인 실천 수단으로 활용될 수 있다는 기대감 때문이다. 1990년대에 미국에서 시작된 리엔지니어링의 성과가 기대에 못 미친 것은 이를 지원하는 핵심 정보 기술이 부족했기 때문이며, ERP는 기업의 모든 단위 활동들은 통합하여 기업 활동이 실시간으로 수행될 수 있도록 도와준다.

1.2 ERP 시스템의 특징

가) 글로벌 대응을 통한 물리적 공간의 극복

다수의 ERP는 다국적, 다통화, 다언어에 대응하고 있다. ERP패키지들은 각국의 언어 및 통화체제를 지원하고 각 나라의 법률과 대표적인 상거래 습관, 생산방식이 먼저 시스템에 입력되어 있어서 사용자는 이 가운데서 선택하고 설정할 수 있다. 예를 들면 대표적인 ERP의 하나인 독일의 SAP R/3 시스템에서는 20개국 이상의 구현 실적을 갖고 있다. 따라서 지원도 국제적으로 이루어지고 있다.

나) 통합 업무 정보시스템을 통한 업무 효율의 극대화

ERP시스템의 가장 큰 특징 중의 하나는 영업, 생산, 구매, 재고, 회계, 인사 등 회사 내의 모든 단위 업무가 통합되어 상호 긴밀한 관계를 가지면서 실시간으로 처리된다는 것이다.

ERP의 업무 프로세스는 원장형 통합 데이터베이스라고 하는 중앙의 데이터베이스를 중간매개로 기업 활동 전반에 걸쳐 통합되어 있다. 기존의 정보시스템은 각 부서 간의 데이터베이스를 독립적으로 유지하도록 되어 있어 자료의 중복이 심각한 문제로 대두되었다. 그러나 ERP시스템은 각 부서에서 발생하는 각종 정보를 하나의 데이터베이스를 통하여 저장 및 유지, 관리하도록 하고 있으므로 하나의 정보는 한 번만 입력하고 입력된 정보는 가공하지 않은 데이터로 어느 업무에서도 참조할 수 있도록 데이터베이스에 보관된다. 또한 시스템 개방을 통하여 각 부서 및 공급자들에게 자료의 접근이 가능하도록 하여 일원화된 정보의 공유를 통하여 원활한 의사소통 및 업무처리가 가능하게 한다.

이러한 업무통합을 통하여 기존 MIS(Management Information System) 에서의 부분 최적화에서 전체 최적화가 실현되게 되었고, Task중심적인 업무처리 방식이 고객 지향적인 관점에서 프로세스 중심적으로 전환된다. 모든 시스템이 통합되어 있기 대문에 어떠한 정보라도 두 번, 세 번 중복적으로 처리할 필요 없이 거의 한번의 입력으로 처리가 끝나게 되는 One Fact One Place가 가능하게 된다. 예를 들어 고객의 주문을 받은 상품의 상품코드와 개수의 입력은 한 번만 하고 정보는 확인과 승인을 받은 시점에서 관련된 모든 부문이 참조할 수 있도록 한다. 또, 업무를 실시간에 통합적으로 처리할 수 있게 됨에 따라 영업, 설계, 생산, 관리가 거의 동시에 이루어지게 되었다.

다) 파라미터 지정 개발에 의한 개발 기간의 단축

ERP시스템이 기존 시스템에 비해 빠른 시간 내에 구현이 가능해지고 유지보수의 부담이 크게 줄게 된 것은 파라미터[2] 지정이라는 기능이 있기 때문이다. ERP에서는 미리 장착된 업무기능을 파라미터 설정으로 자사에 맞게 선택하고

2 정보 기술에서, 매개변수(Parameter)는 사용자 또는 다른 프로그램에 의해 한 프로그램으로 전달되는, 이름, 숫자 또는 선택된 옵션 등과 같은 정보 항목이다. 매개변수들은 그것들을 받는 프로그램의 운영에 영향을 미친다.

설정한다. 파라미터 설정을 이용하는 방법은 단기간에 시스템을 도입할 수 있는 이유 중 하나이다 ERP시스템은 패키지 개발 시 해당 업무 프로세스와 관련하여 상정할 수 있는 대부분의 거래유형을 포함하고 있으므로, 이러한 프로그램들을 이용할 경우에는 시스템의 구축 및 설치 기간이 기존에 시스템을 설치하는 데 소요되었던 기간에 비해 훨씬 단축된다. 그렇기 때문에 업종별, 기업 규모별로 천차만별인 세계 도처에 있는 기업에 적용이 가능한 것이다. 시스템을 통한 업무수행 중에 조직과 업무가 변화되더라도 새로운 시스템을 개설할 필요 없이 기본적으로 파라미터 변경을 통해 대응이 가능하다. 이렇게 필요한 기능을 전부 내장하고 있는 ERP패키지를 파라미터 지정을 이용하여 해당 기업에 맞도록 시스템을 최적화시켜 주는 작업은 ERP컨설턴트의 역할이다.

라) 비즈니스 프로세스 모델을 위한 업무재설계(BPR)의 지원

ERP를 도입하는 기업은 최적 비즈니스 실행에 의해 제공된 비즈니스 프로세스 모델을 이용해서 자사의 업무를 볼 수 있다. 즉, ERP시스템에 담겨있는 'Best Practice'를 이용해 업무 재설계(BPR)를 이루는 것이다. 여기서 'Best Practice'는 세계에서 우수 기업이 채용하고 있는 비즈니스 프로세스에서 공동화시킨 프로세스이고 세계에서 통용되는 글로벌한 비즈니스 프로세스의 표준이다. ERP구현 초기엔 ERP에 대한 인식 및 신뢰가 부족하여 BPR과 ERP를 따로 투자하는 경우가 많았지만 90년대 초반 이후 ERP시스템에 대한 검증 및 신뢰가 쌓이면서 별도의 BPR을 수행하지 않고 자사에 맞는 ERP패키지를 선택하여 구현함으로써 BPR을 수행할 수 있다.

마) 개방형 개발 환경과 응용 체제

대다수의 ERP시스템은 특정의 하드웨어 업체에 의존하지 않는 오픈 형태를 취하고 있다. 따라서 복수의 하드웨어 업체의 컴퓨터를 조합해서 멀티벤더 구성을 이룰 수 있다. 또한 Client–Server형[3]의 시스템을 구축할 수 있고 확장성도 뛰어나다. 기존 MIS가 폐쇄적인 구조로 설계되어 시스템의 확장 및 다른 시스템과의 연계가 제대로 이루어지지 않은 반면, 대다수 ERP시스템은 특정의 하드웨어 업체에 의존하지 않는다. ERP패키지는 어떠한 운영체제나 어떠한 데이터베이스에서도 잘 운영되게 설계되어 있어 시스템의 확장이나 다른 시스템과의 인터페이스가 쉽게 되어 있다. 특히 데이터를 정밀하게 분석해주는 데이터웨어하우징(Data Warehousing), 경영분석 도구인 중역정보시스템(EIS: Executive Information System), 설계와 생산을 동시에 가능케 해주는 PDM(Product Document Management), 전자상거래인 EC(Electronics Commerce)와 같은 응용·전문영역의 패키지와 쉽게 조화를 이룰 수 있어 고도화되고 복잡해지며 급변하는 경영환경에 응용 및 전문 영역에도 적극 대응할 수 있게 된다. 특정 하드웨어 및 소프트웨어 업체에 의존하지 않고, 다양한 하드웨어 업체의 컴퓨터와 소프트웨어를 조합하여 사용할 수 있어 정보시스템을 쉽게 확장할 수 있어 복수의 하드웨어 업체의 컴퓨터를 조합해서 멀티벤더 구성할 수 있다.

기업환경은 전문적인 응용소프트웨어의 도입이 날로 증가하고 있는 추세에

---

3 클라이언트/서버는 두 개의 컴퓨터 프로그램 사이에 이루어지는 역할 관계를 나타내는 것이다. 클라이언트는 다른 프로그램에게 서비스를 요청하는 프로그램이며, 서버는 그 요청에 대해 응답을 해주는 프로그램이다. 클라이언트/서버 개념은 단일 컴퓨터 내에서도 적용될 수 있지만, 네트워크 환경에서 더 큰 의미를 가진다. 네트워크상에서의 클라이언트/서버 모델은 여러 다른 지역에 걸쳐 분산되어 있는 프로그램들을 연결시켜주는 편리한 수단을 제공한다.

있는데 ERP시스템은 이들 응용소프트웨어와 쉽게 조화를 이룰 수 있으며, 기업에서 기존에 사용하고 있는 정보시스템을 그대로 사용할 수도 있어 ERP구현을 위한 비용을 절감할 수 있다.

바) 데이터 표준화를 통한 통합 데이터베이스 구축

기업들은 목적에 따라서 여러 시스템을 사용한다. ERP와 SCM, CRM 등을 동시에 사용하는 기업들이 많다. 이런 경우에 가장 중요한 것 중 하나가 데이터 표준화와 통합 데이터베이스이다. 기업들이 실시간 경영을 지향하는 상황에서 데이터의 표준화와 일치는 기업업무를 효율적으로 경영하기 위해서 반드시 필요한 요건이다.

데이터의 표준화와 일치성을 유지하기 위해서 기업들은 보유하고 있는 시스템들을 EAI(Enterprise Application Integration)라는 개념으로 통합을 하고, 통합된 데이터베이스를 구축 및 활용하고 있다.

사) 선진 프로세스를 통한 업무 합리성의 증대

앞에서 언급했듯이, ERP에는 'Best Practice'라는 선진 프로세스 기능이 있어서 세계에서 통용되는 글로벌한 비즈니스 프로세스의 표준을 기업의 업무에 적용하여, 합리성을 높일 수 있다.

기업들은 새로운 비즈니스 프로세스에 대한 두려움 없이 ERP에서 제공하는 선진 프로세스를 적용하여 활용할 수 있다.

아) 모듈화된 구성으로 모듈의 선택적인 사용 가능

기업의 업무 프로세스는 목적과 필요에 따라 수시로 변경이 된다. 변경될 때마다 시스템에 새로운 기능을 추가하거나 필요 없는 기능을 삭제할 필요가 있다. 이러한 경우 모듈로 구성이 되어있는 ERP의 경우 새롭게 필요한 모듈만 추가하거나, 필요 없는 기능은 선택적으로 모듈을 사용할 수 있다.

자) 최고 경영자의 의사결정 지원

정보시스템이 가장 중요한 기능 중의 하나는 최고 경영자의 의사결정을 지원하는 것이다. 의사결정지원시스템이 있기는 하지만 기본적으로 ERP에는 의사결정을 지원하는 기능이 포함되어 있다.

정보시스템은 데이터 분석 기반의 비즈니스 인텔리전스를 통해 경영자 의사결정을 지원하고 향상시키기 위한 기능을 제공한다.

차) 비정형 업무를 지원하는 그룹웨어와의 연동

기업에서 사용하는 정보시스템은 다양한 기능을 제공하고 있지만 필요에 따라 다른 그룹웨어들과의 연동이 필요하다. 기업들은 ERP를 도입할 때 이러한 면을 고려하여 기존의 시스템 및 그룹웨어들과의 연계를 요청하며, 추후 필요에 따라 새로운 시스템과 그룹웨어와의 연동도 가능하도록 구축한다.

카) 기업 외 전자상거래 시스템과의 연계

현대사회에서 시스템의 온라인화는 필수적이다. 기업시스템인 ERP의 경우도 역시 인터넷 등과 연계되는 온라인화가 지원되며, 전자상거래 시스템과의 연계 등 온라인상의 기업 활동도 적용된다.

1.3 ERP 시스템의 도입 효과

기존에는 업무에 맞춘 시스템 개발이 주류였기 때문에 급격한 환경의 변화, 비즈니스 프로세스의 변화에 맞춰가지 못하고 시스템 개발이 항상 뒤쳐지고 사용자 부문의 많은 개발 요구가 누적되어 어려움에 처하게 되었다. 더욱이 몇 개월 이상 개발한 새로운 시스템이 가동됐을 때는 벌써 현장의 요구를 만족시키지 못하는 시스템이 되어버리는 경우까지 생겨나고 있는 것이 현실이다. 그러나 기업 활동 전반에 걸쳐서 우선 풍부한 업무기능이 통합된 형태로 제공되는 ERP에서는 단기간에 정보시스템 개발이 가능해진다. 여기서는 ERP에서 제공한 기능의 메뉴 가운데서 자사가 필요한 것을 선택하여 그 기능을 자사에 맞도록 조정하는 형태를 띠기 때문이다. 또 현재의 정보시스템은 부문 단위나 사업부 단위의 시스템인 경우가 많아 이 때문에 부분 간 정보시스템의 흐름은 유연성이 떨어진다. 그러나, ERP는 기업 전체의 업무를 통합해서 다루기 때문에 같은 정보를 다시 시스템에 입력할 필요가 없다. 데이터는 단 1회로 발생한 장소에서 기록하면 된다. 이와 동시에 사람을 필요로 하는 업무의 흐름을 유연하게 한다. 이것은 모두 정보의 통합화의 작용이다. 기업에서 ERP를 도입함으로써 얻을 수 있는 효과를 정리하면 다음과 같다.

• 기업 내의 부문들을 통합할 수 있으며, 이를 통하여 신속한 경영의사결정을 지원하며 동시에 시간, 인력 및 자원의 소비가 최소화된다.

• 리엔지니어링의 촉진 및 활용 도구로 효과적으로 활용될 수 있다. 즉, 선진 민간 기업형 업무 프로세스를 자사에 이식할 수 있어서 자연스럽게 조직의 리엔지니어링을 혁신적으로 추진할 수 있다는 것이다.

• 고객을 제조 프로세스의 일부로 참여시키기 때문에 고객에 대한 만족도를 높일 수 있다.

• 국내 본사와 해외지사를 통합할 수 있어서 기업의 자원을 효율적으로 통합하여 관리할 수 있게 된다.

• 기술적 측면에서는 ERP 핵심 기술의 자립화가 가능하고, 사회적으로는 인력난을 해결할 수 있으며, 인간적인 욕구변화에 대응하는 경영 관리로의 전환이 기대된다. 또한 경제적으로는 국내 제품이 대외경쟁력을 강화하는 데 크게 기여할 수 있을 것으로 기대된다.

• 비즈니스 및 경영 기술 환경의 급격한 변화에 대한 유연성을 극대화할 수 있다.

• ERP 솔루션을 기업의 기반시스템(Infra-System)으로 구축할 경우에 초기에는 투자가 많이 이루어지지만 구축 후에는 유지보수 비용 등이 많이 소요되지 않기 때문에 장기적으로 볼 때에 기업의 정보시스템 투자 비용의 절감 효과를 기대할 수 있다.

1.4 ERP 도입 전략

기업에서 ERP 시스템을 성공적으로 구축하기 위하여 가장 중요한 것은, 첫째로 경영층의 강력한 의지와 현업 부서의 적극적인 협조와 참여를 통한 톱다운(Top-Down) 방식으로 추진되어 한다는 것이다. 즉, 경영층, 현업부서, 정보시스템부서의 상호 유기적인 협조가 매우 중요하다. 둘째, 현재 수행 중인 업무와 정보시스템의 과감한 혁신을 동시에 추진해야 한다. 즉, 획기적인 업무 형식이 수반되지 않는 정보시스템은 획기적인 효과를 기대할 수 없다. 셋째, 조직 내의 모든 문제 해결은 먼저 단위 부서 혹은 사업부 중심이 아니라 회사 전체적인 차원에서 생각해야 한다. 이러한 측면에서 ERP의 도입 전략은 다음의 4가지로 세분할 수 있다.

- 기존의 업무처리 관행에 따라 ERP패키지를 수정하는 방법이다. 이 방안은 도입에 따른 교육훈련을 최소화시킬 수는 있으나 패키지 수정이 너무 많고 리엔지니어링의 효과는 거의 찾아볼 수 없다는 단점이 있다.

- 리엔지니어링을 실시한 후에 ERP를 도입하는 방법으로, 요구사항이 명확해져 도입 효과는 증대하나 ERP패키지가 리엔지니어링을 지원하지 못하는 경우에는 다시 조정해야 하는 문제가 있다.

- 리엔지니어링과 ERP 도입을 병행하는 방법으로 시너지 효과를 거둘 수는 있으나 장시간이 소요될 수 있으며, 많은 비용이 소요된다.

ERP 패키지에 맞추어 리엔지니어링을 추진하는 방법으로 단기적으로는 가시적인 효과를 거둘 수 있으나 패키지에 따라서 결과가 판이하게 달라진다는 위험부담과 함께 조직의 성공 요인이나 경쟁 원천인 특성이 희석된다는 문제가 있다.

1.5 ERP 시스템의 사례

SAP R/3는 1972년에 IBM에서 근무하던 시스템 엔지니어들이 퇴직하여 설립한 독일의 SAP사는 1980년대에는 대형컴퓨터에 기반을 둔 R/2를 판매하였고, 1987년부터는 클라이언트 서버 환경에 기반을 둔 SAP R/3를 개발하였다. 1992년부터 판매하기 시작한 SAP R/3는 자체 4GL[4]인 ABAP(Advanced Business Application Programming)를 사용하여 GUI환경으로 개발하였다. SAP R/3는 회계 모듈(재무회계, 관리회계, 자금 관리, 기업 관리), 로지스틱스 모듈(구매/재고 관리, 생산 관리, 영업/유통 관리, 설비 관리, 품질 관리, 프로젝트 관리), 인사 모듈(인사 관리, 인력 관리, 급여) 및 21여 개의 산업 솔루션 모듈로 구성되어 있다.

SAP은 세계 최대의 ERP 공급사이며, 최근 제품 전략은 기존의 R/3를 바탕으로 CRM, SCM, PLM, Marketplace, Enterprise Portal로 구성된 mySAP.com을 출시하였고 확장 ERP에 해당하는 모듈들을 컴포넌트화하였다.

---

4 4세대 언어(Fourth Generation Language)란 종래의 범용 3세대 언어에 비해 한 단위 배 정도의 프로그램 생산성을 향상시킬 수 있는 시스템을 총칭한다. 4GL는 기존 3세대언어의 프로그램 카운터의 접근 방법을 변경시켜 프로그램의 흐름제어에 관한 주된 일을 컴퓨터 전문가에게서 컴퓨터 소프트웨어에게 넘겨주었다. 즉, 연산 결과를 얻기 위한 행동(action)을 지정하는 것이 아니라 결과(result)를 컴퓨터에 지정하는 것이다. 따라서 4GL를 문제 해결형 언어(Problem Solving Language) 또는 비절차적 언어(Nonprocedural Language)라고 하는데, 기술적으로 보면 이것을 다시 기계코드로 고쳐 실행시키는 언어이다.

오라클 애플리케이션은 미국의 오라클사에서 개발한 ERP용 소프트웨어이며 회계부문이 특히 강점이라는 평가를 받고 있다. DBMS의 최강자 오라클은 확고부동하게 구축한 DB시장을 중심으로 ERP 고객을 확보해가고 있다. Oracle Applications는 재무 관리, 공급망 관리, 제조 관리, 프로젝트 시스템, 인사 관리, 영업 관리, 응용 기술 등 7가지 부문으로 구성되어 있다. 제품으로는 제품 전략은 프론트 오피스에서 백 오피스까지 확장되는 e비즈니스 솔루션으로 Oracle e-Business suite 가 있다.

국내 시장은 SAP, Oracle, SSA 글로벌, 마이크로소프트 등의 업체가 대략 50% 내외의 시장점유율을 나타내고 있다.

삼성 SDS(uniERP, uniERP Ⅱ, uniERP 라이트), 더존비즈온(i CUBE, i U) 등을 출시해 외국 시장에도 성공적 진출하고 있다. 한국하이네트, 소프트파워, 영림원 소프트랩 등도 중견·중소기업 고객을 중심으로 ERP 시장을 확대하고 있다.

2. SCM (Supply Chain Management)

인터넷이 가진 글로벌 통신 네트워크로서의 편재성과 저렴한 비용 이점은 새로운 업무 프로세스, 상거래 활동 및 비즈니스 모델을 주도하고 있다. 그러나 한편으로 인터넷은 고객의 기대치를 높여 놓았으며 제품 및 서비스에 대한 가격과 공급에 대한 새로운 경쟁을 유발시켰다. 기업들이 이러한 환경에서 경쟁우위를 유지하기 위해서는 새로운 전략을 통해 지속적으로 비용을 절감하고 생산성을 높이며 대응력을 향상시켜야만 한다.

다시 말해 새로운 경제에서 성공을 거두기 위해서는 인터넷 등을 활용한온라인화를 효과적으로 활용해 요구를 포착하고 제조계획 수립 및 구매에서부터 납품, 고객 서비스 및 새로운 제품 개발에 이르기까지의 모든 비즈니스 운영을 재설계, 자동화 및 통합해야 한다. 이러한 새로운 비즈니스는 고객의 요구에 따라 신속하고 최적화된 대응을 할 수 있는 e비즈니스 공급사슬상에 다시 구축되어야 할 것이다.

2.1 SCM의 개요

가) SCM의 정의

SCM은 공급사슬관리라 하며, SCM을 바라보는 시각과 범위에 따라 그 정의는 다양하게 내려질 수 있다. Lambert의 정의에 의하면 SCM은 고객의 고객에서 공급자의 공급자까지 전 프로세스에 걸친 가치사슬(Value Chain)의 최적화 및 이를 통한 가상기업(Virtual Company)의 구현이며 공급자의 공급자에서 시작하여 구매, 제조, 분배, 유통을 거쳐 소비자에게 이르는 모든 재화 및 서비스 그리고 그것에 흐름에 수반되는 가치의 흐름을 통합하고 연계하여 전체적인 시스템으로 이해하고 분석하려는 개념의 경영 패러다임이다. 즉, SCM은 공급자에서 고객까지의 공급사슬상의 정보, 물자, 현금의 흐름에 대해 총체적 관점에서 체인 간의 인터페이스를 통합하고 관리함으로써 효율성을 극대화하는 전략적 기법이다. 여기에서 공급사슬은 제조 산업, 서비스 산업 및 가정 등 어디에나 존재한다. 궁극적으로 공급사슬은 최종소비자인 고객을 위한 가치를 생산하는 통합된 프로세스를 의미한다. 공급사슬관리는 조직이나 과거의 업무 추진 방식에 개의치 않고 최대의 경영 효과를 도모하기 위해 공급자에서 고객까지의 기업 업무 전반을 최적화해 가는 관련 프로세스 흐름을 개선 통합하는 사고 방식을 기본으로 한다.

결국, 공급사슬은 고객, 소매상, 도매상, 제조업, 부품·자재 공급자 등의 공급 활동의 연쇄 구조를 나타낸다. SCM은 불확실성이 높은 시장변화에 공급사슬 전체를 기민하게 대응시켜 능동적으로 최적화를 도모하는 것이다. 이것은 기존의 Function중심의 경영기법(Function-Oriented)과 반대되는 개념인 Process-Oriented 경영을 구현한다고 할 수 있다. 그 이유는 공급사슬을 구성하는 각각의 Function을 통합하여 전체 흐름(Process)의 관점에서 변화를 꾀하기 때문이다. 이런 성격 때문에 SCM은 비즈니스 프로세스의 혁신적인 변혁을 통해 급격한 향상을 도모하는 BPR(Business Process Reengineering)의 개념과도 유사한 점이 있다.

SCM은 제품을 생산하는 기업이 부품의 구매, 제조, 판매까지의 모든 일정을 수립하고 고객의 수요계획 및 물류 현황을 체계적으로 정리, 제품의 흐름 (부가가치 물자 흐름)을 원활하고 효율적으로 수행할 수 있게 한다. 이를 위해서 단순한 내부적 통합을 포함하여 Supply chain 전체의 정보 흐름(소요량 정보흐름)을 유도할 수 있는 외부적 통합이 필요하다. 이것이 SCM의 시작이다. [그림 4.1]은 기업이 부품 및 원자재 조달부터 최종 고객에게 완제품이 전달되는 모든 유통 단계를 나타낸 그림이다.

나) SCM의 필요 배경

현대 사회는 인터넷을 중심으로 온라인상의 디지털 정보 기술이 주류라고 할 수 있다. 예전에 기차나 고속버스의 차표를 구하기 위해서 새벽부터 역이나 터미널의 예약 창구를 기다리거나 책을 구입하기 위해서 먼 거리의 서점을 방문

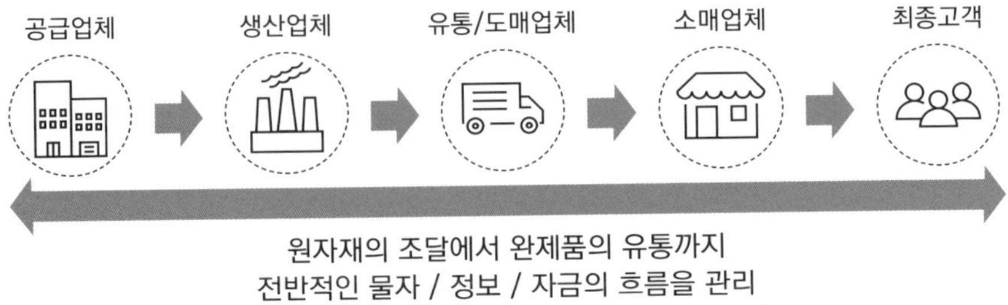

[그림 4.1] SCM(Supply Chain Management)

해야 하는 불편에서 벗어나, 인터넷 등 온라인에서 표를 예약하고 결제하며 휴대전화로도 서적을 구입할 수 있는 시대가 된 것이다.

이런 환경에서 고객은 제품이나 서비스를 더욱 빠르고, 편리하게 제공받기를 기대하기 마련이다. 또한 제품이나 서비스를 제공받은 후에 발행하는 문제에 대해서도 신속하고 신뢰성 있는 서비스를 원하게 된다. 이러한 고객의 요구 사항에 대해서 기업이 대응할 수 있게 하기 위해서는 업무 프로세스가 모든 요구 사항을 만족할 수 있도록 치밀하게 구성되어야 하는데 이에 대한 디지털 정보 기술의 뒷받침은 필수적이라 할 수 있다.

SCM의 필요성은 변화하는 경영 패러다임과 밀접한 관련을 가지고 있다. 급격하게 변하는 기업환경의 변화와 IT의 발전 등 Mass-Customization, Concurrent Engineering, BPR, Time-Based Competition 등이 요구되는 경영환경에서 SCM은 기업의 경쟁력을 높일 수 있는 방법으로써 인정되고 있다. 특히 제조업의 경우 제품을 생산하는 제조 단계에서의 시간 및 비용의 단축을 통한 경쟁력 향상을 도모하는 데에는 한계가 있다. 왜냐하면, 부가가치의 60-70% 정도가 제조 과정 외부의 공급사슬상에서 이루어지기 때문이다. 기업들은 제품의 생산주기를 단축하고 품질을 개선하는 데 노력해 왔으나, 이와 같은 기업의 단독적이고 내부적인 개선을 통해서는 그 효과가 한계에 다다르게 되었다. 그래서 기업은 기업 외부의 여러 요소들을 함께 고려하여 부가가치의 향상을 모색해야 한다. SCM의 필요성을 요약하면 다음과 같다.

· 고객 만족과 부가가치 창출의 측면에서 공급사슬의 관리가 더욱 중요.
· 물류, 재고 및 생산 관리에 대한 불확실성을 수동적으로 흡수하는 데에는 한계.
· 정보전달의 지연 및 왜곡현상으로 인해 공급사슬의 최종 단계인 소비자의 요구사항이 공급자에게 올바르게 전달되지 못함.
· Globalization은 공급사슬의 리드타임을 증가시키고 그 구조를 더욱 복잡하게 만들기 때문에 효과적인 관리가 필요.
· Mass Customization은 다양한 소비자의 요구를 받아들여 다품종 소량생산을 가능하게 하여야 하므로 생산자 입장에서는 더욱 복잡한 재고, 생산 관리가 요구.
· 기업 간의 과다한 경쟁으로 비용 및 리드타임 감소가 시급한 문제.

BPR을 통한 ERP의 보급으로 기업의 프로세스가 향상되어 공급사슬의 개선, 통합이 수월해졌다. 또한 EC, Internet, Extranet, EDI(Electronic Data Interchange) 등과 관련 IT의 발전은 SCM의 기술적인 요구사항을 충족시켜주고 있다.

다) SCM의 발전 방향

SCM이란 그 기본이 공급사슬 전체를 보고 최대의 효율을 목표로 프로세스를 꾸준히 혁신하는 활동이고 이것을 뒷받침하는 것이 정보시스템과 관련 업체 간의 협력이다. 따라서 여기에는 조직, 예산, 책임과 권한이 재조정되고 설정되어야 하기 때문에 추진하는데 어려움이 따른다. 때문에 각 계층에 걸쳐 교육을 실시하는 동시에 경영층으로부터 적극적인 지원이 요구된다.

SCM의 발전은 추진 주체의 의지와 관련 업체의 여건에 따라 속도와 양상의 차이가 있다. 즉 현재의 거의 모든 조직은 기능 중심으로 세분화되어 있어서 각 기능 사이에는 눈에 보이지 않은 공간이 있다. 이러한 빈 곳에서 업무, 시간 등의 누수가 발생하여 오늘과 같은 복잡하고 빠른 경쟁상황에서 기업은 경쟁력을 잃어가게 된다. 따라서 이 같은 현재의 기능 중심의 업무체계를 다음 단계인 프로세스 중심으로 재구축함으로써 각 기능 사이에 약간의 업무중복 부분이 발생하더라도 공간이 없어지게 되고 프로세스가 축소된다. 또 단계가 단순화되기 때문에 누수가 예방되고 업무처리가 빨라져 효율이 대폭적으로 개선된다. 마지막 단계는 이러한 프로세스 중심의 체계를 더욱 단순화하고 프로세스들을 큰 단위의 프로세스로 통합, 좀더 넓은 시야를 가지고 업무를 수행하는 체계가 갖추어질 수 있다. 이를 통해 SCM을 효과적으로 추진할 수 있게 된다.

라) SCM의 기대 효과

SCM을 통해 얻어지는 효과와 이익은 SCM을 적용하는 산업과 적용하는 범위와 깊이에 따라 다르다. 또한 여기에 참여하는 기업에 따라 차이가 있게 마련이다. SCM의 가장 기본적인 사상인 정보를 적시에 제공하고 그 정보를 SCM

에 참여하는 모든 거래 당사자들이 공유하는 것과 공급사슬 전체의 당사자들이 공동으로 계획하고 실천함으로써 SCM의 효과와 이익은 모든 부분에서 얻어질 수 있다. SCM을 통하여 재고 감소, 업무 절차의 간소화, 업무처리의 시간 단축, 부가가치 없는 작업 제거 등의 효과를 얻을 수 있다.

2.2 eSCM

eSCM이란 디지털 기술을 활용하여 공급자, 유통패널, 소매업체, 고객 등과 관련된 물자, 정보, 자금 등의 흐름을 신속하고 효율적으로 관리하는 것을 나타낸다. 디지털 환경은 SCM 전반에 걸쳐 새로운 패러다임의 도입뿐 만 아니라 최적화를 가능하게 하였다. 더불어 공급자에서 고객에 이르기까지 공급사슬상의 물자, 정보, 자금 등을 통합 관리함으로써 공급자, 고객, 기업의 다양한 니즈를 만족시키고 업무의 효율성을 극대화하게 되었다.

e비즈니스에서 모델 수립 시 가장 중요한 고려 요소 중 하나가 고객과의 약속, 즉 주문 이행(Order Fulfillment)을 효율적으로 수행하기 위해 전체 공급사슬을 어떤 방식으로 연계시키느냐 하는 것인데 기업이 아무리 훌륭한 비즈니스 개념 및 관리 역량을 보유하고 있다고 해도 약속한 제품·서비스를 고객들에게 제대로 전달하지 못한다면 사업을 성공적으로 수행할 수 없다. 따라서 e비즈니스가 성공적으로 추진되기 위해서는 인터넷 및 디지털 기술을 전략적으로 활용하여, 기업의 공급사슬 관리의 효과·효율성을 최적화함으로써 고객 만족도 및 기업 성과를 높일 수 있어야 하며, 이러한 배경하에서 등장한 것이 바로 eSCM(electronic Supply Chain Management)이다.

가) eSCM과 EC와의 관계

기존의 공급사슬상의 기업 간 구매, 조달 프로세스를 통합, 개선하는 eSCM은 EC, 특히 B2B시장에서 경쟁력을 높이기 위해 수행해야 할 문제와 상응한다. 최근에는 공급사슬상의 업체 간 구매, 조달 프로세스를 통합하는 솔루션들과 EC솔루션과의 경계가 모호해지고 있는 실정인데, B2B는 전자 거래시스템, 특히 인터넷 등 온라인을 이용한 기업 간의 거래를 의미하는 것이므로, 기업 간의 공급사슬이 당연히 존재하기 때문이다.

eSCM과 EC는 어느 것이 다른 것을 보완하는 일방적인 관계가 아니라 상호 보완적이다. eSCM을 통해서 EC업체는 경쟁력을 얻게 되고 EC를 가능하게 하는 인터넷 등 관련 IT와 정보시스템은 eSCM에 필요한 기술을 제공한다.

나) 디지털 환경과 eSCM

디지털 기술의 발전으로 등장한 인터넷을 통해 기업들은 매우 저렴한 비용으로 상호 연계가 가능하게 되었고, 누구나 활용 가능한 표준 제정이 가능하게 되었다. 이를 통해 기업은 오프라인 환경하에서의 공급사슬 관리와는 전적으로 다른 보다 효율적인 관리가 온라인의 활용을 통해서 가능하게 된 것이다. 과거 기업들이 부문·기업 간 정보 공유의 효율화를 위해 활용한 VAN(Value Added Network)을 기반으로 한 EDI(Electronic Data Interchange) 방법은 응용 프로그램에 대한 표준 부재 및 많은 비용이 소요되기 때문에 일부 대기업을 제외하고는 시스템 구축이 용이하지 않다는 한계가 있었다.

디지털 기술이 SCM에 미친 중대한 영향으로는 수직적 가치사슬의 해체, 직거래, 보유 자산의 최소화 등을 들 수 있다. 과거 기업들은 수직적 가치사슬 구축을 통해 공급자, 유통 채널, 고객 등과 관련된 정보를 신속하게 획득, 전달할 수 있었고, 이를 통해 업무 프로세스의 효율성 제고 및 고객 대응 능력을 높일 수 있었다. 따라서 기업이 구축한 가치사슬의 수직적 통합은 지금까지 가장 강력한 경쟁 우위 확보 수단으로 작용하였다. 그러나 인터넷의 등장으로 인해 매우 저렴한 비용으로 전 세계를 네트워크로 연결시킬 수 있게 됨에 따라 관련 정보의 검색, 타 기업과의 정보 공유, 그리고 거래 업체를 변경하는 것이 과거와는 달리 매우 간단하고 저렴한 비용으로 가능하게 되었다. 이러한 결과, 기업들은 가치사슬상의 일정 부분을 직접 소유하지 않거나 또는 비즈니스 프로세스상의 특정 부문의 업무를 통합 또는 폐지하는 것이 가능해졌다. 또 고객, 공급업체, 그리고 유통업체와의 의사소통 및 협력 관계가 보다 수월해지고 그 내용이 풍부해졌다. 이를 통해 기존 가치사슬을 보다 유연하게 결합한 새로운 메커니즘으로 변환이 가능하게 되었다.

이러한 전통적 가치사슬의 붕괴는 새로운 사업 모델을 탄생시켰고, 정보 흐름과 실물 흐름을 분리함으로써 기존 시장에 새로운 형태의 경쟁자들이 나타나게 되었다. 대표적인 예로는 오프라인 매장을 보유하지 않고 온라인상에서만 영업을 수행함으로써 기존 오프라인 시장에 도전장을 내민 아마존을 들 수 있다. 또한 수직적으로 통합된 가치사슬 중에서 비전략적 부분 또는 많은 자본이 투입되는 부분을 아웃소싱하는 형태가 많이 등장하고 있는데, 강력한 브랜드 및 마케팅력만을 보유하고 생산 등 기타 부문을 아웃소싱하는 전략을 취하고 있는 나이키 등이 대표적인 예이다.

디지털 환경으로 인해 기업의 수직적 가치사슬은 해체되지만, 다른 한편으로 e비즈니스의 연관 분야 또는 타 산업으로 기업들이 진출하는 수평적 확장

현상이 가속화되고 있다. 기업들은 이러한 수평적 확장을 통해 향후 통합된 경쟁력을 바탕으로 지속적인 성장을 추구한다. 초기 웹을 통한 도서 판매에 치중하던 아마존은 점차 사업 영역을 음반, 전자 제품 및 소프트웨어, 장난감, 게임기기 등의 판매 외에도 경매, 고객 주문을 처리하기 위한 물류 부문까지 확장하였다. 1995년에 설립된 전자 시장인 PlasticsNet은 초기 Resin, Industrial Supplies 등 플라스틱 제품의 구매자와 판매자를 연결시키는 역할에 주력하였지만 현재는 이러한 거래를 지원하기 위해 Financing, Logistics 등의 분야로 그 업무 영역을 계속 확대하고 있다.

디지털 기술이 SCM에 미친 영향을 직거래(Disintermediation) 측면에서 살펴보자. 인터넷의 등장으로 고객 및 공급업체와의 직접 접촉 및 거래가 매우 용이하게 되었다. 이에 따라 과거 중요 정보, 물자 흐름을 점검해 줌으로써 가치를 창출하는 중간 유통업자의 입지는 상대적으로 약화되고 있다.

예를 들어 기존 음악 산업의 경우, 음반이 제작되면 이러한 음반은 도매업자, 그리고 소매업자의 손을 거쳐 고객에게 판매되며, 또한 라디오·TV 방송을 통해 고객들이 시청·청취할 수 있었으나 e비즈니스 환경에서는 온라인 판매 웹 사이트 및 뮤직 포털을 통해 중간 유통업체를 거치지 않고, 고객들에게 직접 음악을 전달하고 판매하는 것이 가능하게 되었다. 고객과의 직거래가 가능해짐에 따라 기존 중간 유통업체의 입지는 약화되지만, 복잡하고 다양한 정보의 취사 선택을 도와줌으로써 고객들로 하여금 보다 효율적으로 폭넓은 선택을 할 수 있도록 도와주는 새로운 중간업체(Infomediary)가 등장하고 있다. Infomediary(Information과 Intermediary의 합성어)는 고객과 기업 사이에서 상호 간 정보 교환의 효율성을 높여주는 가교 역할을 수행하는데 기업들은 중간업체를 적절히 활용함으로써 공급업체 및 고객을 모색하는데 투입되는 비용을 절감할 수 있게 되며, 고객들은 보다 다양한 정보 획득 및 효율적인 구매가 가능하게 되었다.

보유 자산의 최소화는 기업경영 측면에서 많은 장점을 가진다. 인터넷을 기반으로 한 e비즈니스의 등장은 자본이 많이 투입되는 분야 및 비핵심적인 분야에 대한 아웃소싱 또는 전략적 제휴를 매우 용이하게 만들어 준다. 이에 따라 기업은 전략적 제휴 등을 통해 최소한의 인원·자산만을 확보하고서도 고객들에게 최선의 서비스 제공 및 효율적으로 사업을 운영할 수 있는 방안 모색이 가능해졌다.

다) eSCM의 정의

eSCM이란 디지털 기술을 활용하여 공급자, 유통 채널, 소매업체, 그리고 고객 등과 관련된 물자·정보·자금 등의 흐름을 신속하고 효율적으로 관리하는 것을 의미한다. 디지털 환경은 과거에는 불가능했던 공급사슬상의 조달, 물류, 고객 관리 등 SCM 프로세스 전반에 걸쳐 새로운 패러다임 도입 및 최적화를 가능하게 하였다 공급사슬이 기업의 물자·정보·자금 등이 가치사슬을 따라 움직이면서 일련의 부가가치를 발생시키는 프로세스를 의미한다면 SCM은 이러한 공급자에서 고객까지의 공급사슬상의 물자, 정보, 자금 등을 총체적인 관점에서 통합하고 관리함으로써 공급자, 고객, 그리고 기업 내부의 다양한 니즈를 만족시키고 업무의 효율성을 극대화하는 전략적 기법이다.

[그림 4.2]는 기업들 간의 공급자, 유통 채널, 소매업체, 그리고 고객 등과 관련된 물자·정보·자금 등의 흐름을 나타내는 eSCM 시스템 구성도이다.

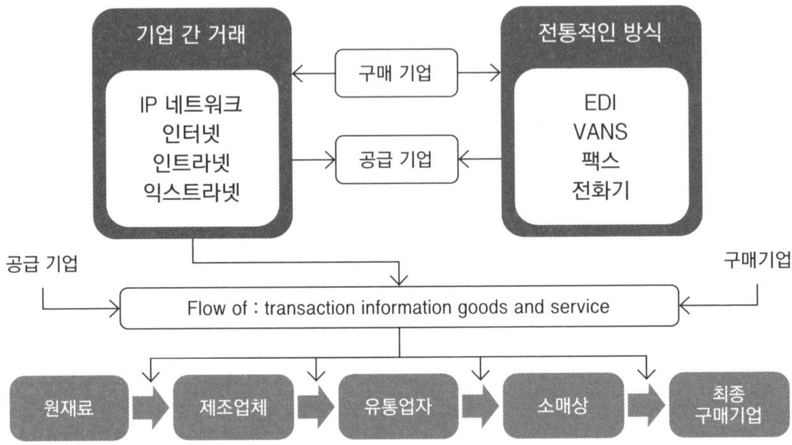

[그림 4.2] eSCM: 시스템 구성도

eSCM을 통해 기업들이 추진하는 목표는 다음과 같다. 즉, 디지털 환경으로 인해 등장한 새로운 패러다임에 부합할 수 있도록 비즈니스 흐름을 리엔지니어링 하고, 디지털 기술을 활용하여 판매, 원재료, 구매, 제조, 물류를 동기화하여, 이를 바탕으로 고객에 대한 대응 능력 제고 및 새로운 서비스 제공을 통해 고객 만족도를 향상시키는 것이다.

라) eSCM의 효과

기업들은 eSCM의 실행을 통해 거래 및 투자 비용의 최소화, 재고 감축, 보다 개별화된 고객 서비스 제공, 사이클 타임의 단축, 수평적 확장의 용이 등의 효과를 가져올 수 있다.

전략적 제휴와 아웃소싱 등 가상 네트워크 형성을 통한 업무 수행이 용이해지기 때문에 거래 및 투자 비용의 최소화로 최소한의 자산 보유만으로도 사업 수행이 가능하다. 공급사슬을 통합함으로써 공급자 및 구매자 간 정보 이전에 필요한 비용과 시간을 줄일 수 있다. 공급자, 구매자 간 정보 공유에 의해 공급자들은 구매자의 재고 정보를 실시간으로 파악, 구매자들이 필요로 하는 물량을 자동적으로 보충해 줄 수 있기 때문에 공급자, 구매자 모두 안전 재고 수준을 낮출 수 있는 것이다. 실제로 공급사슬의 Cycle Time은 25~50%, Response time 역시 25~50% 정도가 감소 가능한 것으로 조사되고 있다. 이로 인해 재고 물량 및 금액이 감소하여 수요의 불확실성이 개선될 수 있다.

또한, 데이터를 분석하여 각 고객들의 니즈를 충족시킬 수 있는 개별화된 서비스 제공이 가능하고 공급사슬의 자동화, 중간 유통 업체의 제거를 통해 전체 주문 이행 사이클 타임의 단축이 가능하다. 이를 통해 고객 니즈 변화에 대한 신속한 대응이 가능해지며 고객 만족도 역시 향상된다. 더구나 가상 네트워크 형성을 통해 현 사업 수행의 인프라 영역 또는 수평적 확장이 용이해 타 산업으로의 진출이 가능하다는 장점이 있다.

마) eSCM 발전 단계

eSCM의 발전 단계는 크게 채널 확장, 채널 통합, 통합 조정 역할 강화 그리고 수평적 확장의 발전 단계를 보인다.

첫째 채널 확장 단계에서는 우선 고객과의 접점 확대에 중점을 두게 되는데 고객 접점 확대·마케팅 혁신을 위해 기업들은 회사 미션, 제공하는 제품 및 서비스내용, 기타 유용한 정보를 제공하는 웹 사이트, 앱 등을 개설한다. 인터넷 등 온라인을 활용함으로써 공급업체와 고객에 대한 보다 다양하고 심층적인 정보 획득이 가능하게 된다. 그러나 정보시스템 및 공급사슬이 완벽하게 통합되지 않았기 때문에 전자 구매(eProcurement)의 실시 또는 배송 서비스에 대한 혁신은 아직 실시하지 못한다.

두 번째 채널 통합 단계는 고객 가치 제공을 위해 공급사슬상에서 고객 및 공급업체와 관련된 중간 단계의 통합을 모색한다. 중간 유통 단계를 거치지 않고 고객 및 공급업체와 직접 거래를 수행하며, 개별 고객 니즈를 충족시킬 수 있는 서비스도 제공한다. 이 단계에서는 외부 파트너 및 제휴 업체와 실시간 정보 교환을 함으로써 구매업체·공급업체 간의 상호 커뮤니케이션 및 협력이 보다 활성화되고 프로세스 효율화가 가능하다.

셋째 통합·조정 역할의 강화 단계에서 기업은 아웃소싱의 강화 및 전략적 제휴 등을 통해 보다 효율적으로 공급사슬을 관리하고, 자신은 보다 핵심 경쟁우위를 가지고 있는 분야에 주력하게 된다. 브랜드, 마케팅 등 기업의 핵심 역량을 활용하여 제휴 업체에 대한 전략적 통제를 실시한다. 아웃소싱·전략적 제휴를 통한 투하 자본의 절감과 신속한 프로세스 진행을 통한 고객 서비스 제고를 추구하다.[5] 수요와 공급의 동기화 및 이를 통한 공급사슬 흐름의 신속화를 통해 고객 서비스가 향상되며, 대응 체제도 사전 제조(Build-to-Stock) 방식에서 주문 생산(Build-to-Order) 방식으로 쉽게 이동이 가능하다.

넷째 수평적 확장 단계에서는 전략, 조직, 프로세스 등을 변화시켜 새로운 비즈니스 모델 및 시장을 창조하게 된다. 향후 기업의 공급사슬은 비즈니스와 관련된 여러 기능을 통합하여, 다양한 사업 모델의 실행이 가능할 수 있도록 확

---

5 Dell의 경우 네트워킹 장비에 대한 온라인 주문의 약 45%는 직원들의 손을 거치지 않고 바로 고객 정보가 생산 파트너로 전달된다.

대될 것이다. 기업들이 고객의 복합적 니즈 충족을 위해 제품과 서비스를 융합시키기 때문에 산업간 경계가 희석되고, 기업들은 전략적 제휴 및 파트너십 형성을 통해 다양한 산업으로 진출할 수 있으며, 가상의 전자 시장을 통한 커뮤니티가 형성된다.

그러나, 이러한 발전 단계는 반드시 순차적으로 이루어지는 것은 아니다. 기업들은 적절한 전략 수립 및 자원 투입을 통해 보다 발전된 SCM 모형을 정립할 수 있다. 기업들이 SCM을 구축하기 위해서는 공급사슬 관리의 목표 명확화, 현 공급사슬의 문제점 분석, 비즈니스 모델 정립, 담당 조직의 구성 등의 단계를 거쳐야 한다.

바) eSCM 실행 전략

① 기업 주도형 모델

기업주도형 모델은 기업이 웹 사이트를 구축하고 주도적으로 관련 데이터를 통합·관리하는 접근법이다. 해당 기업은 공급업체로부터 데이터를 제공 받아 필요에 따라 적절한 포맷으로 전자 카탈로그를 설정하고 이를 관리한다. 관리 기업이 자신의 필요에 따라 언제나 아이템 변경이 가능하기 때문에 관리 유용성이 높고 공급업체에 대한 통제가 용이하다는 장점이 있다.

② 시장 포털형 모델

시장 포털형 모델은 업종 또는 산업 공통의 온라인 시장을 활용하여 고객 및 공급자에 대한 접근성 및 효율성을 제고시키는 방법이다. 포털 업체 또는 중간 업체가 공급업체들의 모든 데이터 및 정보를 수집하여 데이터를 표준화시키고

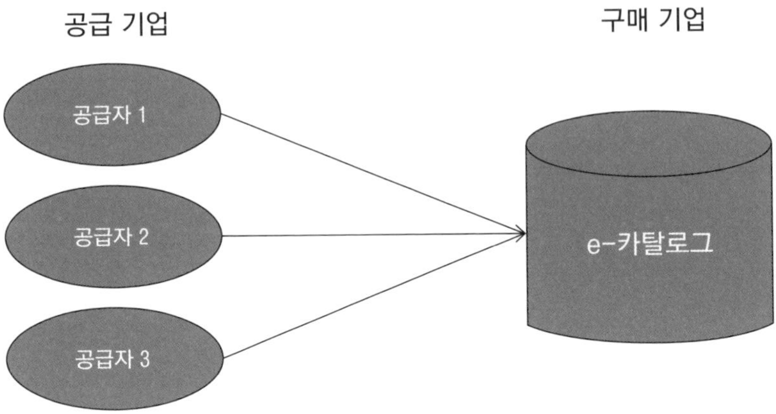

[그림 4.3] 기업 주도형 모델

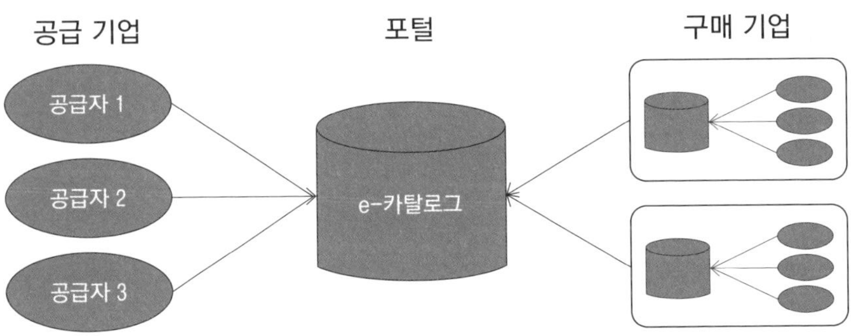

[그림 4.4] 시장 포털형 모델

마스터 카탈로그를 설정한다. 고객은 마스터 카탈로그가 지원하는 다양한 제품의 구매가 가능하고, 판매업체도 고객에 대한 도달성이 높아져 다수의 고객에게 자신의 제품을 판매하는 것이 가능하다.

사) eSCM 추진의 성공요인

SCM의 성공적 추진을 위해서는 e비즈니스 전략과의 적절한 연계, 조직 문화 변화, 적절한 IT 활용이 필요하다.

SCM은 기술적 이슈가 아닌 사업 전략적 이슈이다. 따라서, 상이한 전략 목표에 따라 다양한 공급사슬 구조의 선택이 가능하다. 특히 고객을 만족시켜야 한다는 막연한 생각에서 출발하여 시스템을 구축하는 것은 실패의 가능성이 높다. 고객의 원하는 것이 무엇이고 이를 위해 자사가 어떤 목적을 가지고 어느 부분까지 해결해야 할 것인가를 명확하게 결정해야 한다. 즉, 사업 수행의 명확한 전략적 목표와 범위를 설정한 후 이러한 목표를 달성하기 위해 수요, 생산 규모, 전략적 스케줄링, 성과 측정 방안 등 공급사슬의 기본 요소를 어떻게 운영할 것인가를 결정해야 한다.

SCM은 단지 시스템이 구축되었다고 해서 성공적으로 실행되는 것은 아니다. 따라서 실제 시스템을 움직이는 구성원들의 협조와 역량 확보가 성공의 필수 요소이다. 구성원들은 이제 단순히 구매·배송을 담당하는 좁은 의미의 역할 수행자가 아니라, 전체적인 관점에서 업무를 수행하고 상황 변화에 적절히 대응할 수 있는 지식 근로자로 전환되어야 한다. SCM의 성공적 운영을 위해서는 IT 등 기술적 문제보다 오히려 비기술적 문제가 더 중요할 수 있다는 사실을 인식하고, 필요 조직 구축, 조직 환경 변화에 대한 준비 및 조직 구성원에 대한 교육 등에 적절한 자원을 투입해야 한다.

SCM 실행 시에는 업무 프로세스 변경에 따라 각 조직의 역할 및 책임에 대한 변화가 발생한다. 따라서 각 조직의 역할 및 책임을 재설정해야 한다. 각 부문 및 구성원들이 새로운 업무 수행 프로세스를 이해하고 이를 제대로 활용할 수 있도록 교육이 필요하다. 또 기존 업무 중 많은 부분이 중요성이 적어지거나 수행 필요성이 없어지게 되므로 여유 인력의 효율적 활용 방안을 모색해야 한다. 조직 변화, 업무 프로세스 변화에 따른 새로운 서비스 기능이 필요하다. 변화에 대한 구성원들의 저항을 피하기 위해서는 최고 경영층을 비롯한 모든 부문과 각 부문별 기능들이 모델 설정 초기 단계부터 참여하는 것이 필수적이라 할 수 있다.

또 다른 SCM의 성공적 구축 요소 중 하나는 정보 기술을 효율적으로 활용하여 타기업과 차별화된 서비스를 제공할 수 있는 공급사슬을 구축할 수 있느냐 하는 것이다. SCM을 수행하는 IT의 핵심은 하드웨어와 소프트웨어, 기본적인 기술의 표준화, 다양한 애플리케이션 패키지 개발, 지역 간 통신 네트워크 등 매우 광범위하며, 이러한 다양한 시스템의 통합을 위한 설계가 필요하다. IT 시스템 구축 시에는 데이터 처리량의 증가, 향후 정보 처리 환경 변화에 대한 적응 및 대응 가능성을 고려하여야 하며, 협력업체와 공유가 필요한 정보를 분석하고 공유 방안을 모색해야 한다. 또한 온라인상에서의 정보 교류 및 공유 시 발생할 수 있는 보안상 문제를 해결할 수 있는 방안도 고려해야 한다.

3. CRM (Customer Relationship Management)

기존 마케팅의 경우, 고객을 질적인 관점에서 관리하기보다 양적인 관점에서 고객을 관리하였다. 그러나 기업 수익의 대부분이 기존 고객으로부터 나온다는 사실에서 기존 고객 관리가 중요한 화두로 등장하게 되었다. 그래서 고객 만족을 통한 경쟁우위 확보의 수단이 가장 중요한 마케팅 포인트로 등장하게 되었다. 즉 양적인 팽창보다는 질적인 접근이 요구되고 있고 이러한 문제를 해결하기 위해 CRM이 등장하게 되었다. CRM은 고객관계관리라 하며, 기존 고객들을 유지하는 것이 더 수익성이 높으며, 기존 고객의 재 구매나 교차판매를 통해 얻게 되는 이익 흐름의 가치인 평생 가치(Life-Time Value)[6]가 높은 고객들이 회사 이익의 대부분을 창출하기 때문에 라이프 사이클이 높은 고객들을 획득하고 유지하는 것이 중요하다는 사실이다.

21세기는 지식 정보화 사회로 정보를 지식화하여 잘 정제하고 활용하는 것이 주요 관건이 되고 있다. 지식 정보화의 시장 경제에서 고객의 요구 사항은 다양해지고 기업 간의 경쟁이 심화되고 있다. 고객의 정보를 얼마나 잘 관리하고 잘 정제하였는지가 핵심 요인이 된다. 고객 정보를 잘 관리하고 이를 기업 조직에 잘 반영하여 고객과의 관계를 잘 구축한 경우 기업 경영에 좋은 성과를 거두고 고객별로 차별화된 서비스를 제공하는 기업의 경우 더 많은 실적을 올리고 있다.

인터넷의 급속한 성장으로 인터넷을 기반으로 하는 정보시스템을 활용하여 온라인상에서 바로 고객 관계 관리를 수행하고 최신의 고객 정보를 통해 최대의 기업 성과를 올리기 위해 CRM에 대한 관심이 높아졌다. CRM은 다양한 IT 기술을 활용하여 CRM을 수행하는 것으로 인터넷 사용자가 확산됨에 따라 인터넷 등 온라인을 통한 고객 자료의 수집, 가공, 활용을 통해 One-To-One 마케팅을 실현하고자 하는 것이다.

---

6 고객의 평생가치는 한 고객이 한 기업의 고객으로 존재하는 전체 기간 동안 기업에게 제공할 것으로 추정되는 재무적인 공헌도의 합계라고 할 수 있다. (대한상공회의소 전자상거래지원센터)

CRM에 대해 논의하기에 앞서, e를 뗀 일반적인 CRM(Customer Relationship Management)에 대해 생각해 보기로 하자. 사실, CRM은 온라인 공간상에서의 CRM이며, 그에 따라 활용할 수 있는 도구들은 다르지만 기본적인 관점은 일반적인 CRM과 같기 때문이다.

CRM이란 수익을 창출해 낼 수 있는 고객을 획득하고 유지하기 위하여 기업의 현재와 잠재고객을 파악하고, 이들의 요구를 이해, 예측, 관리하기 위한 경영전략이라 정의할 수 있다. 과거의 경영 활동이 주로 제품중심으로 이루어져 왔다고 볼 때, 고객관계에 기반을 둔다는 것은 경영 관리 활동이 고객과 고객, 고객과 기업 사이의 관계에 대한 이해를 바탕으로 이루어진다는 의미이며, 이익 극대화라는 목적과 함께 고객 만족(Customer Satisfaction) 최대화를 위해 다양한 고객 접점으로부터 얻어지는 고객에 관한 데이터를 통합, 가공, 활용하는 과정을 포함한다.

고객관계 경영이라는 용어 자체에서 알 수 있듯이 고객과의 장기적 관계를 강조한다는 점에서는 모두 공통점을 갖는다. 이런 공통점을 체계적으로 정리해 보면 CRM이란 고객에 대한 다양한 지식을 바탕으로 개개인에게 적합한 차별적 제품과 서비스를 제공함으로써 고객과의 관계를 지속적으로 유지하여 수익을 창출하는 경영 활동이라고 할 수 있다.

3.1 CRM 정의 및 분류

가) CRM의 개념 및 정의

과거의 마케팅은 기업이 상품을 만들어 특별한 고객 정보 분석이 없이 상품에 대한 홍보 및 광고가 주류를 이루었다. 하지만 현대에는 이러한 마케팅 활동에 의한 기업의 수익을 향상시키는 데 한계를 느끼고 이러한 상황에서 고객에 대한 이해를 바탕으로 한 마케팅 활동이 등장하게 되었다. 이러한 고객에 대한 이해를 바탕으로 영업, 마케팅, 고객 서비스 프로세스를 재구성하는 일련의 활동을 고객관계관리, 즉 CRM(Customer Relationship Management)이라 한다.

CRM은 다양한 채널을 통한 고객과의 커뮤니케이션으로부터 수집된 정보를 기반으로 고객과의 관계를 유지 발전하는 과정이다. 즉 신규 고객 획득, 우수 고객 유치, 고객가치 증진, 잠재 고객 활성화 및 평생 고객 확보를 목표로 고객 분석을 통해 고객을 이해하고 이를 통해 고객과 지속적인 관계를 유지함으로써 고객 가치를 극대화하기 위한 일련의 과정이라 할 수 있다.

정보 기술의 발달로 고객 데이터 활용이 활발해졌고 개별 고객 단위로 고객의 가치 측정이 가능해졌으며 어떻게 충성도 높은 고객과 관계를 구축하고 이를 지속적으로 유지할 것인가를 이해하고 가장 효율적인 방법을 찾을 수 있는 방법을 알 수 있게 되었다.

기업 내-외부의 데이터를 전체 조직의 관점에서 통합 시스템을 구축하고 이러한 기반 하에서 기업에 필수적인 고객 정보를 데이터마이닝(Data Mining)[7]을 기반으로 분석하여 기업의 신속한 의사결정을 할 수 있도록 정보를 제공하는 역할을 한다. CRM은 궁극적으로 고객 로열티(Loyalty) 향상을 통한 고객의 평생 가치(LTV: Life Time Value) 증대를 목적으로 한다.

---

7 많은 데이터 가운데 숨겨져 있는 유용한 상관관계를 발견하는 것

나) CRM 분류

CRM에 대한 기본적인 분류는 주로 메타그룹의 CRM 산업 보고서(The Customer Relationship Management Ecosystem 1999)에 대한 분류기준을 따른다. 메타그룹의 분류에 따르면 CRM은 프로세스 관점에 따라 운영(Operational) CRM, 분석(Analytical) CRM, 협업(Collaborative) CRM이다.

① 운영(Operational) CRM

CRM의 구체적인 실행을 지원하는 시스템이다. 기존의 ERP시스템이 조직 내부의 관리(Back-End)[8] 효율화를 담당하는 시스템임에 반하여, 운영 CRM은 조직과 고객 간의 관계 향상, 즉 조직의 전방위 업무(Front-End)[9]를 지원하는 시스템이다. 이것은 주로 영업과 서비스를 위한 시스템이다. 최근에는 이러한 운영 CRM을 구현하기 위한 방법으로서 전자적자원관리(Enterprise Resource Planning)가 가지고 있는 기능(재무, 생산, 재고 및 인사관리 등) 중에서 고객 접촉과 관련된 기능을 강화하여 ERP의 기능을 확장하거나 고객관계관리를 위해 전용으로 개발된 모듈과 기존 ERP를 통합하는 차원으로 접근한다. 이렇게 함으로써, 고객 수익성을 극대화할 수 있게 된다. 예를 들어 직접 마케팅을 수행하기에 앞서 충분한 재고를 확인하는 것이나, 캠페인 수행 시 재고 확보 및 생산 일정을 점검하는 일등은 궁극적으로 고객관계를 개선하게 한다. 운영적 CRM의 단계를 개괄적으로 살펴보면 다음과 같다.

---

8 주문처리, 생산, 구매, 재고, 물류, 회계 등

9 마케팅, 영업 및 고객 서비스 등

·1단계: CRM 응용시스템 구축

마케팅 데이터베이스, 판매 관리 시스템, 회계 관리 시스템, 콜센터 시스템, 생산·출하 시스템 등 각 업무에 따라 기업 전반에 분산되어 흩어져 있는 고객 정보가 통합되어야 한다. 통합된 고객 정보, 구매 정보, 그리고 상품 정보 등을 유기적으로 결합시켜 추후 분석적 CRM에서 활용할 유용한 정보들을 적적히 뽑아낼 수 있도록 구축되어야 한다.

·2단계: 비즈니스 인텔리전스 구축

축적된 고객지식은 비즈니스 인텔리전스로 발전되어 실시간 다차원분석을 통하여 고객을 세분화 등 분석 활동을 하는 데 고객 정보가 쉽게 이용될 수 있고, 효율적으로 캠페인 관리와 연계 및 활용될 수 있도록 하는 지원체계를 확립하는데 기반이 된다.

·3단계: 마케팅 목표설정

앞서 두 개의 단계를 통해 구축된 고객 정보와 비즈니스 인텔리전스를 통해 고객 집단을 세분화하고 마케팅의 대상이 되는 목표 고객 집단을 설정한다. 마케팅 목표의 설정은 고객 수익성 증대가 이루어질 수 있도록 정확하게 이루어져야 한다.

·4단계: 캠페인

3단계에서 설정한 목표 고객 집단에 대해 앞서 분석한 고객 정보를 기반으로 적절한 캠페인을 개발하고 수행한다. 캠페인 결과는 다시 고객분석을 위한 기초자료로 이용된다.

·5단계: 영업 및 고객 서비스

캠페인에서 발생된 잠재 고객들에게 영업 프로세스를 모든 채널에서 수행한다. 영업 프로세스에서는 교차판매와 상향판매를 수행할 수 있게 지원이 되어야 한다. 고객 서비스란 고객관계를 원활히 하고, 수익 증가와 고객의 충성도를 증진시키기 위해 최적의 채널을 통해 고객을 지원하고, 고객의 불만이나 질의 사항에 응함으로써 사후 유지 보수하는 것을 말한다.

② 분석(Analytical) CRM

분석 CRM은 영업·마케팅·서비스 측면에서 고객 정보를 활용하기 위해 고객 데이터를 추출, 분석하는 시스템이다. 이를 통해 사업에 필요한 고객과 시장의 세분화, 고객 프로파일링, 제품 컨셉의 발견, 캠페인 관리, 이벤트 계획, 프로모션 계획 등의 기회 및 방법에 대한 아이디어가 도출될 수 있다. 고객 데이터의 과학적인 분석을 위하여 데이터마이닝 기술이 매우 중요한 이슈로 부각된다. 분석적 CRM은 CRM의 기반 기술들인 데이터웨어하우징(DataWarehousing), 데이터마이닝, OLAP 등의 기반 기술을 이용하여 고객의 행동양식을 분석, 예측하고 이를 통하여 고객의 충성도를 확보하는 것을 목표로 한다. 분석적 CRM의 단계를 좀더 자세히 살펴보면 다음과 같다.

·1단계: 고객 분석 및 세분화

CRM을 위한 전략을 구상하는 단계로, 다양한 고객 속성 및 구매 정보 또는 데이터마이닝 기법들을 이용하여 고객의 성향을 다차원적으로 분석하고 그 결과로 고객을 세분화하여, 각 고객 집단별로 구매를 창출할 수 있는 마케팅 전략을 수립하는 단계이다. 이러한 분석과 세분화는 이후 캠페인 관리와 효율적으로 연계, 활용될 수 있도록 지원체계가 확립되어야 한다.

·2단계: 캠페인 관리

1단계에서 수립된 전략에 근거하여 반복적으로 다양한 채널을 통해 캠페인을 실시한다. 이때 반복적으로 수행된 캠페인의 결과를 여러 각도에서 분석하여 보다 개선된 캠페인을 도출할 수 있도록 한다. 즉, 축적된 캠페인 결과 자료들을 이용하여 최적의 캠페인을 수행하도록 한다.

·3단계: 고객 판매 및 서비스 제공

2단계에서 수행된 캠페인들의 결과를 수확하는 단계로 고객을 상대로 판매행위를 하여 실질적인 매출 신장을 성취하는 단계이다.

·4단계: 고객 반응 접수

앞에서의 단계들을 통해 수행된 일련의 마케팅 과정에 대한 고객의 만족도를 조사하여 이를 분석하고 그 결과를 다시 1단계에 반영하여 한층 개선된 고객관계를 정립한다. 이때, 캠페인 성과의 분석 내용으로는 캠페인 실적분석, 고객 반응분석, 채널 효율성 분석, ROI(Return On Investment, 투자수익률)분석 등이 있다.

③ 협업(Collaborative) CRM

1990년대 후반기부터 인터넷을 기반으로 한 비즈니스의 성장 및 오프라인 기업의 온라인화가 가속화되면서 인터넷에 대응하는 신 개념의 CRM으로서 eCRM이라고도 불린다. 협업은 분석과 운영 시스템의 통합을 의미한다. e비즈니스 환경에서 각 고객별로 차별화된 서비스를 제공하는 웹 개인화 서비스 시스템이 대표적인 예이다.

그 동안 CRM을 도입했던 기업들은 대부분 분석 CRM에 해당되는 시스템을 구축하는데 많은 예산을 지출했던 것으로 파악된다. CRM의 필수 요소인 분석 CRM은 가장 많은 예산을 필요로 하지만, 실제로 고객에 대한 포괄적인 분석을 위해서는 먼저 고객 성향이나 구매 행동에 대한 실제적인 데이터를 축적하는 일이 선행되어야 한다. 이는 운영 CRM의 도입을 통해 가능하고 e비즈니스 환경에서는 협업 CRM의 도입이 일반적이다.

3.2 전통적 CRM과 eCRM

eCRM을 이해하기 위해서는 먼저 e비즈니스 전반에 대한 이해가 필수적이다. 2000년 하반기, 일반적인 닷컴 기업들의 수익모델 부재로 e비즈니스 기업들 전반적인 위기가 닥치게 되면서 e비즈니스 기업들이 진정한 고객을 확보하고 유지하는 방법에 대해 관심이 생겨났고 그 해결책으로 eCRM이 주요 개념으로 등장하게 되었다.

인터넷 경제의 급격한 변화 속에서 고객은 더욱 높은 수준의 서비스를 기대하게 되고, 요구와 취향 역시 복잡하고 다양해지고 있다. 이런 상황에서 각 기업이 경쟁력을 확보하기 위해서는 고객에 대한 이해가 매우 중요하며, 고객관계관리에 대한 새로운 방안이 필요하게 된다. 이미 설명한 것처럼 eCRM이란 고객관리관계에서 위와 같은 방식으로 인터넷을 이용해서 고객 데이터를 구축하고 이를 바탕으로 기존의 고객 관리 시스템을 재구성하는 것을 말한다. eCRM은 고객 만족을 극대화하면서 동시에 관련 비용을 감소시킬 수 있는 새로운 고객 관리 개념이라고 할 수 있다.

즉, eCRM은 인터넷 등을 활용하는 온라인상에서의 CRM이며, 고객에 대한 이해와 접근 방식은 일반적인 CRM과 동일하나 고객 정보 획득 및 커뮤니케이션 방법에 있어서는 차이를 지닌다고 할 수 있다. eCRM은 e비즈니스 환경 속에서 전개되는 CRM을 의미하므로 기존의 오프라인 CRM과 달리 온라인을 통해 고객 데이터를 수집하고 고객과 커뮤니케이션 할 수 있다는 특징이 있다. 앞서 설명한 전통적인 CRM과 eCRM의 차이를 도식적으로 설명하자면 [표 4.1]과 같다.

[표 4.1] CRM과 eCRM

	CRM	eCRM
Data 수집	영업사원 방문, TM, DM, 기간계 시스템의 구매 데이터 등 복수의 분산된 채널	웹이나 앱 기반의 통합채널 (웹로그, 이메일 반응, 콜센터, 피드백, 구매 데이터 등의 통합)
Data 분석	고전적 통계기법, 데이터 마이닝	실시간 고객 성향 분석, 고객 행동 패턴 분석 등 다양한 분석 활동 가능
Data 활용	마케팅 캠페인, 영업강화, CTI, 프로모션	One-to-One Marketing, 개인화 사이트, 실시간 추천 시스템
비용	높은 인건비로 인해 고객 관리 비용이 상대적으로 높음	초기 IT 도입 비용이 높은 반면 지속적인 관리 유지 비용이 낮음
시간·공간적 범위	제한된 시간, 지역적 한계 존재	지역, 시간적 제약 탈피

eCRM 요소가 본격화되면, 고객의 주문의 처리 속도도 빨라지고, 주문 절차도 단순, 명확해지며, 고객의 불만이나 추가적인 서비스의 요구에도 신속하게 대응할 수 있어 고객의 만족도가 높아짐과 동시에 고객 문의 처리 오류가 줄어들어 운영 비용의 감소를 얻을 수 있다.

궁극적으로는 고객 충성도(Loyalty) 향상을 통해 매출 증대로 이끌 수 있는 것이다.

그러나 eCRM과 오프라인 CRM은 고객을 바라보는 관점과 고객 대응에 관한 방향성, 기본적인 활동에 있어서는 거의 동일하다. 그런데 기존의 오프라인 사업에서 보다 e비즈니스에서 CRM이 더욱 중요한 이유는 e비즈니스가 기본적으로 네트워크사업이기 때문이다. e비즈니스에서 가치를 창출하는 중요 네트워크로는 고객 네트워크, 공급자 네트워크, 파트너 네트워크가 있다. 이 중 가장 중요한 것은 고객 네트워크이며, 이 고객 네트워크를 효과적으로 관리하기 위해서는 eCRM이 필요하다. 또, e비즈니스는 오프라인 비즈니스에 비해 고객과 직접적으로 접촉하므로 많은 고객 데이터를 수집할 수 있다. 이런 특성 때문에 e비즈니스에서는 eCRM을 도입하기가 용이하고, 그만큼 많은 기업들이 더 정교한 eCRM을 전개하고자 할 것이며 경쟁사에 대한 방어적 입장에서도 eCRM을 도입하지 않을 수 없다.

3.3 eCRM 개념 및 프로세스

eCRM은 경제 활동 전반에서 과거 소규모 점포에서 있었던 고객 서비스 경험을 다시 구현하는 것을 가능하게 만들고 있다. 소비재, 금융 서비스, 의료 분야, 자동차, 철강, 농업 같은 산업에서의 상품과 서비스들은 표준화된 상품들의 대량 유통 시장에서 개인화된 구매 활동을 하는 일대일 마케팅(One-to-one Marketing)으로 이동하고 있다. 웹, 앱, SNS, 무선, 음성 기술 등을 이용하여 고객에게 보다 가깝게 갈 수 있게 되었고, 이런 기술들로 인해 수백만 명의 고객에게 대량으로 판매하는 대량 유통의 효율성과 개인화된 접촉과 개인별로 최적화한 서비스를 결합하는 것이 가능해지게 된다. 이제 고객은 온라인으로 상품을 주문하고 상품이나 배송 계획, 다른 특별한 상품 제안이나 기타 부가적인 정보를 받을 것인지 여부를 결정할 수 있다. 이것이 바로 eCRM의 본질이라고 할 수 있다. eCRM은 보다 효율적인 고객 세분화와 다양한 분석 기술, 다수 고객과의 커뮤니케이션, 다양한 채널을 통한 커뮤니케이션, 차별화된 상품과 서비스를 제공하기 위한 일대일 마케팅 기술들을 이용하여 확장되었다. 이제 이러한 이해에 기반하여 eCRM의 개념과 프로세스에 대해 세부적으로 검토하기로 한다.

가) eCRM의 개념

eCRM 은 기본적으로 고객 시대를 강화하는 도구 및 개념으로 파악할 수 있다. 인터넷이 만들어낸 최고의 비즈니스 영향은 바로 고객 강화라고 말할 수 있다. 특히 인터넷 경제 시대에는 성공적인 e비즈니스 전략은 기본적으로 세부적인 고객지식에 기반한다. 인터넷과 정보 기술이 발전함에 따라 고객 데이터의 확보 및 추적, 관리가 용이해지고 있다. 즉 이제는 개별 고객의 정보를 인터넷을 통해 손쉽게 획득할 수 있게 된 것이다. 웹 로그에 대한 클릭 스트림(Click Stream) 데이터 분석 기법을 이용하면 개별 고객이 웹사이트에서 실행하는 클릭 내용을 추적하여 데이터로 저장할 수 있다. 물론 고객 개개인이 회원에 가입하면서 입력하게 되는 모든 프로필 데이터 역시 고객 정보로 저장이 되고 고객의 구매 데이터 또한 핵심적인 고객 정보 중의 하나로 저장이 된다. 이 외에도 고객 서비스를 위한 웹 콜 센터의 고객 불만, 문의 사항 등의 내용 역시 통합 고객 DB로 구축된다. 다시 말하자면 고객의 프로필, 구매 이력, 웹 사이트 클릭 스트림, 고객 서비스 등의 데이터에 대한 분석을 통해 고객에 대한 심층적이고 다층적인 파악이 가능해진다.

고객에 대한 단일한 관점에 기반하여 각 기업들은 고객을 위한 다양한 가치를 제공한다. 즉, eCRM은 e비즈니스 프로세스 기반 하에서 온라인 고객 데이터를 이용한 마케팅, 영업, 고객 서비스 프로세스의 자동화 및 최적화를 통한 고객 관계관리라고 말할 수 있다. eCRM은 인터넷을 통한 실시간 고객관계 관리를 통하여 고객 요구사항에 신속히 대응하고 고객 행동에 대한 예측성을 높임으로써 고객 점유율을 높이며 시장 점유율을 향상시키는 것을 목적으로 한다.

eCRM을 솔루션 관점에서 정의하자면 효율적인 e비즈니스를 전개하기 위해 고객 가치를 최대화하기 위한 차세대 소프트웨어 애플리케이션이라 할 수 있다. 이러한 애플리케이션은 다양한 채널을 통해 고객과의 커뮤니케이션을 통합하고 웹사이트 분석, 개인화 추천 엔진, 일대일 마케팅 캠페인 엔진, 콘텐츠 관리 시스템, 교차판매, 반복판매, 추가판매 분석, 고객 셀프 서비스, 이메일 자동 응답 시스템 등의 기능들이 주 기능으로 구성된다.

eCRM 솔루션의 핵심 특성들은 다음과 같다.

· 데이터웨어하우스(혹은 데이터마트)에 기반하여야 한다. 고객의 통합 DB가 구축되어 있지 않은 상황하에서는 고객에 대한 적절한 분석에 한계가 있을 수밖에 없다.
· 고객행위에 대한 다양한 채널을 제공해야 한다. 고객과 실시간으로 커뮤니케이션 할 수 있는 여러 채널을 확보하고 관리할 수 있어야 한다.
· 다양한 채널을 통해 고객 커뮤니케이션을 관리할 수 있는 분석 기능을 수반해야 한다.
· 고객과 효율적인 커뮤니케이션을 위해 퍼미션 마케팅(Permission Marketing)에 기반해야 한다. 캠페인 실행 전략은 기본적으로 고객의 퍼미션에 근거해야 하기 때문이다.

· 웹 기반의 데이터 축적 및 확장 가능성이 용이해야 한다. 실시간으로 데이터를 처리하고 다양한 관점들을 제공하기 위해서는 성능(Performance) 측면에서 확장 가능 해야 한다.

eCRM의 최종 결과는 강화되고 만족된 고객을 창출하고 고객의 다양한 경험들을 기업의 비즈니스 프로세스에 통합함으로써 고객 충성도 향상이 이루어지게 된다. eCRM의 영역을 크게 분리해보면 다음과 같이 세 가지로 분류해 볼 수 있다.

첫째, e-Marketing은 웹을 활용해 전통적인 마케팅 기능 및 새로운 마케팅 기능을 구현하는 것이다. 예를 들어, 온라인을 이용한 광고, 판매촉진, PR 및 Direct Marketing을 포함해 시장 조사, 고객 참여, 가격 정보 획득 등이 e-Marketing에 해당한다.

둘째, e-Selling은 초기에 고객을 인식하는 것에서부터 상품·서비스 전달 과정에 이르기까지 고객의 전 구매 과정을 온라인상에서 처리할 수 있도록 하는 것이다. 전 구매 과정의 셀프서비스화라든지 고객의 구매 의사 및 지불능력을 파악하고 고객이 원하는 제품을 추천할 수 있고 온라인에서 주문을 생성할 수도 있다.

셋째, e-Service는 고객 서비스 및 지원을 하는 용도로 전자채널을 활용하는 것이다. 즉 고객이 스스로 고객 정보를 입력 및 수정하고 서비스 오더 및 고장신고 처리 현황을 검색할 수 있으며 고객 교육 및 사용설명서를 제공하고

EBPP[10] 등을 제공할 수 있다.

나) eCRM 프로세스

eCRM 프로세스는 일반적으로 CRM 프로세스와 크게 다르지는 않지만 고객과 커뮤니케이션하는 여러 채널들에 대한 관리 기능과 실제로 비즈니스 룰을 적용하는 다양한 인화 기법들이 차별적인 요소라고 말할 수 있다.

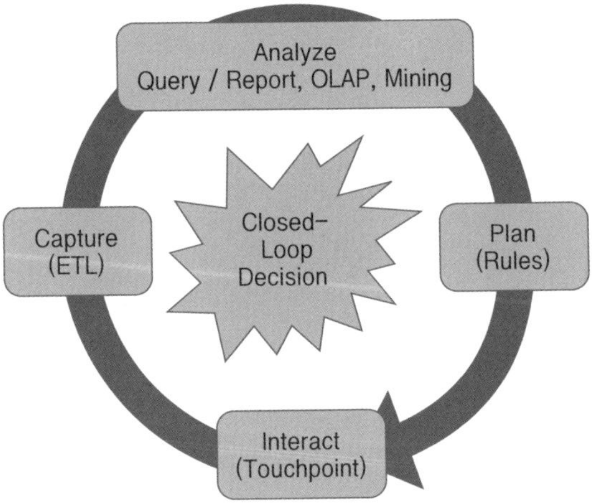

[그림 4.5] eCRM 프로세스

·Analyze: 데이터웨어하우스로부터 Report, OLAP, 데이터 마이닝 등의 분석을 통해 고객 패턴과 성향을 파악하는 단계

·Plan: 분석된 고객 데이터 결과에 기반하여 마케팅 룰을 개발, 적용, 구체적

---

10 Electronic billing presentation & payment, 고객이 요금청구서 및 사용내역서를 e-Mail을 통해서 받아볼 수 있고 또한 이를 이용하여 요금을 납부할 수 있도록 하는 서비스

인 캠페인 기획, 웹 콜센타 기획, 웹사이트 기획 등을 하는 단계

· Interact: 실제로 비즈니스 룰을 적용하는 단계로서 다양한 개인화(Personalization) 기법들을 이용해 고객과 커뮤니케이션하는 단계로 전체 고객 경험을 개인화하고 고객별로 적절한 메시지를 정의하여 각 고객 개인에게 보낸다.

· Capture: 인바운드 및 아웃바운드 Interaction들의 결과를 통합하는 단계로 고객의 기호(Preference), 고객이 용인해준 정보 등을 비롯하여 고객에게 유용할 수 있는 모든 정보를 통합한다.

3.4. e비즈니스 모델에 따른 CRM 전략

보다 구체적으로 e비즈니스에서 각각의 비즈니스 모델에 따라 세부적으로 고객에게 어떤 가치를 제공할 수 있는지 검토해보자. eCRM을 실행한다는 관점에서 e비즈니스 모델을 분류한다면, 고객에 대한 제공 가치 기준이 가장 적합하다. 고객과 기업의 관계는 기본적으로 기업이 고객에게 상품을 통해 가치를 제공하고 고객은 기업에 돈을 지불하는 관계이며, eCRM에서 제공되는 내용도 기업이 고객에게 전달하는 가치의 일부이기 때문이다. 즉, e비즈니스 모델들은 각각 고객에게 다른 가치를 전달하므로 eCRM도 각 e비즈니스 모델이 고객에게 전달하는 가치를 중심으로 전개되어야 한다. 개략적으로 e비즈니스 영역을 상거래 모델, 콘텐츠 모델, 커뮤니티 모델로 구분하고 각각에 대해 고객 경험이 기업의 비즈니스 프로세스에 어떤 식으로 반영되어야 하는지를 살펴보자.

가) 상거래 모델

상거래 모델을 크게 분류하자면 두 가지로 구분할 수 있다. 일반적인 구분법에 따라 상거래 주체에 따라 B2C와 B2B로 구분하여 설명하기로 한다. 먼저 B2C는 대체적으로 판매모델을 취한다. 판매모델은 현실 시장의 점포를 그대로 온라인상에 올려놓은 형태로 대부분의 쇼핑몰의 전형적인 모델이라 할 수 있다. 거래 프로세스에 따라 먼저 Pre-Order Customer-Support, Point-of-Order Customer-Support, Post-Order Customer-Support로 구분할 수 있다.

· Pre-Order Customer-Support 에서는 먼저 검색엔진을 통한 손쉬운 접근이 필수적이다. 상거래 사이트 구축할 시 주제(Topic) 및 키워드, Metatag 정의를 통해 손쉽게 접근 가능해야 한다. 물론 도메인 네임의 명료성 역시 필수적이다. 두 번째로 제품 정보에 대한 실시간 접근이 가능해야 한다. 제품에 대한 카탈로그 정의가 잘 정리되어야 하고, 제품에 대한 검색이 용이해야 한다. 물론 제품 소개에 대한 시각적인 표현 및 제품 비교에 대한 정보가 상세히 구성되어야 한다. 세 번째로 레거시 시스템의 재고 시스템과의 통합이다. 제품의 운반 타임과 제품의 재고 파악 및 실시간 운반 가능성, 주문 처리 등이 중요한 요소이다. 마지막으로 배송이다. 배송 상태에 대한 트래킹 정보가 제공된다는 점은 필수적이다.
· Point-of-Order Customer-Support 부분에서는 무엇보다도 원활한 주문 처리가 가능해야 한다. 제대로 디자인된 주문 처리 프로세스가 갖추어져야만 실제로 고객이 직접 상품 구매가 가능하고 내비게이션(Navigation) 및 구성이 편리해야 쇼핑카트 이탈율을 감소시킬 수 있다. 이때 중요한 것은 실제 주

문 프로세스가 개인화 되어야 한다는 것이다. 이전의 구매 기록에 대한 검토를 통해 고객은 스스로의 사이트로 인식하고 구매 정보를 원활히 재사용할 수 있을 것이다. 또한 사이트 내비게이션 자체가 제품 지향적이어야 한다. 고객을 제품 구매로 유도할 수 있는 최적의 내비게이션을 갖추는 것이 필수적이다. 마지막으로 결제 정보에 대한 부분이다. 결제 부분에서는 선명한 가격 정책과 고객 보안의 문제가 중요하게 부각된다.

· Post-Order Customer-Support 이슈에서는 실제적인 주문 트래킹이 가장 중요한 요소이다. 상품 구매 이후 결제에서 배송에 이르는 전 과정에 대한 정보가 고객에게 가장 큰 관심사이기 때문이다. 이메일 채널을 이용한 주문 상태 안내 정보(주문 접수, 재고 상태, 주문 현황, 배송 현황 등)는 필수적이라 할 수 있겠다. 즉 책임 있는 사후 관리가 핵심이라고 말할 수 있겠다.

B2B에서는 일반적으로 B2C에서의 CRM 요소들을 포함하면서도 약간의 다른 방식의 접근을 필요로 한다. B2B에서는 구매모델, 장터모델 등과 같은 다양한 방식의 비즈니스 모델이 가능한데 보다 일반적인 형태인 장터모델(Marketplace)을 예로 들어 설명하도록 하겠다.

장터모델은 다른 모델에 비해 더 많은 판매자와 구매자가 만나서 폭 넓은 거래를 할 수 있다는 장점이 있다. 그러나 수많은 거래 주체들이 모이는 만큼 거래의 위험성이 높다는 단점이 있다. 장터 모델에서는 거래 위험성을 최소화하는 데 CRM의 초점이 맞추어져야 한다. 따라서 B2B 장터 모델에서는 개인 고객에 대한 서비스가 아닌 파트너 기업에 대한 신용 정보 및 상품 정보가 주된 고려사항이 된다. 물론 파트너 기업에 대한 모든 정보는 제한된 범위 내에서만 공개 가능하다. 또한 파트너 기업들 간의 협업(Collaboration)을 위한 Transaction 관리도 빼놓을 수 없다. 결국은 B2B 모델에서는 파트너 기업 정보에 대한 관리와 SCE(Supply Chain Exchange) 개념이 통합된 형태로 전개될 것이라 전망된다.

나) 콘텐츠 모델

웹사이트의 콘텐츠는 정보를 의미한다. 고객에게 제공되는 정보도 하나의 상품으로 분류할 때 eCRM의 전략을 생각해 볼 수 있다. 정보에 있어 가장 중요한 요소는 적합성과 신선함이다. 어떤 특정한 시점에서 가장 필요로 하고 관심이 가는 그리고 신선함을 가지고 있는 정보는 상품으로서의 가치가 매우 높다. 고객에게 고객의 입맛에 딱 맞는 정보를 고객이 원하는 시기에 원하는 방법으로 제공하느냐는 콘텐츠 모델에 있어 아주 중요한 이슈가 될 것이다. 먼저 이 모델에서 가장 중요한 방향의 전개는 고객이 원하는 것을 파악하는 것이 가장 중요할 것이다. 즉, 고객의 과거 정보 이력, 고객의 관심 분야 등 여러 가지 고객 데이터를 바탕으로 고객이 원하는 정보의 종류와 방법 등을 파악하고 고객이 관심을 가질 만하고 필요로 할 만한 정보를 제시하는 것이 고객의 해당 사이트에 대한 선호도를 높이고 충성도를 향상시키는 방법이 될 것이다. 고객의 선호도에 따른 콘텐츠 제공과 고객 세분화에 따른 콘텐츠 추천 캠페인 시스템이 기본적으로 고려되어야 한다.

한 여행 정보 제공 사이트는 고객의 검색 내역과 로그 데이터를 분석 고객이 관심을 가질 만한 여행지의 정보를 제공한 결과 사이트의 가입자 수를 한 달 만에 두 배로 늘렸다고 한다. 신규 고객의 확보뿐만 아니라 기존 고객에게도 자신이 원하는 정보를 찾아주고 제시해주는 사이트는 상당히 매력적일 것이다. 한편 정보 제공 모델이 갖고 있는 하나의 장점은 상품의 가격 책정 변동 폭이 타 상품에 비해 매우 유연하다. 이것은 어떤 특정한 조건을 갖춘 고객에게 특정한 가격을 거의 자유롭게 제시할 수 있다는 의미이다. 예를 들어, 우량 고객으로 판단되는 고객 등에는 가격을 낮춰 더 많은 정보를 이용하게 하며 고객의 충성도를 높일 수 있다. 이러한 콘텐츠 모델의 장점을 최대한 활용하는 것이 이 모델에서의 eCRM 모델의 한 방향이 될 것이다.

다) 커뮤니티 모델

커뮤니티 모델의 특징은 핵심적 관계가 고객과 기업과의 관계뿐만 아니라 고객 회원들끼리 커뮤니티를 형성하고 관계를 형성하는 것이 중요한 요소라는 점이다. 따라서 이 모델에서는 고객 서로 간의 관계를 강화하고 향상시키는 것이 eCRM의 중요한 방향이 될 것이다. 커뮤니티 모델에서는 고객이 형성한 커뮤니티를 효과적으로 관리하기 위해 각 커뮤니티와 그에 속한 회원들을 통합적으로 관리하는 것이 중요하다. 분석 솔루션 등을 이용한 고객과 사이트, 커뮤니티 이용에 관한 데이터를 분석하여 그 결과를 다시 사이트의 운영에 반영하는 것은 커뮤니티를 중심으로 한 모델을 성공적으로 운영하는 방법이 될 것이다. 이때 운영자에게 제공되는 분석 솔루션 등은 다양한 소스의 데이터를 통합적으로 분석할 수 있어야 하며 쉬운 Customizing으로 관리자가 수행하는 업무의 성격을 만족시켜야 한다. 각 커뮤니티가 가지고 있는 커뮤니티 시삽에 대한 관리도 중요하다. 시삽에게 커뮤니티 관리에 필요한 여러 가지 기능을 제공하고 회원 개개인에게도 필요로 하는 여러 가지 기능을 제공하여 편리한 의사소통, 정보 교환 등이 가능하도록 해야 한다.

커뮤니티 운영에 대한 다양한 아이디어의 제공도 커뮤니티를 활성화 할 수 있는 방법이다. 분석된 커뮤니티와 그 회원들의 행동에 대한 결과로 사이트의 운영자는 새로운 커뮤니티 운영 아이템이나 기능 등을 제공함으로써 자칫 매너리즘에 빠지기 쉬운 커뮤니티에 활력을 줄 수 있다. 특히 커뮤니티가 정보 교환의 장소로 많이 사용되는 점에서 특정 커뮤니티에 필요한 정보를 제공해주는 것도 그 커뮤니티를 다른 사이트의 유사한 커뮤니티보다 더 활성화시키는 방법이 될 것이다.

우수한 고객에게 더 많은 혜택을 주듯이 우수한 커뮤니티에게는 더 많은 혜택과 자원을 배분하는 것이 eCRM의 기본 개념인 '고객을 차별 대우하라'에 부합되는 것이다. 우수한 커뮤니티를 선정하는 기준은 사이트의 운영자가 결정해야 하는 중요한 전략 중에 하나일 것이다. 단순히 많은 회원을 가지고 있다고 훌륭한 커뮤니티는 될 수 없을 것이다. 특이성, 목적, 활동 내역 등을 정확하게 파악하여 적합한 혜택을 공급해주는 것이 적절한 방향이 될 것이다. 마지막으로 중요한 사항은 각 고객이 원하는 다른 회원을 신속하게 찾을 수 있어야 하고 그 회원과 커뮤니케이션 할 수 있는 다양한 방법들이 제공되어야 한다는 것이다. 즉 기업과 고객과의 관계가 가져야 할 가장 중요한 요소를 커뮤니티 내의 회원 간에도 가져야 한다는 것이다.

4. KMS(Knowledge Management System)

4.1 지식관리의 필요성

얼마 전만 하더라도 자본, 노동, 자원이 주된 생산요소였다. 그러나 글로벌 추세로 이들 생산요소들은 쉽게 얻을 수 있게 됨에 따라 상대적으로 희소성이 떨어졌다. 반면 탈산업화, 탈근대화가 가속되면서 지식 자원을 중심으로 한 지식 산업(소프트웨어 산업과 컨설팅 산업 등)과 지식 제품의 비중이 증대되어 지식의 가치는 상대적으로 커졌다.

그리고 기업의 핵심 역량도 지식을 중심으로 변화하기에 이르렀다. 지식 기반 사회에서 기업의 역량은 자산, 자본, 역사, 설비, 종업원 수 등의 물리적인 자원보다 기술이나 경영 노하우, 지식 인프라와 같은 지적 자본(intellectual capital)에 의해 결정된다. 즉, 조직은 효율성(비용·시간 단축)에 의존해 경쟁우위를 추구하는 것이 아니라 창조성에 기반을 둔 경쟁우위를 추구하는 형태로 변한 것이다. 지식은 이제 경쟁우위를 창출하는 가장 중요한 전략적 요소로 인식되기에 이른 것이다.

또한 경쟁이 급속도로 확대된 오늘날의 기업 환경에서 기업의 성공은 조직이 그들의 핵심 사업 프로세스에 적용하는 지식의 품질에 의존하게 된다. 조직이 창출하는 제품(혹은 서비스)의 품질은 그들의 제품 개발과 사업 프로세스 등에 적용되는 지식의 수준에 의해 결정된다. 따라서 지식경영은 그 조직의 경영 전략이자 경쟁 전략의 근원인 것이다.

4.2 지식의 이해

지금까지 지식(knowledge)이란 학문적 측면이 강조된 개념으로 파악되어 왔기 때문에 산업 현장이나 일반인이 접근하기는 어려웠다. 그러나 지식경영의 대상인 지식의 가치가 산업 현장에서 구체적으로 표현되기에 이르면서 관계들의 패턴, 즉 관련성이나 인과성 부여, 더 나아가 지혜에 해당하는 통찰 · 원형 등을 의미하는 현장 중심의 지식으로 발전하면서 현장 경험이나 전문 기술 등 실용 지식을 포함하는 광의의 개념이 되고 있다.

이와 같은 개념을 가장 먼저 제시한 피터 드러커(P. Drucker)는 "지식이란 일하는 방법을 개선하거나 새롭게 개발하거나 기존의 틀을 바꾸어 혁신을 단행해서 부가가치를 높이는 것"으로 정의했다. 이외에 많은 학자들이 '가치 중심의 지식' 개념을 정의했는데, 대체로 경험, 업무 절차, 기술(skill), 전문가의 식견 등 가치를 창출하는 것과 관련을 갖는 것으로 일치를 보이고 있다.

따라서 지식이란 조직들이 공유함으로써 서로 가치를 창출하는 데 도움을 줄 수 있는 지식으로 통상적인 지식이 아니라 전문적인 지식이며, 행동에 효과적인 정보이자 결과에 초점을 맞추는 정보라고 할 수 있다. 즉, 공유를 통해 가치를 창출하는 데 활용할 수 있는 체계적인 정보가 지식인 것이다. 지식에는 개별 근로자들 내에 존재해 포착되지 않은 묵시적 지식과 기술과 경험, 노하우뿐만 아니라 데이터베이스, 문서, 정책, 절차 등 명시적 지식을 포함하며, 기업의 최상의 실행방안, 주요 비즈니스 프로세스, 작업 환경 등과 관련해 기업이 가치 창출을 위해 이용할 수 있는 정보가 포함된다.

[표 4.2]는 지식의 범위를 기업의 자산, 형태, 위치, 상황에 따른 분류를 나타낸다.

[표 4.2] 지식의 범위

기업의 자산	·무형 자산 ·데이터, 정보에서 지식을 창출하기 위해서는 조직 자원이 필요 ·지식을 공유할수록 가치가 증대되는 네트워크 효과
여러 형태	·형식지(문서 형태) 또는 암묵지(마음속에 있는) ·노하우, 전문적인 기술, 일반적인 기술 ·작업 수행 절차 ·사건 발생 원인을 아는 것(인과성)
위치	·인지적 사건 ·개인적이자 사회적 ·고착적(고정적인), 내재적(기업문화에 흡수되어 있는), 정황적(특정 상황에서만 적용됨)
상황적	·조건적: 언제 작업 절차를 적용하는지를 아는 것 ·맥락적: 어떤 환경에서 사용해야 하는지 아는 것

지식은 바라보는 관점에 따라 여러 유형으로 분류할 수 있다. 그중 지식경영의 대가인 노나카 이쿠지로(野中 郁次郎, 1991) 교수가 분류한 지식의 유형은 명시적 지식(explicit knowledge)과 묵시적 지식(tacit knowledge)의 두 가지다. 명시적 지식은 쉽게 통용되며 공유될 수 있는 공식적이며 체계화한 지식으로서 수학 공식이나 컴퓨터 프로그래밍, 사규 등과 같은 것이 해당되고, 묵시적 지식은 타인에게 설명하거나 이를 공식화하기 힘든 지식으로 개인의 경험과 경험으로부터 얻어진 노하우, 그리고 개인적인 행동 습관 등의 지식을 말한다. 일반적으로 지식 자본은 데이터베이스, 문서, 기업 정책, 업무 절차 등 공식화한 명시적 지식뿐만 아니라 문서화하지 않은 업무 전문가의 묵시적 지식을 모두 포함한다.

4.3 지식관리시스템의 개념

일반적으로 지식관리시스템(KMS)은 조직 내 전문화 또는 관리적 활동을 대상으로 정보나 데이터가 아닌 조직의 지식을 창출, 수집, 조직화하고 공유하기 위해 구축되는 일련의 시스템으로 정의된다(Alavi & Leidner, 1999).[11] 즉, 지식경영을 지원하기 위한 인프라이자 지식경영 전반을 효과적이고 통합적으로 지원하는 도구인 것이다. 종합적으로 볼 때, KMS는 조직들이 지식과 전문 기술의 획득과 적용을 위한 프로세스들을 보다 잘 관리할 수 있도록 새로운 지식의 창출 및 통합 프로세스뿐 아니라 지식의 획득, 저장, 분배, 적용을 위한 프로세스를 지원하는 시스템을 말한다.

KMS의 주요 목적은 기업이 필요한 시간과 장소에서 기업 지식을 사용할 수 있도록 지식 작업자가 주요 기업 지식을 생성하고 저장하고 활용할 수 있도록 하는 것이다. KMS에 저장되는 지식은 프로세스, 절차, 특허, 참고자료, 계산식, 최선의 업무지침서, 예측 자료, 주요 보관 자료 등이다

KMS는 조직 학습과 지식 생성을 촉진시킨다. 이 시스템은 지식 작업자에게 신속한 피드백을 제공하고, 종업원의 행동 변화를 촉진시키고, 기업 실적을 크게 향상시키도록 설계되었다.

조직 학습 프로세스가 지속되고, 지식 베이스가 확장됨에 따라 지식 생성 기업은 기업 프로세스, 제품, 서비스에 기업 지식을 적용시킨다. 이것은 기업이 좀 더 혁신적이고 신속하게 고품질 제품과 고객 서비스를 제공해 시장에서 강력한 경쟁자가 되도록 하는 것이다.

지식경영은 지식의 창출, 저장, 전이, 적용을 위해 조직에서 개발된 일련의 비즈니스 프로세스를 나타낸다. 또한 지식경영 가치 사슬은 가치사슬의 각 단

---

11 Alavi, M., & Leidner, D. E. (1999), Knowledge management systems: Issues, challenges, and benefits, Communications of the Association for Information Systems, 1-37.

계를 거치면서 가치가 부가되며 이를 통해 유용한 지식으로 변환되는 것으로 지식 획득, 지식 저장, 지식 확산, 지식 적용으로 구성된다. (그림 4.6)

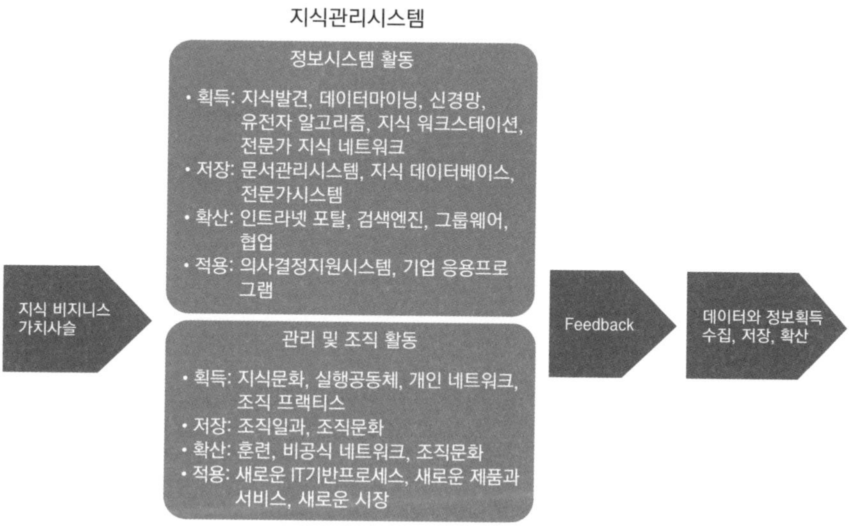

[그림 4.6] 지식경영 가치사슬

지식관리시스템이 갖는 주요 기능은 지식의 창출과 저장, 공유, 폐기로 이어지는 지식의 수명 주기를 전반적으로 관리하는 것으로 구성된다.

4.4 지식경영시스템(KMS) 장단점

지식경영시스템 또한 완전하거나 완벽한 경영시스템이 아니기 때문에 얻을 수 있는 효과가 있다면, 반대로 오히려 어려움이 있거나 손해를 볼 수 있는 단점이 존재하기도 할 것이다. 지식경영시스템의 장단점을 확실히 파악하여 더욱 효율적인 경영시스템이 등장하게 되면서 기업이 더욱 효율적으로 업무를 처리하게 될 것이다.

가) 지식경영시스템(KMS)의 장점

지식경영시스템의 장점은 쉽게 생각만 해 보아도 수많은 부분이 존재하고 있다. 가장 먼저 근본적인 부분을 생각해보면, 지식경영시스템을 함으로 인해 기업은 체계적이고 안정적인 지식의 기반을 획득하고 보유할 수 있게 된다. '지식(Knowledge)'이라는 무형 자산은 숫자로 셀 수도 없고 가치를 쉽게 측정할 수도 없는 무형 자산이기 때문에 과거의 경영 방식에서는 이러한 '지식(Knowledge)'이라는 무형 자산의 가치를 무시하거나 소홀히 해왔던 것은 분명하다. 하지만, 현재에 이르러서 특히 지식경영시스템을 구현하고 있는 이상 '지식(Knowledge)'이라는 무형의 자산은 무시당하지 않는 것이 아니라 오히려 가장 중요한 대표적인 자산 중 하나로서 고려하게 된다. 따라서 기업은 '지식(Knowledge)'이라는 과거에 무시당하던 무형 자산에 대해 가중치를 두고 그들의 출처라고 볼 수 있는 인적 자본까지도 중요시하게 되기 때문에 지식경영시스템(KMS)을 실현하게 되면, 체계적이고 근본적으로 안정적인 지식의 기반을 확보할 수 있게 되는 것이다.

두 번째로는 지식경영시스템은 안정적인 지식 기반을 바탕으로 하여 그 지식들을 효율적으로 관리하고 보유할 수 있게 해준다는 장점이 있다. 갈수록 기업 간 경쟁이 치열해지고 있는 시장 내에서 기업이 지식경영시스템을 통해 잘 대처하고 극복해 나가도록 도와 줌으로써 인적 자원들로 구성된 조직 내부의 지식의 관리를 가능하도록 해주는 것이다. 기업들은 점차 치열해지고 생존하기 힘들어지고 있는 현재의 시장 환경에서 그들의 입지를 유지해 나가기 위해서 기업 내 인원을 감축하고 있으며, 이로 인해 가치 있는 인력 즉, 인적 자원도 따라서 감소하고 있는 추세이다. 이러한 상황에서 인적 자원의 중요성이 대두되고 있는데 지식경영시스템은 이런 복잡한 추세에 대해 해결책을 제시할 수 있는 것이다.

세 번째 장점으로는 지식경영시스템 역시 사용자와의 관계를 상당히 중요하게 여기고 있기 때문에 이를 통해 기업들이 새로운 비즈니스 환경에 적응할 수 있도록 도움을 주고 있는 것이다. 간단히 말하자면, 최근에 이르러서는 플랫폼 비즈니스와 같이 고객 중심의 비즈니스 모델이 상당히 주류를 이루고 있고 그 이유는 당연하게도 고객 중심의 비즈니스만이 과도한 경쟁 시장에서 생존할 수 있기 때문이라고 생각할 수 있을 것이다. 고객 중심이라는 것은 물론 기업의 입장보다 고객의 입장을 우선시한다고 이해할 수 있겠지만, 더 나아가서는 기업들이 고객들의 의견을 수집하고 그들의 의견을 수집하기 위해 다양한 채널을 생성하는 등 다양한 노력을 보여주는 것을 포함할 수 있다.

나) 지식경영시스템(KMS)의 단점

지식경영시스템(KMS)을 도입하고 시행한 모든 기업들이 사업을 성공적으로 이끌어낼 수는 없다. 앞서 언급한 부분들을 제대로 이해했다면 알 수 있듯이, 지식경영시스템(KMS)은 우선 업무적 부담을 상당히 크게 증가시킨다. 또한 거대한 프로세스이기 때문에 막대한 자금이 소요되기도 한다는 단점이 있다. 물론 어느 정도의 기반이 갖춰지고 안정화가 된다면, 초기 투자 자본에 비해서 얻을 수 있는 이익이 훨씬 크다고 볼 수 있겠지만, 무조건적으로 성공적인 비즈니스 성과를 이끌어낼 수는 없기 때문에 최고 경영층의 입장에서는 지식경영시스템을 처음 도입할 때, 자금적인 부분에 있어서도 쉽게 결정할 수 없을 것이다.

또한 '지식(Knowledge)'이라는 것은 결국 개개인의 행동패턴에 영향을 많이 미치기도 하면서 동시에 개인의 전문성을 포괄하는 개념이다. 따라서 지식경영시스템에서 '지식(Knowledge)'은 전문성을 포괄하여 보다 심도 있는 수준의 내용을 담고 있다는 장점이 있을 수도 있지만, 이에 반해 이를 다른 사람들에게 공유하여 전달하기도 어렵고 또한 전문성이 없는 인원에게 전달해야 할 때에는 그들이 새롭게 학습하는 것에 어려움이 있다는 문제가 생기기도 하는 것이다.

마지막으로 보안상의 문제를 지식경영시스템의 단점으로 생각할 수 있다. 사실 '지식(Knowledge)'는 인적 자원의 형태로, 혹은 인적 자원이 문서화한 데이터의 형태로 존재하게 되고 기업 내에서 축적되어 갈 것이다. 하지만 이 말인즉, 인적 자원의 유출은 기업 내의 지식 유출과 동일하게 생각해볼 수도 있을 것이다. 만약 지식경영시스템에서 공유되고 있는 정보가 예상치 못한 오류로 원치 않는 사용자에게 전달되었을 때, 그 정보는 결국 보안상에서 취약한 문제를 맞이하게 되는 것이다. 또한 인적 자원이 축적한 지식이 결국 문서화, 데이터화된 상태로 존재하는 것 또한 결국 외부로의 유출이 가능하다는 것을 의미하기도 하며, 또한 추가적인 부분으로는 이렇게 문서화, 데이터화하는 것 자체에도 시간과 비용이 든다는 단점을 생각해볼 수 있다.

4.5 지식관리시스템의 유형

KMS는 통상적으로 지식 분산, 지식 공유, 지식 생성과 지식 획득, 지식 코드화 등의 작업과 관련해 전사적 지식관리시스템, 지식작업시스템(KWS, Knowledge Work System), 지능형 기술로 구분한다.

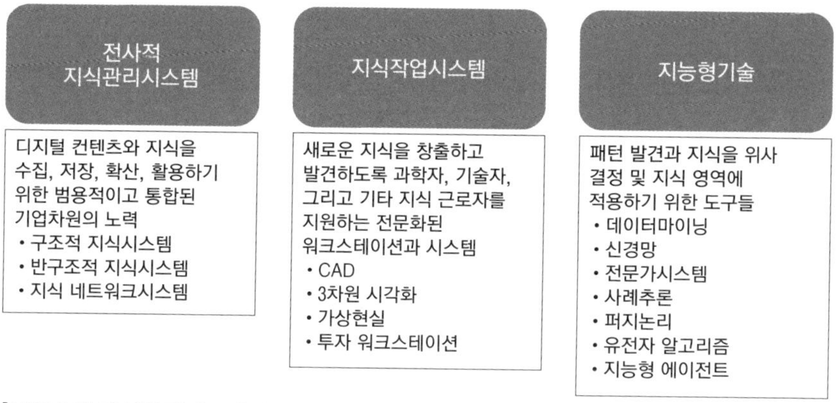

[그림 4.7] 지식관리시스템의 구성

가) 전사적 지식관리시스템

전사적 지식관리시스템은 지식과 관련되는 디지털 콘텐츠를 수집하고, 저장하고, 확산하며, 활용하는 데 사용되는 기업의 전반적인 지식관리시스템을 말한다. 전사적 지식관리시스템은 정형화 문서, 준정형화 문서, 비정형화 문서를 구성하고 저장하는 데이터베이스와 도구를 제공한다. 또한 이 시스템은 기업 내 특정 분야에서 전문 지식을 보유한 종업원을 찾기 위한 온라인 목록과 도구를 제공한다.

나) 지식작업시스템

지식작업시스템은 지식근로자들이 새로운 지식을 창출하고 창출된 지식이 기업 내에 원활하게 통합되도록 지원하는 시스템이다.

지식작업시스템을 이해하기 위해 먼저 이를 활용하는 지식 근로자에 대해 정리해 보자. 지식 근로자(knowledge workers)는 주로 조직을 위해 지식과 정보를 창출하는 연구원, 디자이너, 건축가, 과학자, 그리고 기술자들을 포함한다. 지식 근로자들은 주로 전문 분야의 교육을 받은 전문가들로서 전문 조직의 구성원들이고 일상 업무를 처리하기 위해 독립적인 판단을 내리는 것에 익숙해져야 한다. 예를 들어 지식 근로자들은 신제품을 개발하거나 기존 제품을 개량하는 방법을 개발한다. 지식 근로자들은 다음과 같은 세 가지 핵심 역할을 수행한다.

· 조직이 기술, 과학, 예술 등 다양한 분야에서 최신 지식을 유지.
· 지식 영역에서 내부 컨설턴트 역할.
· 변화 주도자로서 활동하며, 변화 프로젝트를 평가, 주도, 촉진.

대부분 지식 근로자들은 사무 생산성을 높이기 위해 고안된 워드 프로세서, 음성메일, 전자메일, 화상회의 그리고 일정 관리 시스템을 사용한다. 그러나 지식 근로자들에게는 고도로 전문화한 지식작업시스템도 필요하다. 이러한 지식작업시스템(knowledge work system)은 지식의 창출을 촉진하고, 새로운 지식 작업은 고도로 전문화한 많은 분야로 세분되어 있고, 각 분야는 해당 분야 근로자들을 지원하는 전문지식작업 기능을 가지고 있다.

즉, 지식작업시스템은 고도로 훈련된 지식 작업자와 전문가의 활동을 지원해, 이들이 새로운 지식을 생성하고 기업에 이 지식을 활용하도록 한다. 따라서 지식작업시스템은 지식 근로자들의 전문적 욕구를 반영하는 특징을 가지고 있다. 먼저, 지식작업시스템은 지식 근로자에게 강력한 그래픽, 분석 도구, 그리고 의사소통과 문서 관리 도구와 같은 그들이 필요로 하는 전문화 도구를 제공해야 한다. 이런 시스템들은 과학자, 제품 설계자, 그리고 재무 분석가와 같은 지식 근로자들이 필요로 하는 정교한 그래픽 또는 복잡한 계산을 처리하기 위해 엄청난 컴퓨팅 능력을 요구한다. 또한, 지식 근로자들은 외부에 있는 지식에 매우 관심이 많기 때문에, 이 시스템들은 외부 데이터에 빠르고 쉽게 접근할 수 있도록 지원해야 한다.

또한 사용하기 쉬운 인터페이스는 지식 근로자를 지원하는 시스템에 매우 중요하다. 사용하기 쉬운 인터페이스는 사용자가 짧은 시간 내에 컴퓨터 사용법을 익혀 필요한 업무 수행과 정보 탐색을 가능하게 해 시간을 절약할 수 있게 한다. 시간 절약은 다른 일반 근로자들보다 지식 근로자에게 더욱 중요하다. 통상 지식 근로자들의 보수는 높은데, 지식 근로자들에게 정보 과부하는 많은 시간을 허비하게 하고 이는 결국 많은 비용 낭비를 초래할 것이기 때문이다.

이러한 지식작업시스템의 요건으로 정교한 그래픽이나 복잡한 연산을 처리하기 위한 높은 수준의 컴퓨팅 능력과 강력한 그래픽 및 분석 기능이 필요하며, 의사소통과 문서관리, 외부 데이터베이스 접속 기능, 사용자 친화적 인터페이스, 그리고 수행 직무에 최적 기능 제공 (디자인 엔지니어링, 재무분석) 등이 요구된다.

지식작업시스템의 사례로는 엔지니어링 또는 건축 설계 생성에 사용되는 CAD (computer-aided design), 3D 프린팅, 가상현실시스템(Virtual reality systems), 외과 의사를 위한 3D 의료 모델링, 증강현실시스템(Augmented reality (AR) systems), 투자 프로세스를 자동화하고 금융중개인, 금융거래자, 포트폴리오 관리자들에게 내부 및 외부 데이터를 통합하여 제공하는 투자 워크스테이션(Investment workstations) 등이 있다.

다) 지능형 기술

지식관리시스템에서 지능형 기술은 개별 및 집단의 지식 획득과 지식베이스 확장을 위해 사용된다. 예를 들어서 암묵지 획득, 지식 발견, 복잡한 문제의 해결책 생성, 직무 자동화 등에 활용된다.

대표적인 예로써 전문가시스템(ES, Expert Systems)이 있다. 경영 활동 과정에서 기업이 직면하는 문제들은 단순한 방법으로 해결되는 경우도 많다. 그러나 종종 특정 문제 해결을 위해 전문지식을 필요로 하는 경우가 발생하기도 한다. 이와 같이 고도의 전문지식이 필요한 경우에는 해당 분야에 대한 정확한 처방과 지식을 축적해 두었다가 경영 활동에 사용할 수 있다. 이러한 시스템을 전문가시스템이라 한다.

통상적으로 전문가시스템이란 특정 분야에서 지식 기반 정보시스템을 나타내며, 전문가시스템은 예상되는 문제들에 대해 사전에 준비된 전문가의 지식을 활용함으로써 비전문가가 문제 해결을 가능하도록 만들어 주는 시스템이다. 여기에서 전문가의 지식이란 훈련, 독서, 그리고 경험 등으로부터 획득된 광범위하고 과업지향적인 지식을 의미한다.

기술 측면에서 볼 때 전문가시스템은 문제의 해결 과정에 대해 특정 분야의 전문가적 지식을 제공하는 컴퓨터 프로그램이라고 말할 수 있다. 문제 해결을 원하는 사용자는 문제의 상황과 문제와 관련되는 질문들을 전문가시스템에 입력시키고 전문가시스템은 미리 축적된 전문가의 지식을 토대로 일련의 추론 과정을 거쳐 바람직한 해답을 제공한다.

그 외에도 지식관리시스템에서 활용되는 지능형 기술은 사례기반추론(Case-based reasoning (CBR), 퍼지논리시스템(Fuzzy Logic System), 기계학습(Machine Learning), 신경망(Neural Networks), 자연어 처리(Natural language Processing) 등이 있다.

4.6 지식경영시스템의 적용 사례: 포스코 건설

포스코 건설은 다른 산업과 비교해 보았을 때 인력에 의존하는 정도가 높아, 숙련된 전문 인력과 이들이 보유하고 있는 기술과 노하우, 경험 보유 여부가 수주에서 준공에 이르기까지 절대적 요인으로써 작용하는 대표적인 지식 산업이다. 포스코 건설은 IMF의 여파 이후 확실한 자신만의 지식이 없으면 살아남지 못한다는 의식에 따라서, 개개인의 노하우와 경험을 타인과 공유하지 않으려는 배타적인 풍조가 확산되었고 이로 인하여 각종 업무 수행 그리고 기업 경쟁력에 지장을 초래하게 되었다. 그로 인해 포스코 건설은 지식 경영이 하나의 화두가 되어가는 것에 주목하여 점차 지식 경영 체제에 돌입하게 되었다.

포스코 건설은 업무의 생산성 향상을 통해 얻을 수 있는 경쟁력 제고를 위하여 지식 경영 활동을 활발하게 추진하던 2000년 당시, 사내 홈페이지와 EDMS 부서별 파일 서버, 개인 PC, 캐비닛 등에 자료가 산재되어 그것이 오히려 업무에 제대로 활용하는 것을 방해하자, 전사적으로 정보와 자료를 통합하고 관리할 수 있는 체제의 구축 필요성이 제기되어 이 문제점을 해결하고자 체계적인 업무 시스템이자 지식경영시스템인 KMS와 전자문서 관리시스템인 EDMS를 가동하기 시작하였다. EDMS는 모든 프로젝트 문서 그리고 행정 문서를 관리하는 지식 데이터 베이스로서, 분산되어 있는 각종 자료들의 저장, 활용 그리고 재사용에 이르기까지 문서의 라이프 사이클을 관리하는 역할을 수행한다. 먼저 KMS는 EDMS에 등록된 자료들 중에서 전사적으로 공유할 가치가 있다고 판단되는 자료만 따로 옮겨 저장하는 곳으로, 사내에 존재하는 분야별 전문가의 검증을 거친 후 업무의 최적의 실행 방법인 BP(Best Practice)를 위주로 하여 등록하도록 하였다.

KMS는 직원들의 지식 공유 심리를 반영하고, 현업 수행 시 쉽고 유용하게 사용할 수 있으며, 열린 광장을 통하여 신뢰 문화를 촉진하는 한편에, 지속적으로 지식의 상향 표준화를 가능케 하며, 지식 창출 활동들을 지원하는 지식경영 시스템으로 구축하였다. 또한, 포스코 건설은 사이버 공간에 '모아 광장' 이라는 장을 마련하여, KMS를 구성하는 하나의 도구로서, 지식의 공유를 위한 신뢰감을 구축해 내는 역할을 수행하였다. 이것은 회사의 정책 및 사내 외 주요 이슈에 대하여 임직원들이 자유롭게 의사를 제시하고 토론할 수 있는 장이다. '열린 토론의 장'으로서 작용하며 상호적인 의사소통이 필요하다는 것을 보여주었을 뿐만 아니라, 조직 내부에 신뢰감을 형성시켜 지식 경영을 성공적으로 수행하기 위한 바탕을 마련한 것이라고 할 수 있다.

사이버 공간 상의 토론 광장인 모아 광장은 개설한 지 1년 만에 260%의 증가율을 나타내었으며, 자체적으로 실시했던 사내 직원 만족도에서 약 98%의 직원이 지식 경영이 업무에 도움된다고 의견을 밝힌 바 있다. 이처럼 포스코 건설의 지식경영시스템은 지식 경영 문화의 장착에 상당한 공헌을 하였다. 그리고 포스코 건설에서는 학습 조직형 지식 커뮤니티로서 '지식 교류회'가 결성된 이래로 상호 간의 지식의 이전 그리고 모방을 촉진시키고, 이를 학습 조직 형태로 발전시킴으로써 개인뿐만 아니라 조직의 성과와 역량을 향상시키고 지식 경영의 비전을 달성하는 중이다.

포스코 건설 역시 '지식 마일리지 제도'를 운영하여 조직 구성원들이 지식 경영 활동에 참여하는 것에 대한 금전적 보상을 실시하고 있다. 이는 지식 활동의 공헌도에 따라 최대 30점에 달하는 마일리지를 부여하여, 이를 토대로 하여 현금 보상과 승진 가점 제도 등의 실질적인 보상으로 이어질 수 있게 한다. 자발적인 지식 공유 문화의 정착을 위해 포스코 건설은 직원들에게의 금전적 보상에서 더 나아가 지식의 질적 향상을 도모함으로써 더 활성화가 되는 일석이조 효과를 보고 있다.

찾아보기

IT 혁신과 e비즈니스

e비즈니스 I

초판 인쇄	2022년 12월 22일
초판 발행	2022년 12월 30일

지은이	조준서
발행인	고윤성
기획	신선호 박경민
편집장	장혜정
도서편집	노재은 변다은
디자인	정정은 최선아 김대욱
인사행정	이근영
재무회계	김문규 정예찬
전자책·사전	변다은
발행처	한국외국어대학교 지식출판콘텐츠원 02450 서울특별시 동대문구 이문로 107 전화 02)2173-2493~7 FAX 02)2173-3363 홈페이지 http://press.hufs.ac.kr 전자우편 press@hufs.ac.kr 출판등록 제6-6호(1969. 4. 30)
인쇄·제본	(주)케이랩 053)583-6885

ISBN 979-11-5901-916-6 [93320]　　　　정가: 18,000원

* 잘못된 책은 교환하여 드립니다.

HUINE은 한국외국어대학교출판부의 어학도서, 사회과학도서, 지역학 도서 Sub Brand이다. 한국외대의 영문명인 HUFS, 현명한 국제전문가 양성(International+Intelligent)의 의미를 담고 있으며, 휴인(携引)의 뜻인 '이끌다, 끌고 나가다'라는 의미처럼 출판계를 이끄는 리더로서, 혁신의 이미지를 담고 있다.